纪念改革开放四十周年丛书

40周年

李志青 著

绿色发展的经济学分析

复旦大学出版社

本丛书系"上海市中国特色哲学社会科学学术话语体系建设基地"研究成果

上海市社会科学界联合会
上海市哲学社会科学学术话语体系建设办公室
上海市哲学社会科学规划办公室
上海市"理论经济学高峰学科支持计划"
联合策划资助出版

纪念改革开放四十周年丛书编委会

学术顾问 洪远朋 张 军 陈诗一

主　　任 寇宗来

委　　员 王弟海 尹 晨 李志青 朱富强
　　　　　　陈 硕 陆前进 高 帆 高 虹
　　　　　　张 涛 张晖明 许 闲 章 奇
　　　　　　严法善 樊海潮

主　　编 张晖明

副 主 编 王弟海 高 帆

纪念改革开放四十周年丛书(12卷)作者介绍

丛书主编：张晖明，1956年7月出生，经济学博士，教授，博士研究生导师。现任复旦大学经济学系主任，兼任复旦大学企业研究所所长，上海市哲学社会科学研究基地复旦大学社会主义政治经济学研究中心主任，上海市政治经济学研究会会长。

丛书各卷作者介绍：

1.《国有企业改革的政治经济学分析》，张晖明。

2.《从割裂到融合：中国城乡经济关系演变的政治经济学》，高帆，1976年11月出生，经济学博士，复旦大学经济学院教授，博士生导师，经济学系常务副主任。

3.《中国二元经济发展中的经济增长和收入分配》，王弟海，1972年12月出生，经济学博士，复旦大学经济学院教授，博士生导师，院长助理，经济学系副系主任，《世界经济文汇》副主编。

4.《中国央地关系：历史、演进及未来》，陈硕，1980年2月出生，经济学博士，复旦大学经济学院教授。

5.《政治激励下的省内经济发展模式和治理研究》，章奇，1975年2月出生，经济学博士、政治学博士，复旦大学经济学院副教授。

6.《市场制度深化与产业结构变迁》，张涛，1976年4月出生，经济学博士，复旦大学经济学院副教授。

7.《经济集聚和中国城市发展》，高虹，1986年9月出生，经济学博士，复旦大学经济学院讲师。

8.《中国货币政策调控机制转型及理论研究》，陆前进，1969年9月出生，经济学博士，复旦大学经济学院教授。

9.《保险大国崛起：中国模式》，许闲，1979年9月出生，经济学博士，复旦大学经济学院教授，风险管理与保险学系主任，复旦大学中国保险与社会安全研究中心主任，复旦大学-加州大学当代中国研究中心主任。

10.《关税结构分析、中间品贸易与中美贸易摩擦》,樊海潮,1982 年 4 月出生,经济学博士,复旦大学经济学院教授。首届张培刚发展经济学青年学者奖获得者。

11.《绿色发展的经济学分析》,李志青,1975 年 11 月出生,经济学博士,复旦大学经济学院高级讲师,复旦大学环境经济研究中心副主任。

12.《中国特色社会主义政治经济学的新发展》,严法善,1951 年 12 月出生,经济学博士,复旦大学经济学院教授,博士生导师,复旦大学泛海书院常务副院长。

总序一

改革开放到今天已经整整走过了四十年。四十年来,在改革开放的进程中,中国实现了快速的工业化和经济结构的变化,并通过城镇化、信息化和全球化等各种力量的汇集,推动了中国经济的发展和人均收入的提高。从一个孤立封闭型计划经济逐步转变为全面参与全球竞争发展的开放型市场经济。中国经济已经全面融入世界经济一体化,并成为全球第二经济大国。

中国社会经济的飞速发展源于中国改革开放的巨大成功。改革开放在"解放思想、实事求是"思想指导下,以"三个有利于"为根本判断标准,以发展社会生产力作为社会主义的根本任务,逐步探索建设中国特色社会主义事业的改革路径。四十年来的改革开放,是一个摸着石头过河的逐步探索过程和渐进性改革过程,也是一个伟大的社会发展和经济转型过程,是世界经济发展进程中的一个奇迹。当前,中国经济发展进入新常态,中国特色社会主义进入了新时代。回顾历史,借往鉴来,作为中国的经济学者,我们有义务去研究我们正在经历的历史性经济结构和制度结构转型过程,有责任研究和总结我们在过去四十年经济改革中所取得的众多成功经验和所经历过的经验教训。对这个历史变迁过程中已经发生的事件提供一个更好的理解和认识的逻辑框架,为解决我们当前所面临的困境和挑战提出一种分析思路和对策见解,从而让我们对未来尚未发生或者希望发生的事件有一个更加理性的预见和思想准备,这是每一个经济学者的目标。

为了纪念中国改革开放四十周年,深化对中国经济改革和社会发展过程的认识,加强对一些重大经济问题的研究和认识,同时也为更好解决当前以及未来经济发展所面临的问题和挑战建言献策,复旦大学经济学系主任张晖明教授组织编著了这套纪念改革开放四十周年丛书。本套丛书共包括十二卷,分别由复旦大学经济学系教师为主的十多位学者各自独立完成。丛书主要围绕四十年来中国经济体制改革过程中的重大经济问题展开研究,研究内容包括中国特色社会主义政治经济学的新发展、二元经济发展中的经济增长和收入分配、货币政策调控机制转型及理论研究、国企改革和基本经济制度完善、城乡关系和城乡融合、中央地方财政关系和财政分权、经济结构变迁和产业进入壁垒、经济集聚和城市发展、"一带一路"倡议和对外贸易、政治激励下的省内经济发展和治理模式、保险业的发展与监管、绿色发展和环境生态保护等十多个重大主题。

复旦大学经济学院具有秉承马克思主义经济学和西方经济学两种学科体系的对话和发展的传统。本套丛书在马克思主义指导下,立足中国现实,运用中国政治经济学分析方法、现代经济学分析方法和数理统计计量等数量分析工具,对中国过去四十年的改革开放的成功经验、特征事实以及新时代发展所面临的困境和挑战进行翔实而又深刻的分析和探讨,既揭示出了改革开放四十年来中国经济发展的典型事实和中国特色,也从中国的成功经验中提炼出了社会经济发展的一般规律和理论;是既立足于中国本土经济发展的事实分析和研究又具有经济发展一般机制和规律的理论创新和提升。

值得提及的是,编写纪念改革开放丛书已经成为复旦大学经济学院政治经济学科的一种传统。1998年复旦大学经济学院政治经济学教授伍柏麟先生曾主编纪念改革开放二十周年丛书,2008年复旦大学经济学院新政治经济学研究中心主任史正富教授曾主编纪念改革开放三十周年丛书。2018年正值改革开放四十周年之际,复旦大学经济学院经济学系主任张晖明教授主编了这套纪念改革开放四十周年丛书,也可谓是秉承政治经济学科的传统。

作为本套丛书的主要贡献者——复旦大学经济学院政治经济学科是国家的重点学科,也一直都是中国政治经济学研究和发展的最主要前沿阵地之一。复旦大学经济学院政治经济学历史悠久,学术辉煌,队伍整齐。她不但拥有一大批直接影响着中国政治经济学发展和中国改革进程的老一辈经济学家,今天更聚集了一批享誉国内的中青年学者。1949年中华人民共和国成立以后,老一辈著名政治经济学家许涤新、吴斐丹、漆琪生等就在复旦大学执鞭传道;改革开放之后,先后以蒋学模、张薰华、伍柏麟、洪远朋等老先生为代表的复旦政治经济学科带头人对政治经济学的学科建设和人才培养,以及国家改革和上海发展都做出了卓越贡献。蒋学模先生主编的《政治经济学教材》目前已累计发行2 000多万册,培育了一批批马克思主义的政治经济学理论学者和党政干部,在中国改革开放和现代化事业建设中发挥了重要作用。张薰华教授20世纪80年代中期提出的社会主义级差地租理论厘清了经济中"土地所有权"和"土地私有权"之间的关系,解释了社会主义经济地租存在的合理性和必要性,为中国的土地使用制度改革和中国城市土地的合理使用奠定了理论基础。目前,在张晖明教授、孟捷教授等国内新一代政治经济学领军人物的引领下,复旦大学政治经济学科聚集了高帆教授、陈硕教授、汪立鑫教授和周翼副教授等多位中青年政治经济学研究者,迎来新的发展高峰。2018年4月,由张晖明教授任主任的上海市哲学社会科学研究基地"复旦大学中国特色社会主义政治经济学研究中心"已经在复旦大学经济学院正式挂牌成立,它必将会极大推动复旦大学经济学院政治经济学理论研究和学科发展。作为复旦大学经济学院政治经济学理论研究宣传阵地,由孟捷教授主编的《政治经济学报》也已经获得国家正式刊号,未来也必将在政治经济学理论研究交流和宣传中发挥积极作用。

张晖明教授主编的本套丛书,可以视为复旦大学经济学院政治经济学科近来理论研究和学科发展的重要成果之一。通过对本套丛书的阅读,相信读者对中国的改革开放必将有新的认识和理解,对中国目前面临的挑战和未来发展必将产生新的思考和启发。

复旦大学经济学院教授、院长 张军
2018年12月9日

总序二

大约在两年前,我就开始考虑组织队伍,开展系列专题研究,为纪念改革开放四十周年撰写专著,承接和保持我们复旦大学政治经济学学科纪念改革开放二十周年、三十周年都曾经组织撰写出版大型丛书的学术传统,以体现经济理论研究者对经济社会发展的学术责任。我的这一想法得到学院领导的肯定和支持,恰好学院获得上海市政府对复旦理论经济学一级学科高峰计划的专项拨款,将我们这个研究计划列入支持范围,为研究工作的开展创造了一定的条件。在我们团队的共同努力下,最后遴选确定了十二个专题,基本覆盖了我国经济体制的主要领域或者说经济体制建构的不同侧面,经过多次小型会议,根据参加者各自的研究专长,分工开展紧张的研究工作。复旦大学出版社的领导对我们的丛书写作计划予以高度重视,将这套丛书列为2018年的重点出版图书;我们的选题也得到上海市新闻出版局的重视和鼓励。这里所呈现的就是我们团队这两年来所做的工作的最后成果。我们力求从经济体制的不同侧面进行系统梳理,紧扣改革开放实践进程,既关注相关体制变革转型的阶段特点和改革举措的作用效果,又注意联系运用政治经济学理论方法进行理论探讨,联系各专门体制与经济体制整体转型相互之间的关系,力求在经济理论分析上有所发现,为中国特色社会主义经济理论内容创新贡献复旦人的思想和智慧,向改革开放四十周年献礼。

中国经济体制改革四十年的历程举世瞩目。以1978年底召开的中国共产党十一届三中全会确定"改革开放"方针为标志,会议在认真总结中国开展社会主义实践的经验教训的基础上,纠正了存在于党的指导思想上和各项工作评价方式上存在的"左"的错误,以"破除迷信""解放思想"开路,回到马克思主义历史唯物主义"实事求是"的方法论上来,重新明确全党全社会必须"以经济建设为中心",打开了一个全新的工作局面,极大地解放了社会生产力,各类社会主体精神面貌焕然一新。从农村到城市、从"增量"到"存量"、从居民个人到企业、从思想观念到生存生产方式,都发生了根本的变化,改革开放激发起全社会各类主体的创造精神和行动活力。

中国的经济体制改革之所以能够稳健前行、行稳致远,最关键的一条就是有中国共产党的坚强领导。我们党对改革开放事业的领导,以党的历次重要会议为标志,及时地在理论创新方面作出新的表述,刷新相关理论内涵和概念表达,对实践需要采取的措施加以具体规划,并在扎实地践行的基础上及时加以规范,以及在体制内容上予以巩固。我们可以从四十年来党的历次重要会议所部署的主要工作任务清晰地看到党对改革开放事业的方向引领、阶段目标设计和工作任务安排,通过对所部署的改革任务内容的前一阶段工作予以及时总结,及时发现基层创新经验和推广价值,对下一阶段改革深化推进任务继续加以部署,久久为功,迈向改革目标彼岸。

党的十一届三中全会(1978)实现了思想路线的拨乱反正,重新确立了马克思主义实事求是的思想路线,果断地提出把全党工作的着重点和全国人民的注意力转移到社会主义现代化建设上来,作出了实行改革开放的新决策,启动了农村改革的新进程。

党的十二大(1982)第一次提出了"建设有中国特色的社会主义"的崭新命题,明确指出:"把马克思主义的普遍真理同我国的具体实际结合起来,走自己的道路,建设有中国特色的社会主义,这就是我们总结长期历史经验得出的基本结论。"会议确定了"党为全面开创社会主义现代化建设新局面而奋斗的纲领"。

党的十二届三中全会(1984)制定了《中共中央关于经济体制改革的决定》,明确坚决地系统地进行以城市为重点的整个经济体制的改革,是我国形势发展的迫切需要。这次会议标志着改革由农村走向城市和整个经济领域的新局面，提出了经济体制改革的主要任务。

党的十三大（1987）明确提出我国仍处在"社会主义初级阶段"，为社会主义确定历史方位，明确概括了党在社会主义初级阶段的基本路线。

党的十四大（1992）报告明确提出，我国经济体制改革的目标是建立社会主义市场经济体制，就是要使市场在社会主义国家宏观调控下对资源配置起基础性作用；明确提出"社会主义市场经济体制是同社会主义基本制度结合在一起的"。在所有制结构上，以公有制为主体，个体经济、私营经济、外资经济为补充，多种经济成分长期共同发展，不同经济成分还可以自愿实行多种形式的联合经营。国有企业、集体企业和其他企业都进入市场，通过平等竞争发挥国有企业的主导作用。在分配制度上，以按劳分配为主体，其他分配方式为补充，兼顾效率与公平。

党的十四届三中全会（1993）依据改革目标要求，及时制定了《中共中央关于建立社会主义市场经济体制若干问题的决定》，系统勾勒了社会主义市场经济体制的框架内容。会议通过的《决定》把党的十四大确定的经济体制改革的目标和基本原则加以系统化、具体化，是中国建立社会主义市场经济体制的总体规划，是20世纪90年代中国进行经济体制改革的行动纲领。

党的十五大（1997）提出"公有制实现形式可以而且应当多样化，要努力寻找能够极大促进生产力发展的公有制实现形式"。"非公有制经济是我国社会主义市场经济的重要组成部分"，"允许和鼓励资本、技术等生产要素参与收益分配"等重要论断，大大拓展了社会主义生存和实践发展的空间。

党的十五届四中全会（1999）通过了《中共中央关于国有企业改革和发展若干重大问题的决定》，明确提出，推进国有企业改革和发展是完成党的十五大确定的我国跨世纪发展的宏伟任务，建立和完善社会主义市场经济体制，保持国民经济持续快速健康发展，大力促进国有企业的体制改革、机制转换、结构调整和技术进步。从战略上调整国有经济布局，要同产业结构的优化升级和所有制结构的调整完善结合起来，坚持有进有退，有所为有所不为，提高国有经济的控制力;积极探索公有制的多种有效实现形式,大力发展股份制和混合所有制经济;要继续推进政企分开,按照国家所有、分级管理、授权经营、分工监督的原则,积极探索国有资产管理的有效形式;实行规范的公司制改革,建立健全法人治理结构;要建立与现代企业制度相适应的收入分配制度,形成有效的激励和约束机制;必须切实加强企业管理,重视企业发展战略研究,健全和完善各项规章制度,从严管理企业,狠抓薄弱环节,广泛采用现代管理技术、方法和手段,提高经济效益。

党的十六大(2002)指出,在社会主义条件下发展市场经济,是前无古人的伟大创举,是中国共产党人对马克思主义发展作出的历史性贡献,体现了我们党坚持理论创新、与时俱进的巨大勇气。并进一步强调"必须坚定不移地推进各方面改革"。要从实际出发,整体推进,重点突破,循序渐进,注重制度建设和创新。坚持社会主义市场经济的改革方向,使市场在国家宏观调控下对资源配置起基础性作用。

党的十六届三中全会(2003)通过的《中共中央关于完善社会主义市场经济体制若干问题的决定》,全面部署了完善社会主义市场经济体制的目标和任务。按照"五个统筹"①的要求,更大程度地发挥市场在资源配置中的基础性作用,增强企业活力和竞争力,健全国家宏观调控,完善政府社会管理和公共服务职能,为全面建设小康社会提供强有力的体制保障。主要任务是:完善公有制为主体、多种所有制经济共同发展的基本经济制度;建立有利于逐步改变城乡二元经济结构的体制;形成促进区域经济协调发展的机制;建设统一开放、竞争有序的现代市场体系;完善宏观调控体系、行政管理体制和经济法律制度;健全就业、收入分配和社会保障制度;建立促进经济社会可持续发展的机制。

党的十七大(2007)指出,解放思想是发展中国特色社会主义的一大法

---

① 即统筹城乡发展、统筹区域发展、统筹经济社会发展、统筹人与自然和谐发展、统筹国内发展和对外开放。

宝,改革开放是发展中国特色社会主义的强大动力,科学发展、社会和谐是发展中国特色社会主义的基本要求。会议强调,改革开放是决定当代中国命运的关键抉择,是发展中国特色社会主义、实现中华民族伟大复兴的必由之路;实现未来经济发展目标,关键要在加快转变经济发展方式、完善社会主义市场经济体制方面取得重大进展。要大力推进经济结构战略性调整,更加注重提高自主创新能力、提高节能环保水平、提高经济整体素质和国际竞争力。要深化对社会主义市场经济规律的认识,从制度上更好发挥市场在资源配置中的基础性作用,形成有利于科学发展的宏观调控体系。

党的十七届三中全会(2008)通过了《中共中央关于农村改革发展的若干重大问题的决议》,特别就农业、农村、农民问题作出专项决定,强调这一工作关系党和国家事业发展全局。强调坚持改革开放,必须把握农村改革这个重点,在统筹城乡改革上取得重大突破,给农村发展注入新的动力,为整个经济社会发展增添新的活力。推动科学发展,必须加强农业发展这个基础,确保国家粮食安全和主要农产品有效供给,促进农业增产、农民增收、农村繁荣,为经济社会全面协调可持续发展提供有力支撑。促进社会和谐,必须抓住农村稳定这个大局,完善农村社会管理,促进社会公平正义,保证农民安居乐业,为实现国家长治久安打下坚实基础。

党的十八大(2012)进一步明确经济体制改革进入攻坚阶段的特点,指出"经济体制改革的核心问题是处理好政府和市场的关系",在党中央的领导下,对全面深化改革进行了系统规划部署,明确以经济体制改革牵引全面深化改革。

党的十八届三中全会(2013)通过了《中共中央关于全面深化改革若干重大问题的决定》,全方位规划了经济、政治、社会、文化和生态文明"五位一体"的336项改革任务,面对改革攻坚,提倡敢于啃硬骨头的坚忍不拔的精神,目标在于实现国家治理体系和治理能力的现代化。会议决定成立中共中央全面深化改革领导小组,负责改革总体设计、统筹协调、整体推进、督促落实。习近平总书记强调:"全面深化改革,全面者,就是要统筹推进各领域改革。

就需要有管总的目标,也要回答推进各领域改革最终是为了什么、要取得什么样的整体结果这个问题。""这项工程极为宏大,零敲碎打调整不行,碎片化修补也不行,必须是全面的系统的改革和改进,是各领域改革和改进的联动和集成。"①

党的十八届四中全会(2014)通过了《中共中央关于全面推进依法治国若干重大问题的决定》,明确提出全面推进依法治国的总目标,即建设中国特色社会主义法治体系,建设社会主义法治国家。

党的十八届五中全会(2015)在讨论通过《中共中央关于"十三五"规划的建议》中,更是基于对社会主义实践经验的总结,提出"创新、协调、绿色、开放和共享"五大新发展理念。进一步丰富完善"治国理政",推进改革开放发展的思想理论体系。不难理解,全面深化改革具有"系统集成"的工作特点要求,需要加强顶层的和总体的设计和对各项改革举措的协调推进。同时,又必须鼓励和允许不同地方进行差别化探索,全面深化改革任务越重,越要重视基层探索实践。加强党中央对改革全局的领导与基层的自主创新之间的良性互动。

党的十九大(2017)开辟了一个新的时代,更是明确提出社会主要矛盾变化为"不充分、不平衡"问题,要从过去追求高速度增长转向高质量发展,致力于现代化经济体系建设目标,在经济社会体制的质量内涵上下功夫,提出以效率变革、质量变革和动力变革,完成好"第一个一百年"收官期的工作任务,全面规划好"第二个一百年"②的国家发展战略阶段目标和具体工作任务,把我国建设成为社会主义现代化强国。国家发展战略目标的明确为具体工作实践指明了方向,大大调动实践者的工作热情和积极性,使顶层设计与基层主动进取探索之间的辩证关系有机地统一起来,着力推进改革走向更深层

---

① 习近平在省部级主要领导干部学习贯彻十八届三中全会精神全面深化改革专题研讨班开班式上的讲话,2014年2月17日。

② "第一个一百年"指建党一百年,"第二个一百年"指新中国成立一百年。

次、发展进入新的阶段。

改革意味着体制机制的"创新"。然而,创新理论告诉我们,相较于对现状的认知理解,创新存在着的"不确定性"和因为这种"不确定性"而产生的心理上的压力,有可能影响到具体行动行为上出现犹豫或摇摆。正是这样,如何对已经走过的改革历程有全面准确和系统深入的总结检讨,对所取得成绩和可能存在的不足有客观科学的评估,这就需要认真开展对四十年改革经验的研究,并使之能够上升到理论层面,以增强对改革规律的认识,促进我们不断增强继续深化改革的决心信心。

四十年风雨兼程,改革开放成为驱动中国经济发展的强大力量,产生了对于社会建构各个方面、社会再生产各个环节、社会生产方式和生活方式各个领域的根本改造。社会再生产资源配置方式从传统的计划经济转型到市场经济,市场机制在资源配置中发挥决定性作用,社会建构的基础转到以尊重居民个人的创造性和积极性作为出发点。国有企业改革成为国家出资企业,从而政府与国家出资的企业之间的关系就转变成出资与用资的关系,出资用资两者之间进一步转变为市场关系。因为出资者在既已出资后,可以选择持续持股,也可以选择将股权转让,从而"退出"股东位置。这样的现象,也可以看作是一种"市场关系"。通过占主体地位的公有制经济与其他社会资本平等合作,以混合所有制经济形式通过一定的治理结构安排,实现公有制与市场经济的有机融合。与资源配置机制的变革和企业制度的变革相联系,社会再生产其他方方面面的体制功能围绕企业制度的定位,发挥服务企业、维护社会再生产顺畅运行的任务使命。财政、金融、对外经济交往等方面的体制架构和运行管理工作内容相应配套改革。伴随改革开放驱动经济的快速发展,城乡之间、区域之间关系相应得到大范围、深层次的调整。我们在对外开放中逐渐培养自觉遵循和应用国际经济规则的能力,更加自觉地认识到,必须积极主动地融入全球化潮流,更深层次、更广范围、更高水平地坚持对外开放,逐渐提升在对外开放中参与国际规则制定和全球治理的能力。也正是由于对经济社会发展内涵有了更加深刻的认识,摈弃了那种片面追求

GDP增长的"线性"发展思维和行为,我们开始引入环境资源约束,自觉探寻可持续的"绿色"发展道路。

可以说,改革开放对中国经济社会产生全方位的洗礼作用。正是基于这样的见解,我们的**丛书研究主题**尽可能兼顾覆盖经济体制和经济运行的相关主要方面。为了给读者一个概貌性的了解,在这里,我把十二卷论著的主要内容做一个大致的介绍。

高帆教授的《从割裂到融合:中国城乡经济关系演变的政治经济学》,基于概念界定和文献梳理,强调经典的二元经济理论与中国这个发展中大国的状况并不完全契合。我国存在着发展战略和约束条件—经济制度选择—微观主体行为—经济发展绩效(城乡经济关系转化)之间的依次影响关系,其城乡经济关系是在一系列经济制度(政府-市场关系、政府间经济制度、市场间经济制度)的作用下形成并演变的,政治经济学对理解中国的城乡经济关系问题至关重要。依据此种视角,该书系统研究了我国城乡经济关系从相互割裂到失衡型融合再到协同型融合的演变逻辑,以此为新时代我国构建新型城乡经济关系提供理论支撑,为我国形成中国特色社会主义政治经济学提供必要素材。

张晖明教授的《国有企业改革的政治经济学分析》,紧扣国有企业改革四十年的历程,系统总结国有企业改革经验,尝试建构中国特色的企业理论。基于对企业改革作为整个经济体制改革"中心环节"的科学定位分析,该书讨论了企业经营机制、管理体制到法律组织和经济制度逐层推进变革,促成企业改革与市场发育的良性互动;概括了企业制度变革从"国营"到"国有",再到"国家出资";从"全民所有""国家所有"到"混合所有";从政府机构的"附属物"改造成为法人财产权独立的市场主体,将企业塑造成为"公有制与市场经济有机融合"的组织载体,有效、有力地促进政资、政企关系的变革调整。对改革再出发,提出了从"分类"到"分层"的深化推进新思路,阐述了国有企业改革对于国家治理体系现代化建设的意义,对于丰富和完善我国基本经济制度内涵的理论意义。

王弟海教授的《中国二元经济发展中的经济增长和收入分配》,主要聚焦于改革开放四十年来中国二元经济发展过程中的经济增长和收入分配问题。该书主要包括三大部分:第 1 编以中国实际 GDP 及其增长率作为分析的对象,对中国经济增长的总体演化规律和结构变迁特征进行分析,并通过经济增长率的要素分解,研究了不同因素对中国经济增长的贡献;第 2 编主要研究中国经济增长和经济发展之间的关系,探讨一些重要的经济发展因素,如投资、住房、教育和健康等同中国经济增长之间相动机制;第 3 编主要研究了中国二元经济发展过程中收入分配的演化,包括收入分配格局的演化过程和现状、收入差距扩大的原因和机制,以及未来可能的应对措施和策略。

陈硕教授的《**中国央地关系:历史、演进及未来**》,全书第一部分梳理我国历史上央地关系变迁及背后驱动因素和影响;第二和第三部分分别讨论当代央地财政及人事关系;第四部分则面向未来,着重讨论财权事权分配、政府支出效率、央地关系对国家、社会及政府间关系的影响等问题。作者试图传达三个主要观点:第一,央地关系无最优之说,其形成由历史教训、政治家偏好及当前约束共同决定;第二,央地关系的调整会影响国家社会关系,对该问题的研究需借助一般均衡框架;第三,在更长视野中重新认识 1994 年分税制改革对当代中国的重要意义。

章奇副教授的《**政治激励下的省内经济发展模式和治理研究**》认为,地方政府根据自己的政治经济利益,选择或支持一定的地方经济发展模式和经济政策来实现特定的经济资源和利益的分配。换言之,地方经济发展模式和政策选择本质上是一种资源和利益分配方式(包含利益分享和对应的成本及负担转移)。通过对发展模式的国际比较分析和中国 20 世纪 90 年代以来的地方经济发展模式的分析,指出地方政府领导层的政治资源的集中程度和与上级的政治嵌入程度是影响地方政府和官员选择地方经济发展模式的两个重要因素。

张涛副教授的《**市场制度深化与产业结构变迁**》,讨论了改革开放四十年来,中国宏观经济结构发生的显著变化。运用经济增长模型,从产品市场和劳动力市场的现实特点出发,研究开放经济下资本积累、对外贸易、产业政策等影响宏观经济结构变化的效应、机制和相应政策。

高虹博士的《经济集聚和中国城市发展》,首先澄清了对于城市发展的一个误解,就是将区域间"协调发展"简单等同于"同步发展",并进一步将其与"经济集聚"相对立。政策上表现为试图缩小不同规模城市间发展差距,以平衡地区间发展。该书通过系统考察经济集聚在城市发展中的作用发现,经济集聚的生产率促进效应不仅有利于改善个人劳动力市场表现,也将加速城市制造业和服务业产业发展,提升经济发展效率。该书为提高经济集聚程度、鼓励大城市发展的城市化模式提供了支持。

陆前进教授的《中国货币政策调控机制转型及理论研究》,首先从中央银行资产负债表的角度分析了货币政策工具的调控和演变,进而探讨了两个关键变量(货币常数和货币流通速度)在货币调控中的作用。该书重点研究了货币和信贷之间的理论关系以及信贷传导机制——货币调控影响货币和信贷,从而会影响中央银行的铸币税、中央银行的利润等——进而从货币供求的角度探讨了我国中央银行铸币税的变化,还从价格型工具探讨了我国中央银行的货币调控机制,重点研究了利率、汇率调控面临的问题,以及我国利率、汇率的市场化形成机制的改革。最后,总结了我国货币政策调控面临的挑战,以及如何通过政策搭配实现宏观经济内外均衡。

许闲教授的《保险大国崛起:中国模式》,讨论了改革开放四十年中国保险业从起步到崛起,按保费规模测算已经成为全球第二保险大国。四十年的中国保险业发展,是中国保险制度逐步完善、市场不断开放、主体多样发展、需求供给并进的历程。中国保险在发展壮大中培育了中国特色的保险市场,形成了大国崛起的中国模式。该书以历史叙事开篇,从中国保险公司上市、深化改革中的保险转型、中国经济增长与城镇化建设下的保险协同发展、对外开放中保险业的勇于担当、自贸区和"一带一路"倡议背景下保险业的时代作为、金融监管与改革等不同视角,探讨与分析了中国保险业改革开放四十年所形成的中国模式与发展路径。

樊海潮教授的《关税结构分析、中间品贸易与中美贸易摩擦》,指出不同国家间关税水平与关税结构的差异,往往对国际贸易产生重要的影响。全书从中国关税结构入手,首先对中国关税结构特征、历史变迁及国际比较进行了梳理。之后重点着眼于2018年中美贸易摩擦,从中间品关税的角度对中美贸易摩擦的相关特征进行了剖析,并利用量化分析的方法评估了此次贸易摩擦对两国福利水平的影响,同时对其可能的影响机制进行了分析。全书的研究,旨在为中国关税结构及中美贸易摩擦提供新的研究证据与思考方向。

李志青高级讲师的《绿色发展的经济学分析》,指出当前中国面对生态环境与经济增长的双重挑战,正处于环境库兹涅茨曲线爬坡至顶点、实现环境质量改善的关键发展阶段。作为指导社会经济发展的重要理念,绿色发展是应对生态环境保护与经济增长双重挑战的重要途径,也是实现环境与经济长期平衡的重要手段。绿色发展在本质上是一个经济学问题,我们应该用经济学的视角和方法来理解绿色发展所包含的种种议题,同时通过经济学的分析找到绿色发展的有效解决之道。

严法善教授的《中国特色社会主义政治经济学的新发展》,运用马克思主义政治经济学基本原理与中国改革开放实践相结合的方法,讨论了中国特色社会主义政治经济学理论的几个主要问题:新时代不断解放和发展生产力,坚持和完善基本经济制度,坚持社会主义市场经济体制,正确处理市场与政府关系、按劳分配和按要素分配关系、对外开放参与国际经济合作与竞争关系等。同时还研究了改革、发展、稳定三者的辩证关系,新常态下我国面临的新挑战与机遇,以及贯彻五大新发展理念以保证国民经济持续快速、健康、发展,让全体人民共享经济繁荣成果等问题。

以上十二卷专著,重点研究中国经济体制改革和经济发展中的一个主要体制侧面或决定和反映经济发展原则和经济发展质量的重要话题。反映出每位作者在自身专攻的研究领域所积累的学识见解,他们剖析实践进程,力求揭示经济现象背后的结构、机制和制度原因,提出自己的分析结论,向读者传播自己的思考和理论,形成与读者的对话并希望读者提出评论或批评的回应,以求把问题的讨论引向深入,为指导实践走得更加稳健有效设计出更加完善的政策建议。换句话说,作者所呈现的研究成果一定存在因作者个人的认识局限性带来的瑕疵,欢迎读者朋友与作者及时对话交流。作为本丛书的主编,在这里代表各位作者提出以上想法,这也是我们组织这套丛书所希望达到的目的之一。

是为序。

张晖明

2018 年 12 月 9 日

目 录

引言 改革开放以来的环境保护 1

第一编 绿色发展的经济学分析

第 1 章 统筹经济增长与环境保护——环境库兹涅茨曲线的经济学分析 15

1.1 引言 17

1.2 经济增长与环境质量的经验关系：环境库兹涅茨曲线的提出、含义和成因 19

1.3 经济增长与环境质量的逻辑和因果关系：理论解释 23

1.4 统筹经济增长与环境保护：环境库兹涅茨曲线的通道及构建 27

1.5 小结 30

第 2 章 "环境库兹涅茨曲线"经济学含义再思考 33

第 3 章 环境质量的收敛和经济增长——论 21 世纪的自然资本与不平等 43

3.1 引言 45

3.2 自然资本 46

3.3 有关自然资本的收敛趋势 49

3.4 自然资本收敛趋势对于收入平等的影响　56

3.5 总结：马尔萨斯结论的现代意义　58

第4章 社会资本、技术扩散与可持续发展　59

4.1 引言　61

4.2 技术扩散与可持续发展　62

4.3 技术扩散过程中的供给与需求　63

4.4 社会资本与技术扩散的需求过程　65

4.5 结论以及有待进一步研究的问题　67

第5章 "强"与"弱"的可持续发展　71

5.1 引言　73

5.2 可持续发展含义的"经济学"与"生态学"之争　74

5.3 有关建立可持续性衡量标准的讨论　75

5.4 弱与强的可持续发展　77

5.5 总结　80

第6章 城市"承载力"的经济学分析——城市可以有多大？　81

6.1 引言　83

6.2 美丽主义："承载力"挑战下的经济学范式　84

6.3 承载力与城市的规模　87

6.4 结论　93

第7章 全球气候变化应对的经济学分析：基于成本收益的视角　95

7.1 引言　97

7.2 全球气候变化应对框架的成本收益计算 98

7.3 碳排放价格、参与度与成本收益分析 101

7.4 全球应对气候变化框架的成本收益模型 104

7.5 模型的应用 110

7.6 总结 112

第二编 绿色发展的治理与政策分析

第8章 江苏省环境经济政策评估分析 115

8.1 引言 117

8.2 环境经济政策评估的综述 118

8.3 江苏省环境经济政策分析 122

8.4 江苏省环境经济政策归纳 145

8.5 结论及建议 148

第9章 环境税费的绿色投资效应分析——基于省级面板数据的研究 163

9.1 引言 165

9.2 文献回顾与概念界定 166

9.3 排污费对企业绿色投资影响的实证分析 174

9.4 结论与政策建议 177

第10章 环保公共支出、资本化程度与经济增长 179

10.1 引言 181

10.2 环境公共支出与环境库兹涅茨曲线 182

10.3 环境公共支出与经济增长 185

10.4 预算约束以及不同的支出收益率　188

10.5 小结　190

第 11 章　长江三角洲地区环境保护投资与经济增长的比较分析　193

11.1 引言　195

11.2 长三角城市环境保护投资的现状分析　196

11.3 长三角城市环境保护投资的矛盾分析　207

11.4 长三角区域环境保护投资发展的前景分析　213

11.5 结语　219

第 12 章　企业环境信息披露的实践与理论　221

12.1 引言：企业环境信息披露的由来　223

12.2 主要发达国家企业环境信息披露现状　224

12.3 中国在企业环境信息披露上的政策实践　228

12.4 企业环境信息披露：内容、激励和效应　232

12.5 总结　237

第 13 章　不同环境信息披露对信贷规模的差异化影响——基于沪市重污染行业上市公司的实证研究　239

13.1 引言　241

13.2 文献回顾与研究假设　243

13.3 研究设计与描述性统计　246

13.4 描述性统计　251

13.5 实证结果分析　256

13.6 结论　262

第 14 章　浙江省绿色金融改革中的环境信息共享机制对策研究　271

14.1　引言　273

14.2　浙江省银行机构收集和共享企业环境信息的实践进展　276

14.3　浙江省银行机构收集和共享企业环境信息的主要问题与挑战　283

14.4　对策和建议　288

第 15 章　绿色发展与转型——基于能源环境的硬约束　291

15.1　重塑中国经济转型的认知基础　293

15.2　能源环境约束下的中国经济转型　295

15.3　中国经济转型的"绿色之路"　298

第 16 章　绿色发展视角下的自贸区建设与经济转型　303

16.1　自贸区建设的背景　305

16.2　自由贸易与环境保护的关系：理论与实践　306

16.3　自贸区建设的环境效应分析　310

16.4　自贸区如何与"绿色发展"协同：政策及展望　312

16.5　结语　315

第 17 章　环境诉讼的法经济学分析——小岭水泥厂诉环保部的福利困境　317

17.1　小岭水泥厂诉环保部的案由　319

17.2　分析视角　320

17.3　福利分析　321

17.4　本案的启示　325

第 18 章　居民阶梯电价用电消费弹性调研和分析　327

　　18.1　引言　329

　　18.2　相关研究回顾　329

　　18.3　上海市居民用电调研　332

　　18.4　阶梯电价展望　339

参考文献　340

引 言

改革开放以来的环境保护

一、从经济发展的视角看环境保护40年

1978年改革开放以来的40年里,尽管生态环境保护与经济发展齐头并进,取得各种积极进展,但从效果来看,生态环境保护的成就似乎并没有经济增长来得这么耀眼和明显,就指标上的对比而言,两者间的关系甚至是相背离的,也就是通常所讲的,经济增长与环境保护并不协调和一致。那么,究竟应该如何理解这40年里生态环境质量的演进?尤其是在经济发展与环境保护间存在矛盾的背景下,如何从经济发展的视角来审视40年里的生态环境保护努力,是帮助我们完整解释环境与经济关系,并指导下一步我国环境保护与经济增长政策的重要议题。

怎么划分过去40年环境保护的发展阶段?对此,有很多文献进行了分析,其中绝大部分都是从环境保护工作自身的演进来划分的:有研究将环境保护的起点追溯到1972年,也就是中国派出代表团参加联合国斯德哥尔摩环境峰会算起;另外的研究则以环保部门的机构设置为划分阶段的依据,包括历次环保部门的"升格"等。应当说,这些阶段划分有其合理之处,较好地概括了过去40年生态环境保护的各种努力和尝试,但问题是,如果仅仅从环境保护自身的视角出发进行划分,则很难解释40年环保努力之下的"环境保护结果"——既然环保问题受到如此高度的重视,那为何结果如此"不堪"?根据公开的环境公报,到2017年,仍然有不少区域、水体和城市面临严重的生态环境退化问题。就此而言,原有的阶段划分必然有其不合理之处。在笔者看来,其中最大的问题就是,脱离了经济增长来确定环境保护的发展阶段,这是造成"过程与结果相背离"的最主要原因所在。

我们不妨换个视角,先来看看环境保护背后的经济发展。理论界一般认为,40年前的改革开放是我国经济发展最近一个长周期的起点,这个判断是有道理的。其主要依据在于,1978年前后,以改革开放政策为分界线,存在着截然不同的两种经济发展模式和经济发展制度。从结果上看,1978年前后的经济增长规模和方式也存在很大的差异。

1978年是一个起点,之后,中国的经济发展显然又经历了好几个发展阶段。根据经济增长速度来划分,大致可以将40年的经济发展划分为1978—1992、1992—2012、2012—目前这样三个阶段,经济增速分别为平缓、快速再到平缓。

回过头来再看环境保护工作,1978—1992年的第一阶段,环境保护工作的进展基本上与经济增长是持平的,在某种程度上甚至是超越经济发展阶段的,主要体现在各类环境管理制度体系的完善上,可以说,目前在环境管理上诸多制度的源头都可以追溯到这个阶段。为何在经济增长较为平稳时,我国就开始引入系统的环境管理制度呢?主要原因有两点:第一,20世纪80年代的工业化和经济增长已经显现出对生态环境的破坏性,特别是部分地区发展乡镇工业所导致的污染问题日趋严重,引起中央政府对环境问题的高度警觉;第二,就体制上而言,带有较强中央计划性质的经济增长始终本能地警惕着在环境保护上重走西方国家"先污染、后治理"的发展模式,对于先保护、后发展有着强烈的愿望。这体现在环境质量的结果上,在这一阶段,各类环境质量并没有出现恶性下滑,总体上反映了环境与经济的相对平衡关系。

1992—2012年的第二阶段是中国经济增长的黄金时期,基本上每年的经济增速都达到10%以上,这其中改革开放功不可没:一是1993年开始确立社会主义市场经济的基本经济制度;二是2001年加入WTO,迈出实质开放的关键一步。

经济的高速增长给环境保护带来极大挑战。其一,工业化、城市化等进程对生态环境造成了越来越大的压力,不断逼近生态环境的承载极限;其二,之前的生态环境保护管理体制在侧重经济增长的市场经济发展面前失去"刚性约束",逐步在执行上变得"富有弹性"。这两方面都意味着,本来尚可平衡的环境与经济关系,在压力此消彼长的影响下,开始变得越来越不稳定。受此影响,即便在生态环境保护制度有了重大演进(2008年国家环保总局升格为环境保护部)的情况下,生态环境质量仍然出现了断崖式下滑,环境污染事件频发。在这个阶段,生态环境保护的努力程度与经济高速增长所需的环保约束程度相比是远远不够的。根据历史资料,其中的原因也不难理解。第一,在经济体制上,从计划经济向市场经济的转变一定程度上令环境保护在政府和市场两个层面上同时遭遇极大的困境,客观上体现为政府能力的不足和市场力量的过度强大,都使得环境保护变得越来越"弱势";第二,在经济增长成为压倒性政治任务后,极大削弱了抵御"先污染、后治理"发展模式的认知基础,对于环境保护工作重要性的认识有所不足。正是这主、客观的各种因素,造成了这环境与经济关系逐渐失衡的20年。

此后便是2012年后的最近一个阶段,这个阶段上经济发展的最大特征是增速跌落10%,重新趋于平缓。经济增速平缓的关键原因在于发展动能不足,尤其是体现在效率不高、市场活力不高等问题上。对此,2012年后,中央开始启动新一轮改革开放,与此同时,生态环境保护工作重新被提上重要的议事日程,进而呈现出经济与环境的再平衡动态关系。这一最新动态直到目前仍没有结束。总体上,新一轮的环境保护努力已经取得一定成效。如何理解这个阶段的环保工作呢?第一,经济增速上的放缓某种程度上为环保工作创造了重要的"窗口期",简而言之,市场出现饱和的结果是我们有条件在环境保护上提出较高的要求和标准;第二,对于市场经济发展特征的深刻理解提高了政府和市场在环境保护上积极作为的主观意识;第三,经过40年的改革开放,同时受互联网等技术进步的影响,各领域改革措施的协同作战能力有所提高,改革的系统集成程度有所提升,从而加强了环境与经济协同的能力。

总体上,我们认为,过去40年里的环境保护并不是在一个独立的制度空间演进,而是与经济增长以及改革开放进程高度耦合在一起的,只有从经济发展这个主旋律出发,才足以全面真正理解和界定40年环境保护的真正内涵。

二、对当前环境经济形势的几点理解

从以上对环境保护历史的梳理,可以发现,有关环境与经济的关系客观上大致可以分为三个阶段:第一阶段是初始的"失衡",体现为环境好而经济差;第二阶段也是"失衡",环境差而经济好;第三阶段则是"平衡",环境好,经济也好。就此而言,环境与经济之间的"失衡"其实是常态,绝大多数时候环境与经济之间都是"失衡"关系。但基于主观努力的视角来看,环境与经济的关系与"后天"的努力程度有关,主要体现在环保上。由于在初始阶段,环境与经济的客观"失衡"并非是环境侧的不努力所导致,因此环境与经济在主观上显得是"平衡"的。而在上述的第二阶段,人们往往会将"环境与经济"的失衡关系归咎于环保上的"不作为",因此在主观上就开始呈现出"失衡"的判断,这是与客观上的"失衡"相一致的。到了第三阶段,由于环保上的努力使得环境质量开始好转,因此主观与客观也是一致的,都呈现出"平衡"的特征。那么对于当前最新的环境经济形势如何理解呢?本书认为,当前环境经济形势的主要特点仍然在于环境与经济关系的失衡,具体有以下几点理解。

第一,无论是从客观还是主观上,当前环境经济的关系在总体仍然是"失衡"。

客观上的"失衡"体现为环境质量与经济发展之间仍处于环境库兹涅茨曲线的"爬坡"阶段,何时能在整体上达到顶峰呢?学术界主流的判断是2030年,也就是实现碳排放峰值的时间点,但其中仍然存在很多的不确定因素,包括经济转型的成效、宏观经济周期等。因此在短期内,环境与经济的失衡关系依然是主导环境经济形势走向的最重要因素,因此环境保护的方向在中长期必须坚持,不能动摇。

主观上的"失衡"则主要体现为环保努力程度相对于经济增长水平的不足。首先,经济增长的模式仍然延续着过去40年来的巨大惯性,粗放有余、效率不足仍是当前经济增长的主要特点,因此经济增长的各种进程显然在继续对生态环境施加较沉重的压力;其次,对生态环境问题的严重性以及解决生态环境问题的紧迫性,当前各界都有非常明显的共识,也在全方位采取行动,应对生态环境挑战。但问题是,相对于经济侧的巨大惯性和压力,当前的环保行动在"力度"上其实还是不足以在整体上彻底改善环境质量。原因并不复杂,核心在于我们仍然无法真正动员起足够的经济力量投入环保中,包括体现为"规模"和"效率"的各种经济力量。

第二,当前环境经济形势的短期特征是经济增速动力下滑,环保政策持续高压。

各类最新的经济和环境统计数据表明,经济侧的增速动力在下滑,与此同时,环保政策持续高压,环境质量逐步在改善。其中引发争议的问题是,这两者之间究竟有无因果关系。本书认为提问的方向错了,环保高压政策对经济的影响主要是体现在"边际"上,大量理论研究可以证明这一点,经济增速变化实则受到更多非环保因素的内在影响。

反过来,从环境与经济的内生性关系来说,经济增长动力不足对环保政策的影响可能更大。这是由于经济增速动力下滑,会影响地方政府与企业在环境治理上的能力与决心,此时,从总决策人——中央政府的角度来看,就更需要执行相对严格的环保政策来确保环保成效。譬如,生态环境部2018年9月发布《关于进一步强化生态环境保护监管执法的意见》,指出"一些企业仍然存在违法排污等突出问题。要切实强化和创新生态环境监管执法,坚决纠正长期违法排污乱象,压实企业生态环境保护主体责任,推动环境守法成为常态",这显然是有所指的。

因此,当前环境经济关系失衡的主要压力来自经济侧本身,一则经济侧的增长质量在中长期有待提高,以实现高质量的经济可持续发展;二则在短期,经济侧的增长动能有待加强,消费、投资和出口"三驾马车"需要齐头并进,否则环保政策及成效都将在经济侧面临越来越大的压力,变得越来越不可持续。

第三,环保政策工具将全面转向市场经济手段。

在环保政策持续高压以平衡环境与经济关系的过程中,政策选择存在明显的阶段性特征。比如,在环境保护初期,环保政策从无到有,一般都会比较重视法律制度,这在最新一轮环保运动中体现得比较明显。由于之前的环保政策体系无法适应新的环保需要,中央政府进而启动了环保改革进程,环保法律制度的重新构建则成为重中之重。从规章到法律,从大气污染防治法到土壤污染防治法等,都意味着到目前为止,侧重于行政和法律等制度建设的环保政策工具开始趋向饱和,其规模效用逐步递减,而新一轮的环保政策一旦实现了"从零到一"以及"从一到多"的数量变化,接下来根据环保的需要,环保政策必须开始面向"从多到好"的质量目标。

什么是"好"的环保政策呢?就是既要保护好环境,又要维持经济的可持续发展,其中的关键在于"效率"。能兼顾到这两方面的有效环保政策工具显然非环境经济工具莫属,环境经济政策工具的本质是将环境作为市场中的产品,纳入市场均衡分析框架中。比如污染物的排放,并非所有的污染物排放都是"不合法"的,因此有必要对"合法"的污染排放进行定价,这就是环境经济政策工具的任务。

当然,有效运用环境经济工具远比建立环保法律制度来得更加复杂,其中最关键的是要能了解并把握环境与经济两部门发展的内在规律,尤其是如何通过市场来同时实现环境品的"定价"和"流动性"。

以绿色金融政策工具为例,当前从中央到地方都开始接受并重视金融机构和金融工具在环保上的接入,环境保护的金融通道也开始逐步建立和形成,但要真正发挥绿色金融政策工具的作用极不容易,其中的最大挑战就在于如何真正实现金融部门与环境部门在"进得来"和"出得去"双向流动过程中的双赢。目前绿色金融政策工具显然还无法扮演"金融—环境—金融"的精准通道角色,呈现出金融端"泛绿色化"、环境端又"去金融化"的不对称性,这对于发挥绿色金融在平衡环境经济关系的作用上显然是非常不利的。

本书认为,综合当前环境经济各方面的因素,虽然环境与经济关系逐步趋于健康和平衡,但受经济侧的某些因素影响,环境保护本身将在政策与成效等方面面临较大的困难,解决这一困难的最主要途径无疑是运用科学、合理的环境经济政策工具。

三、环境保护政策要"一分为二"

就目前看来,环境保护工作在力度、广度和深度上全面进入改革开放以来的峰值,但随着周期性经济波动的临近,是否有必要将环保工作的强度与经济增长的需要相结合,在保护政策工具上做出适当的调整,使得环保工作成为服务于克服周期性经济波动的一种宏观"调控手段",这些问题值得我们探索。

第一,环境与经济失衡关系的成因要"一分为二"。

环境问题的本质是"环境与经济的失衡关系",既可以表现为"重经济而轻环境"的失衡,即环境上的保守主义;也可以表现为"重环境而轻经济"的失衡,即环境保护上的激进主义。无论是哪种情景,只要存在失衡,都会有损社会总体福利的改善。历史上大多数时期,"环境保护上的保守主义"使得我们高估经济发展的重要性,从而造成环境问题。因此,人们往往比较重视并反对"环境保护上的保守主义",却缺乏对"环境保护上的激进主义"的足够重视和警惕。实际上,在某些特定发展阶段,"环境保护上的激进主义"反而会对经济造成更大的损害。

第二,环境与经济"失衡"关系的解决要"一分为二"。

环境与经济"失衡"关系可以表现为两类:一类是环境质量与经济发展水平之间的失衡关系,具体分为环境质量滞后于经济发展水平、经济发展水平滞后于环境质量两种情况,是"静态"的失衡关系;第二类环境与经济的失衡关系则是指动态失衡关系,也就是在动态发展中,环境质量的改变与经济发展水平的变化之间是否相适应。

就此,解决环境与经济"失衡"关系要"一分为二"。其一,如果是环境质量与经济发展水平不相适应,总体上,我们要在中长期执行有利于纠正这一失衡的相关政策。比如在环境质量持续恶化的背景下,有必要加强环境侧的约束,大力改善环境质量;其二,如果是环境保护与经济增长间关系的动态失衡,那么就有必要在保持中长期战略不变的情况下,在战术上及时、灵活调整相关的策略和政策工具。比如,在中长期开展环境保护的大方向下,环境保护的短期意愿可以根据经济增长波动的需要而进行强度上的调整,并采取不同的政策工具。

第三,经济下行期的环境保护政策要"一分为二"。

在经济周期的上升期,环境与经济的失衡有必要"一分为二"。在经济周期的下行期,则更有必要实施"一分为二"的环境保护政策。

其一,坚持可持续发展的方向不动摇。通过对环境与经济平衡关系的分析,在较长一段时间内,其中的主要矛盾仍然体现为较低环境质量水平与较高经济发展水平之间的不平衡,因此,环境保护作为一项基本国策在中长期仍然是有必要继续坚持的。当环境质量水平与经济发展水平基本实现平衡之后,环境保护的紧迫性才可能有所下降。因此,环境保护侧的可持续发展趋势在30年内基本上不会出现改变,较高的环境排放标准、严格的环境保护法规以及趋紧的环境污染排放容量将继续主导短期和中长期的环境保护工作。

其二,将环境保护与经济增长相结合。在短期来看,我国处在经济周期的下行期,甚而可能出现的"衰退期",环境保护必须与经济增长相协调。具体而言,在环境与经济关系的第二种失衡中,当前表现为环境保护的意愿可能超过了经济增长水平。因此,有必要考虑的是,如何将中长期环境保护的需要与克服经济周期性波动的需要结合起来。一则可以将环境保护的要求(如减排目标)适当放松,帮助企业抵御经济下行的冲击;二则可以将环境保护的治理过程转化为扭转经济周期性波动的工具,使得环境保护的治理投入经济体系薄弱环节和领域的体内循环中,拉动这些领域的增长和就业,实现经济的"绿色转型与复苏"。

其三,采取更加灵活的环境保护政策工具。在继续执行基于环保标准的环境保护政策的基础上,更多地实施基于市场的环境保护政策工具。比如借助绿色金融的政策工具,实施以"金山银山"的效益产出为导向的"绿水青山"工程,实现跨期环保投入与产出的动态化均衡和福利最大化。

总体上,在新的发展阶段,环保工作有必要助力绿色发展,不仅在环境侧,而且在发展侧更好地服务于高质量发展的目标,实现中长期的全面可持续发展。

第一编

绿色发展的经济学分析

第 1 章

统筹经济增长与环境保护
——环境库兹涅茨曲线的经济学分析

1.1 引言

自然环境与经济增长之间在人类社会的大部分发展时期里都处于和谐共处的状态,在工业化时代来临前的岁月里,由于缺乏对自然界的了解,人类无论是在主观还是在客观上都依附于自然界,农业社会的经济生产方式不仅没有对自然环境造成破坏,而且还受到了"天时""地利"的极大制约,可以说正是落后的生产方式使人类被迫与自然实现了最为原始的和谐状态。但自工业化的生产方式进入人类发展历史以来,随着社会生产力的逐步提高,人类先是从客观上摆脱对自然界的依赖,一步步地探索自然、征服自然并进而掠夺自然,同时在精神上也开始摆脱对自然的崇拜,工业文明空前繁荣,工业技术成为新兴的精神贵族,在技术周而复始的开发中,人类又开始迈向自我崇拜。在这一段时期里,人类与自然的关系总的来说是不和谐的,最突出的矛盾在于过度膨胀的经济增长在高度发达的社会生产力的支撑下严重破坏了自然环境,资源的枯竭、生态的失衡、环境的恶化等都使得自然与身处其中的人类发生了极大的冲突,经济增长与自然环境的保护成为人类发展所面临的两难境地。那么,对于既需要发展又离不开自然环境的人类而言,该如何取舍呢?毫无疑问,人类的经济增长必须与自然环境之间实现同步、和谐发展,但我们是需要等自然环境被彻底破坏之后回到工业社会之前由自然界主导的原始和谐状态呢,还是走出盲目发展歧途、实现由人类主导的新兴和谐发展状态?前者显然不是我们所愿意看到的,作为有着高度文明、自觉性和生产力的人类,我们必须清楚经济增长与自然环境保护之间的逻辑关系,并在此基础上找到实现人与自然和谐共处的科学发展之路。

关于工业化时代以来经济增长与自然环境保护之间的关系，最早的关注始于20世纪60年代。18世纪工业革命后的200年时间里，工业化使经济增长的速度和容量逐渐提高和扩大，以高投入、高消耗和高污染排放为特征的经济增长模式逐渐给自然环境带来压力，并最终以极端的形式爆发出来。到20世纪60年代，由于部分地区森林的消失、生物多样化的丧失、土壤的退化以及空气和水的污染，许多自然资源被消耗掉，环境遭到破坏，人类生存环境不断恶化，成千上万的人因污染而死亡。面对生态危机，专注于经济增长的人们开始觉醒，反思保护环境的必要性，提出可持续增长的口号，并在随后的半个世纪里在全球范围内兴起了环境保护运动，中国也于20世纪末制定了实施可持续发展的战略规划《中国21世纪议程——中国21世纪人口、环境与发展白皮书》。

然而，在21世纪初的今天，环境问题日益全球化的同时，经济增长与环境保护间的关系在不同发展水平的地区却开始出现分化。一方面，在发达国家，长期经济增长的成果已经于多年前开始反哺自然环境，经济增长开始跳出传统模式，从而使得自然环境在局部地区出现了逐渐改善的趋势；另一方面，在发展中国家，经济尚处于初始发展阶段，尽管也认识到了环境保护的重要性，但工业化、城市化进程都客观上给自然环境带来极大的压力，环境依然处于日渐退化的境地中。另外，发展中国家地区环境的严重退化又通过生态系统传导机制加剧了全球自然环境的恶化，从而造成了国家间的纷争。其中的关键问题在于如何看待发展中国家的经济成长。对于发展中国家来说，是否可以借鉴发达国家曾经走过的"先污染、后治理"的传统经济增长模式，还是可以另辟蹊径，绕开传统经济增长阶段，直接步入低投入、低污染、低消耗的增长模式。回答这一问题的一个捷径就是分析发达国家在经济增长与环境质量之间的关系上曾经经历的对立与协调过程，并分析其中的成因，从而给发展中国家提供借鉴。

本书就将从反映西方发达国家经济增长与环境质量经验关系的环境库兹涅茨曲线出发，着重通过马克思主义政治经济学的研究方法来探讨人类社会经济增长与环境保护之间存在的内在逻辑关系，为我国在经济增长过程中如何实现人与自然的终极和谐提供理论支持和参考。

1.2 经济增长与环境质量的经验关系：环境库兹涅茨曲线的提出、含义和成因

1.2.1 环境库兹涅茨曲线的提出

20世纪50年代中期，西蒙·库兹涅茨在研究经济增长与收入差异时，提出了这样一个假说：在经济增长的早期，收入差异会随经济增长而加大，随后，当经济增长到达某一点时，这种差异开始缩小。在二维平面空间，以收入差异为纵坐标，以人均收入为横坐标，这一假说是一个倒U形的关系（见图1-1）。这一关系后来为大量实证研究的统计数据所证实，被称为库兹涅茨曲线。

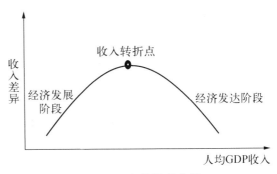

图1-1　库兹涅茨曲线

在过去的数十年里，经验观察表明经济增长与环境污染水平之间也在不同程度上呈现出U形的关系。在经济增长的整个进程中，自然环境先是恶化，而后得到改善。例如，发达国家城市的环境污染水平随着经济的增长而不断降低，发展中国家城市的环境污染水平则随经济增长而不断提高。在发展初期，经济处于一种低水平维持状态，对自然资源环境的影响较为有限，所排放的废物不仅数量较为有限，还可被生物降解，因此此时的环境退化是有限的。但随着经济的加速增长，现代化和工业化使得资源消耗速率开始超出资源更新速率，废物排放的数量和毒性均大幅增加，从而导致环

境不断退化。经济发展到达较高水平后,人们的环境意识得到加强,环境管制措施变得更为有效,技术也更为先进,环境治理开支进一步增加,从而使环境退化得以遏制。

由于经济增长与环境污染水平之间可能存在的这一倒 U 形曲线与库兹涅茨所提出的经济增长与收入差异关系的倒 U 形曲线特征相似,帕纳约托(Panayotou,1993)称之为环境库兹涅茨曲线(Environmental Kuznets Curve,EKC)。

1.2.2 环境库兹涅茨曲线的含义

环境库兹涅茨曲线的核心内容包括五个方面。

第一,在经济起飞阶段,伴随着经济增长,环境质量的退化在一定程度上是不可避免的,在污染转折点到来之前,经济增长与环境污染水平是一种此消彼长的矛盾关系。

第二,伴随着经济快速增长,消耗了大量自然资源,环境质量也进一步恶化,环境资源的稀缺性日益凸显,对环境保护的投资会因之而增大。当经济发展到一定阶段时,经济增长将为环境质量的改善创造条件。

第三,从总体上看,环境污染水平与经济增长的关系呈倒 U 形曲线特征,如图 1-2 所示。环境污染水平的指标可以用人均污染物排放量或污染物浓度等指标表示,经济增长一般用人均 GDP 表示,由于一国从经济发展水平较低阶段演化为经济较高水平阶段需要较长时间,因此,环境库兹涅茨曲线所揭示的经济增长与环境污染水平的关系是一个长期的规律。

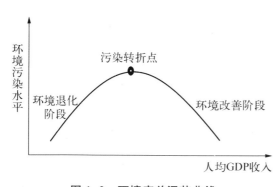

图 1-2 环境库兹涅茨曲线

第四,经济增长方式和政府

的环境经济政策等制度因素在改变环境库兹涅茨曲线的走势和形状上有重要意义。如图1-3所示，不同环境政策与制度安排下的环境库兹涅茨曲线有不同的形态特征。

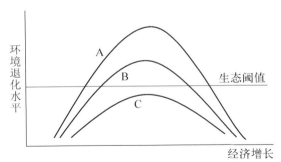

图1-3 不同环境政策与制度安排下的环境库兹涅茨曲线

曲线A是不考虑环境破坏成本的环境库兹涅茨曲线。如产权未界定明晰、污染的外部性未内生化，存在对资源环境有害的补贴等，此时环境退化很可能超出生态阈值。

曲线B是考虑部分环境成本的环境库兹涅茨曲线。通过制定环境标准、去除有害的环境补贴等政策手段，使曲线变得平缓、环境恶化的峰值降低。

曲线C是消除大部分环境成本的环境库兹涅茨曲线。通过明确产权、成本内部化及去除有害的环境补贴，使曲线峰值进一步降低，经济发展对环境的破坏降到较低限度，有效地防止了经济起飞过程中对经济的破坏。

第五，环境库兹涅茨曲线揭示了经济增长与环境质量之间的联系或转化规律，但这并不意味着发展中国家到一定增长阶段必然会改善环境质量，如果环境退化超过环境阈值，环境退化就成为不可逆的了。这些阈值对许多重要资源都是存在的，如森林、渔业、土壤等，如果这些资源在经济增长的起飞阶段就已经处于严重的枯竭或退化状态，那么将需要很长时间和很高的成本才能得以恢复，故而即使倒U形关系存在，也需要相应的政策和国际援助，防止倒U形曲线超出生态阈值。

1.2.3 环境库兹涅茨曲线的成因

环境库兹涅茨曲线自提出后，国内外的环境学者都对此展开了国别和地区性的经验证明，试图用各种经济模型来解释其形成原因，如优化增长模型、作为生产要素的产出模型、内生增长模型和跨代模型等(Panayotou,2000)。

究其原因,一般认为环境库兹涅茨曲线的形成主要有以下两种。

一是生态环境保护支付偏好论,认为环境质量是奢侈型商品,高收入的消费者对环境质量的有效需求比低收入者来得更高,从而造成在一定收入水平后,环境污染程度随着收入增长而下降,同时作为政府而言,其对环境保护的投资支出能力也会随着经济增长而得到提高;

二是生态环境保护制度变迁论,认为是包括产业政策、环境管制等系列制度的变迁才导致经济结构、技术、组织形态随着经济增长而向污染减轻的方向发展。比如,政府出台环境政策、加大对环境保护的投入等。

1.2.4 环境库兹涅茨曲线的意义和局限

环境库兹涅茨曲线的提出有着重要的应用价值。

首先,它表明,沿着一个国家的发展轨迹,尤其是在工业化的起飞阶段,不可避免地出现一定程度的环境恶化。

其次,这一曲线表明,随着发展进程,在人均收入到达一定水平以后,经济增长便从环境的敌人转化当环境的朋友,尽管在相当长的一段时间内,经济增长只是弥补早些年的环境损失。如果经济增长于环境有益,那么刺激增长的政策如自由贸易、经济结构的转换和价格改革也应该于环境有益。

环境库兹涅茨曲线的提出反过来也给人们对经济增长与环境保护关系的认识带来一定的误区。

一些学者从倒 U 形的曲线中得到极端的结论:环境并无须特别注意,无论是在国内政策还是在国际压力和援助等方面,可持续发展的问题被简化为实现经济增长以尽快跨越环境污染的发展阶段,达到曲线中于环境改善的发展阶段。

这种对环境破坏听之任之的观点显然并非我们的最优选择,因为我们需要很长的时间才能越过环境恶化阶段,未来经济增长和更洁净环境的现值可能难以抵消现实环境的破坏程度,所以在经济发展的早期阶段致力于控制污染排放和资源枯竭是较为合理的。

从经济投入角度来看,当前防治和治理环境退化可能比未来更节省费用。而在发展的较早阶段所产生的某些环境恶化类型,在较后阶段将出现环境上的不可逆。

某些形式的环境恶化,如水土流失,自然灾害恢复能力的丧失,水库淤积,由于交通堵塞和呼吸疾病而引起的人类健康和生产力的损失,以及工作时间的损失,都制约经济发展。因此,需要通过适当的环境政策和投资来直接控制环境恶化,以消除经济增长自身的障碍。

1.3 经济增长与环境质量的逻辑和因果关系:理论解释

针对在经验上发现的经济增长与环境质量之间的关系,经济学家们开始探讨两者间的逻辑和因果关系,讨论的核心集中于经济增长过程中环境质量变化的规律和经济增长本身在环境质量变化中所扮演的角色(侯伟丽,2005)。就包括中国在内的广大发展中国家而言,在环境日益恶化的背景下,这一问题体现为我们是需要先发展经济还是先保护环境。那么,经济增长与环境质量之间是否就如倒 U 形曲线所示彼此对立呢?经济增长到底又对环境质量产生怎样的影响?对这些问题的回答将有助于我们找到经济增长与环境质量间的根本逻辑因果关系。

1.3.1 不同的观点

关于经济增长对环境质量的影响,国际学术界存在着两种观点,一种观点是悲观主义的,认为经济增长必然需要从自然环境攫取更多的资源和服务,从而带来环境污染和资源耗竭,因而绝对有损于自然环境质量;持这一观点的首要代表是20世纪60年代成立的罗马俱乐部成员,他们在1972年出版了《增长的极限》一书,提出了只有改变传统的经济增长模式,有效控制人口以及消费,使全球达到相对静止的均衡发展状态,才能避免资源和环境灾难。

另一种观点是乐观主义的,认为经济增长可以通过技术的改进、制度的合理化以及资源的节约来和环境和谐共处,经济增长对环境的负面影响是暂时的,增长本身会解决环境污染问题,因而经济增长是环境的朋友。持乐观主义的代表性学者有贝克曼(1992)和Panayoutou(1993)等人,后者在提交联合国的一份报告中指出"当人均收入达到一定水平,经济增长就由环境的敌人转变为环境的朋友,这种转变的存在意味着不需要对环境进行特别的关注,国内环境政策、在环境方面施行国际压力和国际援助都是不必要的,应将资源集中使用在如何实现快速的经济增长上,使之尽快由不利于环境的阶段过渡到有利于环境的阶段"(Panayoutou,1990)。

那么,以上两种观点究竟谁是谁非呢?实际上,以城市化和工业化为特征的经济增长不可避免地会对环境产生一些负面影响,但不可否认的是经济增长也在为改善环境提供物质基础和条件,特别是对于发展中国家来说,人们尚处于解决基本生存问题的阶段中,摆脱贫困、步入小康乃是根本的目标和任务,经济增长是实现根本目标的唯一途径,环境的改善仍需服从于经济增长。实际上,在合理的制度保障下,经济增长本身对环境有一定的改善作用。

1.3.2 经济增长的环境效应:环境保护的增长基础

经济增长对于环境既有负面的恶化效应,也有正面的改善效应。负面效应主要体现于经济规模的扩大给资源环境带来的绝对压力,无论经济结构和技术如何改善，人类不断扩大的生产和消费规模都必然导致资源的逐渐消耗和环境的污染，因此经济增长是不利于环境质量改善的。

与此同时，经济增长对于环境也有一定的改善效应，主要体现在两个方面，一是结构效应，二是技术效应。

结构效应是指在经济增长过程中，第一、二、三产业在经济中的比重会出现依次递进的变化。在经济增长早期，高投入、高消耗和高污染的第二产业增长较快，经济结构的重工化带来环境的恶化；而在经济增长的后期，污染较轻的第三产业加速发展，经济结构也就逐渐向低污染转变。

技术效应是指通过技术改进、环境政策和经济结构调整政策使单位经济产出的污染排放量下降。经济增长意味着引进新的资本、更为有效的技术及更高的附加值，所有这些因素又有助于减少单位产出的排放量。旧的缺乏效率的技术资本和产业被新的技术、资本和产业取代后，污染物排放的绝对水平就会降低。比如，日本过去 15 年的经济增长就是在大量减少能源利用和污染物排放量的情况下取得的。德国由于采用了排污许可贸易制度，逐步淘汰旧的工厂设备，新的技术工艺不仅使工业增长得以维持，而且排污量大为降低。由此可见，经济增长后带来的技术进步有着巨大的环境改善效应。

综合以上两种效应，经济增长与环境保护的取舍问题变成两种效应的对比问题，如果经济增长的改善效应大于恶化效应，那么我们就应该大力发展经济，反之则应该放缓经济增长速度，加大环境保护的力度。要做到前面一点，发展中国家必然要抛弃规模型的资源依赖式增长，尽快实现经济结构的转型和技术的进步。

1.3.3 环境质量的增长效应与经济增长的环境基础

以上分析告诉我们，经济增长对于环境有着不同的影响，其出发点在于经济增长本身，这从逻辑上来看忽视了自然环境的重要性，实际上，环境质量也对经济增长有着决定性的影响。马克思在阐述社会生产力发展规律时对此有过深入的分析。

在马克思看来,自然环境与经济增长之间是一个原因与结果的逻辑关系:自然环境为因,经济增长为果。他认为生产力是一个多层次的系统,这个系统由它的源泉、自身和结果三部分组成(张薰华,1989)。在生产力的源泉,即生产力出发点的解释上,马克思认为可以分为三个层次,首先是自然力,其次是人的自然力和人周围的自然力,再次是人在改造自然中所形成和积累起来的科学技术力。其中的自然力概括起来也就是一切人类赖以生存和生产的自然环境系统。人类生存所需的生活资料,如森林、水源、大气、土壤都来自自然环境,人类生产所需的生产资料,如生物资源、能源等也都来自自然环境。因此,自然环境对经济增长(体现为劳动力、劳动资料和劳动对象的生产力与体现为劳动生产率的生产力结果)有着决定性的促进作用,经济增长过程必须与自然环境共处,"环境保护问题实质上是保护社会生产力问题,自然力合理开发问题实质上是合理利用环境总资源以发展社会生产力问题"(张薰华,1989)。因而,自然力的保护和合理使用实际上是在为经济增长提供环境基础。

马克思的分析表面上在告诉我们环境基础对于经济增长的重要性,其核心却在于说明两者间存在的逻辑关系,也就是因果关系。既然是因果关系,那么在逻辑上就意味着在不同的阶段,"果"有可能成为"因"。正如马克思所分析的,劳动生产率的提高(即经济增长)既是生产力发展的结果又是生产力进一步发展的物质基础,可以从结果变为原因使生产力发展得到内在动力,从而促进生产力源泉(自然力、人力、科技力)的进一步开发(张薰华,1989)。这一阐述极为准确地把握住了环境库兹涅茨曲线的精髓。在经济发展过程中,资源环境质量既是经济发展的基础、源泉、原因,也是经济发展的结果、目标和宗旨。所以,我们既不能舍弃环境来发展经济,也不能舍弃经济增长来保护环境。

1.4 统筹经济增长与环境保护：环境库兹涅茨曲线的通道及构建

经济增长与环境保护互为因果、相互影响的关系告诉我们，发展中国家是可以从环境库兹涅茨曲线对西方发达国家经济增长之路的刻画中吸取经验教训的，特别是通过政策设计来引导经济增长与环境保护的相互协调，从倒 U 形的曲线里走出一条通道。

1.4.1 环境库兹涅茨曲线通道理论

环境经济学家认为，利用环境库兹涅茨曲线的分析，总结发达国家的历史经验，对照本国国情的差别，发展中国家可以通过设计相关制度弥补经济政策的内生缺陷，缩小私人决策与社会最优决策间的偏离程度，促使经济发展与环境状况良性互动，从而改变本国的倒 U 形曲线形状。

正如日本学者 Muainghe(1995)指出的，如果经济增长过程中实施了可持续发展战略以及政府的环境政策得当，倒 U 形曲线的弧度可以降低，拐点可能提前到来，从而在倒 U 形曲线上找到一条水平通道，如图 1-4 所示。这就是环境经济学家们所提出的环境库兹涅茨曲线通道理论。

简单地讲，通道理论指的就是发展中国家在借鉴发达国家已有历史经验的基础上，通过对本国经济政策的有效调整，避免走上发达国家先污染、后治理的发展老路。

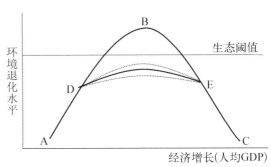

图 1-4 环境库兹涅茨曲线通道

1.4.2 环境库兹涅茨曲线通道的构建——统筹经济增长与环境保护的政策建议

环境库兹涅茨曲线通道在发展中国家的构建，实质上是一个发展中国家如何在本国有效协调经济增长与环境保护关系的问题。即后发国家如何利用本国有利条件，通过制订政策在经济增长过程中有效保护环境，同时又在环境治理中改善经济增长的"源泉"。具体而言，作为发展中国家，我国应该在以下几个方面展开可持续发展战略。

第一，学习发达国家的政策实践，制订系统性政策，消除增长型经济政策的负面环境效应。

发达国家的实践表明，一国在发展过程中实行的增长型经济政策极易对资源造成整体压力。但要消除这些政策的负面影响并不一定要否定政策本身。通过颁布辅助型政策，不仅可以弥补原有政策的缺陷、不足，完善原有政策功能，提高政策的社会、环境效益，而且可以提高经济运行效率。

利用政策的协同效应来消除政策本身的内在缺陷，对于发展中国家尤为重要。经济发展是发展中国家面临的第一主题。只有维持足够高的经济增长速度才能为本国摆脱贫困、缓解决就业压力创造条件。发达国家的经验表明，经济发展并不必然要付出环境退化的成本和代价，通过整合不同政策的功能效用，发展中国家是可以达到经济与社会共同发展的双赢局面。

对于如何消除经济政策对环境造成的不利影响，除了辅助型政策的实施之外，通过调整宏观经济政策及部门政策实行的时序安排，也可以一定程度上减轻其带来的不利影响。

第二，借鉴发达国家治污经验，进行环保制度创新，为本国经济增长创造有利外部条件。

考察发达国家环保制度的演进史，最早的制度或许是庇古税，这一制度建立在古典经济学关于外部性的分析基础之上。由于厂商在生产过程中没有考虑到其生产对外部社会造成的环境损害，由此造成边际私人成本线低于边际社会成本线，其在由边际私人成本线与价格线相交的均衡点进行生产，产量必然大于社会最优生产水平，从而对社会产生过度污染。因此，按照庇古的主张，只要对厂商征收相当于其边际私人成本与边际社会成本差额的污染税，迫使厂商边际私人成本线上升至边际社会成本线，污染的问题便可迎刃而解。

征收庇古税在西方曾经被认为是唯一、有效的治污制度，但到了20世纪中期，随着信息经济学的发展，人们对这一制度的局限性有了新的认识。庇古税有效实施的前提是对厂商边际私人成本以及边际社会成本的正确判定，但在现实中，由于信息不对称现象的存在，加上企业并没有向政府提供这方面信息的激励机制，政府获取边际私人成本的费用极其高昂。而边际社会成本因为要涉及从污染物的物理性损害到人们对这种损害的反应和感受，并用货币计量的过程即"剂量反应"关系（dose-response relationship），更是难以衡量。因此，在操作中，经常会出现庇古税过低或过高的现象。如果确定过低，达不到原本设想的环保效果；如果过高，则必然会影响企业投资的积极性，企业生产规模可能会低于社会最优水平，从而对整个社会产出水平、经济增长状况产生不良影响。因此，从20世纪70—80年代起，人们把越来越多的目光投向另一种制度安排——排污权交易。

与庇古税相比，排污权交易不需要事先确定难以衡量的排污税额，只需从环境可承载数量出发，确定排污量上限，并通过发放可交易的排污权，便可由市场根据供需情况去确定排污权价格。与本国的经济生产相联系，该制度的优势还在于，随着企业的进入或退出，社会生产规模的变动，排污权交易可以轻易地让政府在经济规模与环境保护之间进行动态选择。

通过排污权交易，政府可以从本地实际出发，在经济与环境之间制订最适合本地的发展策略。

第三，引进、消化发达国家的环保、治污技术，促进本国环保产业的发展。

环保技术的进步程度是关系到各项环保政策、制度能否有效实施的关键。征收排污税的前提是对环境安全标准的设定。比如,要保证排污权交易制度顺利实施,首先需要解决的问题就是科学、合理地确定排污量上限以及每家企业的污染程度。此外,环保技术的进步对本国的经济发展同样具有不可忽视的推动作用。以排污权交易制度为例,环保技术的进步将增加环境可承受污染排放量,从而增加排污权供给量,因此,在同样的排污权需求量不变的情况下,企业需要承担的排污权价格将下降,社会投资规模扩大,福利水平将得以改进。因此,世界上许多国家先后将发展环保高新技术、实现环保高新技术产业化作为本国的长期发展战略之一。美国、日本、德国等已成为全球环保产业强国,环保产业在其本国产业中均已取得支柱地位。它们开发出的一系列新工艺、新技术、新能源、新材料,从生产到消费的全过程,达到了节约能源、遏制污染的目标。

作为后起者,发展中国家在引进这些先进技术上具有一定的优势。只要付出较少的引进和消化成本,便可获得发达国家花费巨额科研投入和不确定成本产出的技术成果。从理论上讲,一个国家工业化起步越晚,世界上可供其选择和利用的技术存量也就越多,实现追赶的速度也就越快。

总之,经济增长与环境保护是大部分发展中国家所面临的两难问题。经济上的落后给予本国政府强烈的发展冲动,但这又往往伴随着本国资源、环境的无节制的利用和破坏。环境库兹涅茨曲线的通道理论为我们提供了另一种统筹发展的思路。后发优势同样存在于可持续发展领域,只要发展中国家善于学习、借鉴发达国家的先进政策、制度、技术,吸取其经验、教训,发展中国家是可以走出一条适合本国国情的经济跨越式发展和环境可持续发展道路的。

1.5 小结

综上所述,经济增长与环境保护不是决然对立、不可调和的,只要把二者同时纳入可持续发展的视野里,它们是相互制约、相辅相成的。

一方面,经济增长应成为可持续发展中的核心问题。贫困从来都是环境保护的最大危险,只有保持经济的不断增长,社会成员生活水平的不断提高,才能为环境保护与治理提供物质基础。另一方面,经济的增长不应以环境更大程度上的破坏或污染为代价。一国的经济增长政策应该保证在实施过程中,以尽可能小的资源、环境成本去谋取尽可能大的社会福利。

即便如此,当前对于经济增长环境效应还必须进一步予以研究,主要表现在以下三方面。

第一,关于经济政策的环境影响,目前还缺少足够的长期、系统跟踪研究。一些经济政策如贸易改革中汇率变化及私有化问题可能对社会产生的影响,目前还研究较少。与此同时,新的研究方法及分析框架的创新也是目前这一领域研究深入进行的需要。

第二,政治管理体制和制度也是未来工作应该包括的内容。因为环境、社会问题的本质在很大程度上依赖于政府权力资源的分配。每次政治改革都会对收入和财富的分配产生深远影响,而且在经济政策实行时,体制上的影响也是不可忽视的。

第三,为了更好地对经济政策的环境影响做系统的研究,资源环境的价值、可持续发展的指标设计也是一个值得进一步研究的问题,如绿色GDP的构建等。

第2章

"环境库兹涅茨曲线"经济学含义再思考

根据第 1 章可知,在环境经济学中,有这么一条专门用来描述经济增长与环境质量间变化关系的重要曲线,并且由于这条曲线的形状很像一个倒过来写的大 U,因此也俗称为倒 U 形曲线。不过,基于经济学独特的研究方法,到目前为止,学界并没有对这条曲线得出的结论完全盖棺定论,而是将其界定为一种假说,也就是并无法对其真实性进行有效验证。就此而言,更为恰当的表述是,环境库兹涅茨曲线是一个环境库兹涅茨假说。尽管如此,环境库兹涅茨曲线仍然在 20 世纪的最后十年里横空而出,之后便搅动了国际环境经济学学术圈的一池春水,并带动了后续无数的相关研究,几乎成为 20 世纪中叶环境经济学创始以来最为重要的理论创见之一。

无论是作为一条曲线,还是一个假说,都有其渊源,一则是什么样的发展背景和契机促使这条曲线或假说的出现;二则是理论上而言,又有怎样的铺垫,使得这条曲线能够横空而出。只有正本清源,我们才可以进一步地考察,这样一条貌似简单的曲线如何造福于中国的环境保护实践。

话说回来,这样一条曲线究竟讲了些什么道理呢?就是经济增长与环境质量间的变化关系。

在此之前,尽管环境问题早就在西方发达国家蔓延,但直到 20 世纪 90 年代初期,人们都一直"先入为主"地将经济增长当作环境问题的罪魁祸首,认为正是在经济高速增长的过程中,我们走上了一条高污染、高排放的发展道路,陷入了错误的生产和消费模式,带来了大规模环境污染和生态环境质量下滑的后果。

正是基于这样的认识,西方发达国家早期的环境保护运动都把经济增长作为一个既定的外生条件,既然是既定的,那么也就是无法改变的,社会一定要进步,经济一定要增长,但环境问题也要加以解决,怎么办呢?那么,只有把目光转向制度层面,也就是改善环境保护的各种制度安排,这样一来,就可以在经济持续增长的同时,通过制度的约束最大限度地扭转环境质量下滑的程度。

由此派生出最早的环境经济学理论,那就是基于产权和外部性内部化的环境经济学理论,其中也就有了著名经济学家科斯对环境保护的巨大贡献。从科斯的理论出发,当时的环境经济学貌似找到了环境问题的解决之道,即从解决"外部性"出发消除"市场失灵",让生态环境作为一种"要素"性资源,重新在社会福利最大化的基础上得到市场的合理配置。

这样的解释显然是站得住脚的,因为这的确是环境问题的制度性根源。在很多的环境保护实践中发现,只要能够合理界定共有产权的问题,就可以消除环境污染的外部性,使得环境污染水平恢复到社会最优的程度。

其中最具代表性的,也最有"迷惑性"的是,科斯认为,只要所有的交易是无摩擦进行的(交易成本为零),那么外部性问题便可以通过市场自身解决,而当交易过程中的摩擦或成本很高时,外部性问题就需要通过政府干预或法律来解决。这就是非常著名的"科斯定理",也为后续排污权交易市场的发展奠定了理论基础。因为既然市场可以解决这样的问题,那么我们就来设计这样一个市场来提高生态环境资源的配置效率,如碳排放的交易市场。

基于产权和外部性的环境经济学基本主导了早期的理论发展。即便在20世纪70年代,在另一个环境经济学的重要分支,罗马俱乐部提出"增长的极限"理论后(这个理论认为,资源环境问题可能与经济增长更有关系,但基于多种原因,其论证并不充分,其预测也并不准确),仍无法撼动环境保护领域对于产权和外部性理论的狂热。也正是在这一阶段中,环境保护的立法、规制、市场等风起云涌,西方各国都将环境保护的希望寄托在制度性的变革上,这个状况一直持续到20世纪的90年代。

到了90年代,发生什么事情了呢?西方国家的环境得到改善了。无论是理论界还是业界,都认为制度变革功不可没,这样的环境保护制度也值得在全球推广。不过,情况显然并没有那么乐观。一方面,在部分发达国家环境得到改善的同时,其他国家和地区的环境却在恶化;另一方面,二氧化碳的排放在逐年升高,危及人类自身的发展。基于这些问题的严重性,联合国在1990年召开了首届全球环境峰会,重点讨论了上面两个问题。此次会议有两个重要成果:一是确定了旨在推动可持续发展的《21世纪议程》的动议,二是确定了应对气候变化的议题。其言下之意都在于,可持续发展的问题远远没有解决,反而还必须更加重视。那么,既然此前已经找到了制度上的根源,并加以解决了,为何又出现新的问题呢?

其实,有关环境问题的根源,早期理论并不是没有注意到制度之外的成因。譬如,在1968年出版的一篇非常著名的论文《公地悲剧》中,作者既分析了制度上造成资源过度利用从而破坏生态环境的原因,又指出"稀缺性"的变化也是造成资源过度利用的原因。他观察到,在资源并不稀缺的情况下,即便产权模糊,也没有外部性问题,不会带来资源过度利用,但在人口众多、资源极度稀缺的情况下,如果产权界定不清,就会造成严重的外部性,带来环境污染和破坏。

上述理论中最为宝贵之处在于,在制度不变的条件下,代表资源稀缺性程度的经济增长水平也会构成对生态环境的影响,不幸的是,这样的理论闪光点却被当时的理论界忽视了,或者说,在当时高度重视经济增长的氛围下(和中国当前的气氛很相似),这样的发现并不受欢迎。

除此之外,到20世纪90年代,还有一个因素促使人们开始将环境质量演变的原因追溯到经济增长上,那就是自由贸易。因为按照之前的理论假说,自由贸易的结果往往是环境污染产业从发达国家向发展中国家转移,因此很多经济学家都对此感兴趣,并着手进行论证和研究。也就是在这样的研究中,有两个经济学家从中找到了环境库兹涅茨曲线。

这两个经济学家分别是格罗斯曼和克鲁格,他们最初研究的其实就是自由贸易与环境污染跨国转移问题,尤其是对北美地区的两个典型国家美国和墨西哥进行研究。但在研究的过程中,他们反而觉得,如果自由贸易对环境污染的转移有影响,那么环境污染的发生是否还和自由贸易背后的经济增长有关呢？也就是说，并不是自由贸易决定了污染的转移，而是经济增长、收入水平等因素左右着污染的转移和排放。由此，他们将研究转向了经济增长与环境质量间变化关系的研究，基于各国数据，得出一个基本结论，即伴随着一国或地区经济的增长（主要以人均收入为指标），在初期主要污染物排放量会逐渐增加，环境质量出现恶化，而过了一定阶段后，如果经济持续增长，那么在经济增长水平越过了某个发展阶段后，主要污染物排放量便会到达顶峰，并随后出现下降。上述关系用图形表现出来，便是环境库兹涅茨曲线。

为什么这条曲线不用两位经济学家本人的名字来命名呢？这是因为这条曲线的形状与1960年代另一个著名经济学家西蒙·库兹涅茨发现的有关收入水平和贫富差距的曲线一模一样，因此就沿用了库兹涅茨的名字，而不是用自己的名字来命名，但在前面增加了"环境"二字。

有了这项研究，实际上意味着，环境经济学的发展开始出现转折，由之前从制度上寻找环境问题的成因并加以解决，逐步过渡到从经济增长上找原因并加以解决。根据随后的研究，经济增长之所以会造成环境问题，有以下几方面的原因。

第一，随着生产和消费规模的扩大，造成了资源和环境的绝对稀缺，根据"稀缺租"的理论，人们一般都是先开发禀赋条件较好的资源或环境（如良田），后开发那些禀赋条件不好的资源或环境（如薄田），这样一来，随着人口增长和经济增长，总体规模扩大后必然会使得处于生态环境脆弱地区的边际性资源被引入经济体系，也就是逐步突破生态环境的承载能力，造成环境退化和质量下滑。

第二，经济增长过程中，出于城市化的发展需要，必然要引入大量的重化工产业，这些产业有着污染密集的特性，即在经济增长的某个阶段，整个经济体量会显得很"笨重"，结构不够合理。这个问题使得现代经济增长对环境有了双重损害。除了规模之外，还有一些是工业化生产方式带来的，如染料产业。在《汤姆斯河》这本反思工业污染的著作中，就介绍了化工产业所排放的污染对于河流以及居民健康的严重危害。

第三，随着全球化的演进，贸易的自由化也会带来新的环境问题，尤其是给在国际贸易格局中处于不利地位的发展中国家造成极大的威胁。因为发展中国家即便没有承接发达国家转移出来的污染产业，客观上也要为发达国家生产初级产品，这些初级产品往往都是资源或者环境污染密集型的，其环境显然要付出巨大代价。

既然从经济增长上找到了环境问题的原因，那就必然可以从中发现解决途径，这也正是经济增长的高级阶段可能带来环境质量改善的原因所在。

第一，从绝对的规模增长向经济上的规模效应转变。如果说，随着经济的增长，资源和环境的利用规模是在绝对地扩大，从而变得稀缺，那么我们是否可以从产出规模的扩大中找到减少资源和环境投入的可能呢？这也就是实现经济上的规模效应，意味着经济产出的规模扩大1倍，投入可能仅仅扩大0.5倍甚至更少。如果能做到这一点，那就说明，我们可以在扩大规模、增长经济的同时，并不增加对于资源环境的负担，其核心是提高资源环境的生产力。

第二，从技术进步中寻找改善环境质量的积极因素。有关技术进步的经济学研究，很多成果都认为这是经济增长非常重要的贡献因素，而同时，技术进步本身也受到经济增长和人口增长等因素的作用，但早期并没有将技术进步和环境污染的治理直接关联起来。为什么经济增长会对环境质量有改善作用呢？在环境库兹涅茨曲线的研究中发现，恰恰是由于经济增长过程与技术进步过程相互是有内生性的，即经济增长会推动技术进步，而技术进步又惠及资源环境的利用效率，不仅降低利用水平，而且还对其末端排放的治理有帮助，这样一来，有技术进步和没技术进步两种情景下的环境质量就有很大区别了。

第三，从偏重于工业制造业的经济结构向偏重于服务业的结构转型。如前所述，既然高污染的重化工产业是环境问题的一个来源，那么如果减少这部分生产呢？当然，一国并无法天然地或者强制性地突然改变其经济/产业结构，这种变化也只能是经济增长规律使然。因为在经济增长初期，重化工产业对经济增长的贡献较大,而后期,服务业等产业的贡献变得更大(从生产端转向消费端),此时,随着结构的改变,污染自然会下降,环境质量好转。

第四,从对物质消费的偏好转向对环境消费的偏好。随着经济的增长和消费者收入水平的提高,消费者在满足了基本的物质需求之后,便开始更多地追求健康、舒适、景观等与生态环境有关系的生活品质,自然也就更加愿意为获得这些生活品质而提高其支付意愿,这也就是为何大量有关研究的结果都显示出居民支付构成中包含越来越多生态型支出的原因所在。

归纳一下,上述四方面的原因分别可以用规模效应、技术效应、结构效应和收入效应来加以概括,而这些效应无一不与经济增长的较高阶段有关。基本上,这四方面也正是环境库兹涅茨曲线最有价值的理论发现。

根据上述的理论变迁过程,我们可以总结出几点,或许对中国当下的环境治理有所帮助,也可以真正地将"绿水青山"和"金山银山"统一起来。

首先,环境库兹涅茨曲线的理论假说并非是在环境问题爆发的初期提出来,这并不是偶然的,因为如前所述,即便在初期提出来了,也不会受到重视,原因很简单,社会经济需要发展,这是大前提,所以早期的环境经济学理论单单重视了制度因素,这与当前中国的情况很相似。换一种理解的方式,在解决环境问题的过程中,制度因素的确应该先于经济因素(稀缺性因素),如果没有制度变迁做铺垫,西方国家的环境也并未见得就可以随着经济增长而自然得到解决。这既是理论上的逻辑,同时也是环境保护实践上的逻辑。在特定的经济增长阶段上,我们不能以牺牲经济增长的代价来保护环境。

其次,在真正解决了制度因素之后,是否就可以直接过渡到经济解决的层面,这也是当下讨论非常热烈的问题,即环保与经济发展的关系,从西方的理论发展和实践发展进程来看,即便解决了制度因素之后,也并没有迅速进入经济解决的阶段,其原因在于,经济解决能否成功取决于规模、技术、结构和支出等要件,我们在完善了环境保护制度之后,这些要件就都能水到渠成了吗?未必。因为在很大概率上,制度完善和经济转型的进程并无法绝对统一,有个时滞,甚或是很长的时滞,因此要让环境保护的重点从制度解决转向经济解决，关键取决于条件是否成熟，而不是制度因素本身。

最后，如果我们仅仅将环境保护工作的落脚点放在制度和经济两个层面上，看起来似乎与西方发达国家的理论和实践相互吻合，但事实上，这里面仍然有一个重要的问题需要解决，那就是制度和经济背后的制度，通俗地讲，就是市场。要知道，上述产权和外部性内部化等制度安排之所以出现是为了克服市场的不完备，也就是说，这些制度安排是与那个初始状态下的标准市场相契合的，如果我们现在的本土市场并不是西方国家初始状态下的标准市场，那么后续所有用来解决环境问题并照搬西方经济的制度安排便无法用来解决这个所谓的市场失灵。同样道理，经济因素改变的基础也是西方发达国家的初始标准市场，这就意味着，如果我们不能将本土的市场调校到那个标准的市场状态，那么无论是制度因素改变，还是经济因素改变，都无法真正在环境库兹涅茨曲线的基础上解决我们的环境问题。这恰恰也是要让市场发挥资源配置决定性作用的重要原因所在。

第3章

环境质量的收敛和经济增长
——论21世纪的自然资本与不平等

3.1 引言

从20世纪90年代开始,国际经济学界开始大量探讨和研究社会经济发展与生态环境质量间的关系,并得出了不同结论。其中,主流的观点就借鉴了针对收入与不平等的库兹涅茨曲线(传统库兹涅茨曲线)而提出的环境库兹涅茨曲线。以此为代表,主流的经济学家大多认为只要经济持续发展,生态环境的质量会先坏后好,意思是经济增长与生态环境质量总体上也呈现出类似于不平等与经济增长间关系的倒U形曲线特征①,这条曲线一经提出后得到整个环境经济学界的追捧,并经过后来诸多学者的完善和发展,已经几乎成为解释当前各国环境质量演变的"铁律"。不仅发达国家自认为已经成功地度过了环境污染的顶峰而使得本国环境质量从"爬坡"转变为"下坡",并在环境保护上有所松懈(如发达国家的政府和公众都在应对气候变化问题上的意愿不足)。而且发展中国家也极大地受到美好前景的鼓舞,认为只要不断推动经济增长,创造足够规模的GDP(临界点),那么前期受损的环境质量就自然会在偏好改变效应、技术效应、规模效应和结构效应等的影响下而出现好转。受此影响(或可以称为误导),发展中国家的环境保护措施长期以来一直处于"口号大于行动"的状态之中(比如,在大量引进外资的过程中忽略

---

① Grossman, Gene; Alan B. Krueger, Environmental Impacts of a North American Free Trade Agreement, In P. Garber. *The Mexico-U.S. Free Trade Agreement*, 1993, Cambridge, Mass: MIT Press.

环境保护的问题)。

有意思的是,2014年法国经济学家托马斯·皮凯蒂(Thomas Pikkety)在其著作《21世纪的资本论》中质疑了长期以来几被视为"真理"的传统库兹涅茨曲线,其结论有:其一,关于不平等的"库兹涅茨曲线"并不成立,在资本回报率>经济增长率的条件下,不平等不会随着经济增长而得到改善,而是会加剧;其二,关于社会不平等的"矛盾不可调和论","他"认为在技术进步、知识和技术全球化扩散的条件下,受资本与劳动收入相互收敛的影响,不平等的程度不会走到"阶级斗争"的极端。进而,他得出的结论是不平等程度会提高,也最终也会在很大程度上收敛于一定的水平范围之内。

上述分析给了我们一个启示,既然有关不平等与经济增长的库兹涅茨曲线在长期并不绝对成立,那么在环境经济学领域内基于类似理由而形成的环境库兹涅茨曲线是否也有可能是不成立的呢?假如在未来,全球环境质量并未如先前预期的那样随着经济增长而总体向好,甚至是在长期出现了某种程度的恶化,那么,在资源和生态环境领域所出现的这种潜在发展趋势又会对先前众多学者提出的不平等假设和结论产生如何的影响呢?本书希望能从"自然资本"的视角出发,借助于环境质量演变的某些局部特征,对21世纪可能发生的资本与劳动关系(即不平等)进行说明和论证。

3.2　自然资本

在以往的研究中,对于资本的界定大多局限在一个狭义的范围之内。

在《21世纪资本论》中,托马斯·皮凯蒂并没有忽视对"土地、空气、资源能源和其他环境"作为一种资本组成的考察。譬如在对资本的定义和划分部分,托马斯·皮凯蒂认为资本可以分为人力资本和非人力资本,而对于后者,"资本的概念并非是一成不变的,它反映出了每个社会的发展态势及该社会

第3章 环境质量的收敛和经济增长——论21世纪的自然资本与不平等

普遍的社会关系"①,"空气、海洋、山脉等的所有权也是类似的情况"②;同时针对资本价值量的核算,托马斯·皮凯蒂认为,"我们几乎无法排除人们在土地上增加的附加价值,石油、天然气、稀土元素等自然资源的价值也面临着同样的问题,我们很难将人们在勘探采掘中所投入的价值剥离出来,单独计算自然资源的纯粹价值"③,"这些财富数据仍然存在诸多缺陷,例如,自然资本和对环境的破坏并没有通过数据体现出来"④。此外,针对购买力上的不平等,作者认为,"毫无疑问,购买力平价的估计并不完全准确,甚至对发展程度类似的国家的比较,误差也在10%以上"⑤。针对公共财富积累的问题,资本/收入比之所以出现长期变化趋势,其中的一个原因就是"只有把考虑的重点放在人类可以积累的资本形式上,第二定律(注:$\beta=s/g$)才能成立。如果某个国家的国民资本中有相当部分是纯粹的自然资源(例如,当这些资源的价值与人类的进步和过去的投资无关),那么即使没有储蓄的任何帮助,β依旧能达到很高水平。关于不可积累的资本类型在现实中的重要性,将在后文中做更多讨论"⑥。

以上内容说明,包括托马斯·皮凯蒂等在内的众多学者虽然意识到主要体现为"自然资源和生态环境"的自然资本会在某种程度上影响资本的特性,却没有对此展开单独的深入分析。他们仅仅将资本按照几个维度划分为可分资本和不可分资本、人力资本和非人力资本等等,从而忽略了工业化社会以来生态环境质量演变及其对资本形态带来的一个重要影响,那就是从增值性出发,资本实则还可以分为正资本和负资本。

从社会整体的意义出发,解决外部性后,一般的资本都有正的增值性,也

---

① [法]托马斯·皮凯蒂,《21世纪资本论》,中信出版社,2014年,第47页。
② 同上。
③ 同上书,第48页。
④ 同上书,第58页。
⑤ 同上书,第65页。
⑥ 同上书,第172页。

就是托马斯·皮凯蒂等所讨论的传统意义上的资本,而他也理所当然地把"自然资源及生态环境"纳入这一类资本的范畴中,并在数据统计的基础上得出了土地长期贬值、公共资本逐渐萎缩等基本结论。这样的资本定义及归类有没有问题呢?

其实,诸如"土地、空气和水资源等"的"自然资源和生态环境"显然有着与传统资本相异之处,最大的不同有两点。其一,"自然资源和生态环境"并不属于正资本,其积累过程和形态的特殊性意味着如果将外部性因素考虑进去,结果是其总存量规模具有明显的"减值性"特征,在"自然资源和良好生态环境"绝对有限的情况下,所有看似利用"自然资源和生态环境"带来资本增值和增加财富的过程,其实都是消耗"自然资本"的过程,即便表面上拥有"自然资本"的所有者也从中获得了要素性的回报,但这只不过体现为价值量增加之后的增值(后文将详细解释),而不是"自然资本"的存量在增加。换句话说,是用"价值量"的增值性掩盖了"自然资本"在存量上的减值性,是将不可复制的"自然资本"等同于可以复制的"金融资本",正是这一点构成了资源利用和配置的最基本原则"Hotelling 定律"①。此后基于这个原则,经济学将资源和生态环境纳入生产函数和国民账户中,并构成了"资本"及"资本收入"的重要来源。而随着工业化革命的推进和技术的进步,资源和生态环境在资本形成的价值链中占比越来越低,边际贡献也越来越小,以至于托马斯·皮凯蒂得出"土地"等资源长期贬值(而资本却保持长期固定的增长率)的结论,而这一结论显然不同于当下深受工业化污染之害的人们的感受。因此就派生出"自然资本"的第二重特性。

其二,"自然资源和生态环境"是"主观价值型"资本。在传统的资本定义中,绝大部分组成成分在价值的衡量上都是"客观的",也就是扣除价格波动因素,其价值受规模水平的客观影响,最直接的体现就是"市场化程度",一般资本的价值都可以通过市场交易进行直接披露。但生态环境的价值却并非

---

① Harold Hotelling, The Economics of Exhaustible Resources, *The Journal of Political Economy*, 1931, 39(2): 137-175.

如此,环境经济学很早就发现,环境资产属于无法市场化的要素或商品,有着明显的"公共属性",其价值在很大程度上受到市场主体主观的影响,这使得"自然资本"的价值发展呈现独特之处。一方面,和其他私人产品一样,稀缺性程度的提高会提高其"价格";另一方面,与私人资本不同的是,源自主观价值提高的"自然资本总价值"却与不断递减的"自然资本存量"并存。

中国第八次森林资源清查的统计结果显示,2012年末全国林地资产实物量3.10亿公顷,林木资产实物量160.74亿立方米;全国林地林木资产总价值21.29万亿元,其中,林地资产7.64万亿元,林木资产13.65万亿元。与第七次全国森林资源清查期末相比,第八次全国森林资源清查期末,林地资产实物存量从3.04亿公顷增长到3.10亿公顷,增长了2.0%,价值量从5.52万亿元增长到7.64万亿元,增长了38.4%;林木资产实物存量从145.54亿立方米增长到160.74亿立方米,增长了10.4%,价值量从9.47万亿元增长到13.65万亿元,增长了44.1%。全国森林生态系统每年提供的主要生态服务的总价值为12.68万亿元[①]。从中可见,生态环境的价值量有着偏离其存量的明显特征。

在笔者看来,这一偏离正是长期以来资本收益率保持固定速度增加的主要原因,因为,即便在"自然资本"存量(或增速)递减的条件下,不断趋高的"自然资本主观价值"为其要素租金的高企提供了保障,进而也就为资本的总收益率做出了贡献。

3.3 有关自然资本的收敛趋势

对于自然资本的收敛方向,有两种主要观点。

如前所言,"库兹涅茨曲线"代表了一派观点,那就是在长期,随着经济规

---

① 江泽慧,在国务院新闻办新闻发布会的发言,2014年10月。

模的增加,环境质量会逐步向好,资源的利用也会在技术进步的影响下变得越来越有效率,人口发展也会出现转型,增速减慢,总体规模趋于稳定,从而一举解决人类的终极发展困境。对此,早在18世纪,马尔萨斯就已经提出了反对意见①,在和其"论敌"论战人口与物质发展关系的过程中,他否认人类有道德上的理性而自行消除"多余"人口,他认为,只要用于生存的物质资料是有限的,人口的增速就必定会超过物质资料的增速,并在某个时点令人类限于贫穷的困境中,进而导致战争和瘟疫等极端措施的出现,来帮助人类缓解和克服这个困境。演绎马尔萨斯观点的现代版本就是20世纪70年代罗马俱乐部出版的《增长的极限》②,该书恰恰反对"库兹涅茨曲线"的基本结论,认为无论是在资源,还是在生态环境上,人类都会入不敷出,在20世纪末便走向崩溃的边缘。尽管时至今日,人类并未走向《增长的极限》所描述的世界末日,但自然资本供需缺口的加大趋势却有目共睹。

那么,究竟应该如何看待自然资本的收敛趋势呢?正在深受"雾霾"等环境病煎熬的中国等发展中国家究竟能否通过治理的努力最终朝向"更好的环境质量"收敛呢?抑或,全球环境将逐渐滑向"恶化"的深渊?

3.3.1 环境质量收敛方向的证据之一:发达国家的实践

关于环境质量的收敛方向,到目前为止,最具有说服力的无疑是已经走出工业化高峰、逐渐步入后工业化阶段的发达国家,比如北欧、西欧、北美的国家和日本等,它们在生态环境质量演进中具有共同特征,即早期都经历了较大的环境质量下滑(史称"8大公害事件"),大致从20世纪五六十年代开始,开始着手进行环境治理,从而掀开了第一轮全球环境保护浪潮(以1972年联合国在挪威召开首次全球环境峰会为标志),前述"罗马俱乐部"及包括《增长

---

① [英]马尔萨斯:《人口论》,北京大学出版社,2008年。
② [美]丹尼斯·米都斯等:《增长的极限》,吉林人民出版社,1997年。

第3章　环境质量的收敛和经济增长——论21世纪的自然资本与不平等

的极限》在内的系列环境启蒙名著也都是这一轮环境保护浪潮的产物。经过数十年的努力,从20世纪80年代开始,发达国家的生态环境便开始整体全面向好,从之前的"满目疮痍""昏天黑地"逐步恢复至"山清水秀""蓝天白云"的状态,到今天,发达国家的生态环境质量基本回到适宜人居的水平。如前所述,这样的结果也正是环境质量能够逐步向"正面"的方向积极收敛的最有力支撑。

不过,上述的收敛趋势在20世纪90年代初出现了一个显著的变化,那就是发达国家突然发现生态环境质量并非总体向好(1987—1988年左右,北美地区发生旱灾),只不过是在一些传统污染物指标上出现了向好的趋势,但在另一些非传统的污染排放物上,情况却继续在恶化,这些非传统的污染排放物就是"温室气体"①,而温室气体的排放将造成平均气温上升,从而给人类带来更大的生态环境灾难。正是这一发现,让发达国家逐渐开始重视气候变化及其应对,并在20世纪90年代初发起了专门针对"气候变化"的第二轮全球环境保护浪潮(以1991年在巴西里约热内卢举办的地球峰会为标志),并开始逐步采取各种应对和治理措施,包括在1988年成立的政府间气候变化应对组织(IPCC)定期发布有关气候变化的评估报告(2014年刚刚发布第5期的评估报告),以及在联合国气候变化公约的框架下,成立了专门的机构,推进了国际减排框架的落实(1997年通过了旨在削减发达国家温室气体排放量的《京都议定书》)。应该说,发达国家基于之前的环境治理经验,对第二轮的环境保护浪潮也寄予了厚望,希望同样实现大气环境质量趋好的收敛结果。但是事与愿违,从2008年《京都议定书》开始生效,到2013年失效,发达国家自身的温室气体排放不降反升(如图3-1所示)。

如果说,在1990年左右之前,发达国家是因为还对温室气体排放知之甚少而无法令其排放向好收敛,那么在1990年之后,为何随着对气候变化问题的深入了解和积极应对,反而出现反向收敛的趋势呢?前后两种污染物为何

---

① 直到2007年5月,温室气体才被美国环保署正式认定为污染物。

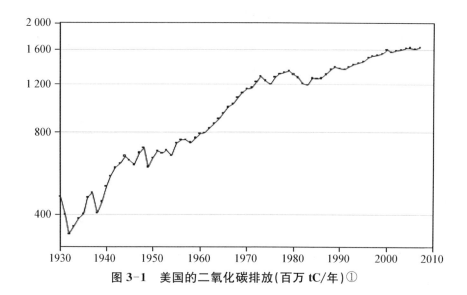

图 3-1　美国的二氧化碳排放（百万 tC/年）①

会出现不同的收敛方向？究竟是哪种污染物的收敛趋势更具代表性呢？在回答这个问题之前，我们有必要考察一下发展中国家的情况。

3.3.2　环境质量收敛方向的证据之二：发展中国家的实践

按照人口规模来统计，全球超过 80％的人口聚集在发展中国家，长期以来，发展中国家一直以发达国家的经济发展为参照，努力学习发达国家在制度、技术和市场等方面的政策和方法，以期本国经济实现与发达国家的并轨，即收敛于发达国家的发展水平。受这一目标影响，在过去数十年里，发展中国家在环境质量的管理上也向发达国家学习，并以发达国家所实现的环境转型为榜样，在口头上宣称要杜绝"先污染后治理"的老路，实际上却不得不完全复制发达国家走过的这条老路。

中国是最典型的发展中国家，根据统计，在过去的 30 年里，各种主要污染

---

①　Nordhaus, Integrated Economic and Climate Modeling, Keynote Address, 19th Annual Conference of EAERE, 2012, June 29.

物从无到有、从少到多,时至近期,呈现出直线上升的趋势,其总量相比发达国家早期的情况是有过之而无不及。有两方面的事实可对此类统计数据加以佐证。第一,各类环保突发事件频发,频率逐年递增;第二,2013年12月在华北、华东和东北等150万平方公里的国土上发生了严重雾霾,其范围和程度,以及持续时间都已经远远超过了当年的"雾都"(1950年代,伦敦和洛杉矶等地也曾发生过类似的事件)。如果用曲线来表示的话,至少在中国,我们有证据证明,受排放和治理两方面因素的影响,环境质量并没有向正面收敛,也就是在发达国家的环境质量出现正向收敛后,其在经济发展和环境保护上的经验并未有效地传递至发展中国家,从而使得发展中国家的环境质量出现继续恶化收敛的趋势。

此外,发展中国家在新型污染物——温室气体的排放上有没有出现正面收敛呢?统计数据表明,与发达国家的情况不同,发展中国家的温室气体排放发展趋势与传统污染物呈现出相似的增长特征,并且有着比传统污染物更快的增长速度。到今天,包括中印在内的发展中大国的碳排放量都在短短数十年的工业化发展后远远超过发达国家平均水平,即便是按照人均的水平来计算,中国也已经超过了欧盟水平。这些结论都是得到详尽数据支持的。按照这样的趋势,发展中国家所排放的温室气体很快将在存量上占到绝对多数,从而对全球气候变化带来灾难性的环境影响。

3.3.3 环境质量收敛方向的证据之三:全球的实践

到目前为止,还没有研究对全球生态环境的质量、价值存量及其变化进行系统研究,绝大多数研究仅限于地区和国别的范围,得出了具有较大局限性的各种结论。针对全球生态环境质量,其收敛的方向取决于两个因素:污染物的排放总规模(e)和环境治理的水平。后者相当于污染的消除率(m),其中既有自然形成的排放和消除过程(如自然界的呼吸过程、物质衰减或吸收等),还有人为的排放与消除过程(如工业化生产以及污水处理等)。假

g(e)＞g(m),也就是污染排放增长率超过污染的减少速度,那么全球污染物将逐渐累积,规模不断增大,从而使得全球环境质量总体上向"恶化"收敛;反之,则向"改善"收敛。

根据上述对于发达国家和发展中国家环境保护实践的考察,可以发现,总体上,体现为新型污染物的温室气体排放量增速远超过其消除速度,大气环境在持续恶化,也就是说,至少这部分自然资本的存量是在持续下滑。

有关另一部分自然资本,即传统污染物相关的生态环境质量,无论是排放的全球测度,还是治理的全球测度,都是极富挑战的课题。要解决这个问题,其中最为关键的判断在于,发达国家的减排究竟能在多大程度上抵消发展中国家的增排。根据托马斯·皮凯蒂得出的有关全球经济率 g 收敛于 1‰～2‰ 的结论,结合物质循环的规律,各类环境污染物排放的速率理应至少维持在大于 0 小于 2‰ 的区间内,也就是以一个或慢或快的速率增长(具体的速度要取决于技术进步和环境治理的有效程度)。至于为何在某些发达国家和地区局部出现了污染排放增长等于零的现象,那只不过是在全球化贸易和投资条件下,污染物在国别间进行转移的结果,如果将这些国家和地区的经济改为封闭状态,还没有哪个地方能够真正做到零排放。如果这个判断成立,那么从全球范围看,体现为传统污染物排放程度的生态环境质量只可能朝"恶化"的方向收敛,只不过这个恶化的速率表现出"由快渐慢"的特征。

在全球自然资本的演变趋势上,还有诸多细节值得探讨,包括积极的"治理"会否改变其收敛的特性,以及贴现水平对"治理"时间安排和节奏有何影响,以及全球性公共产品特性与全球自然资本演变之间的关系如何等。无论如何,在经济增长速率趋同以及资本收益率也趋于稳定的条件下,要维持这两点,自然资本存量就必然处于递减过程中,同时其递减不会过快以至于损及资本收益率这一核心利益本身。

全球自然资本存量的演变趋势对 21 世纪经济增长和资本收益率都会带来影响,最直接的影响便是在扣除生态环境损失之后,经济增长率将低于先

第3章 环境质量的收敛和经济增长——论21世纪的自然资本与不平等

前的收敛水平（1‰～2‰），也就是如果用区别于传统国民经济账户的绿色GDP来衡量，国民收入和经济增长的规模都会有所缩减。此外，资本收益率方面的影响似乎并不明显。以石油为例，从过去150多年里全球石油价格的走势看（见图3-2），在资源存量普遍紧缩的情况下，其实际价格水平却一直走高，这意味着，即便是在自然资本存量下降的情况下，其稀缺性仍会加大其价值量水平，从而确保资本获得与其他资产同样的收益率①。就此而言，我们大致可以得出纳入全球自然资本收敛因素后的资本收益率与经济增长率间关系演变的普遍规律，那就是：

$$R \sim R_n > G > G_n$$

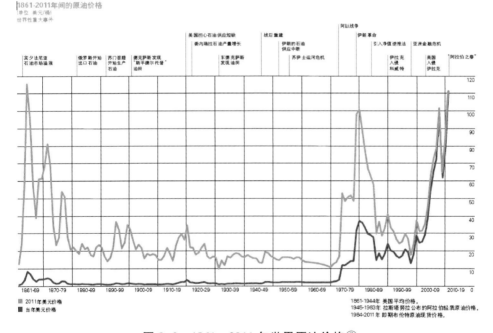

图3-2 1861—2011年世界原油价格②

---

① Harold Hotelling, The Economics of Exhaustible Resources, *The Journal of Political Economy*, 1931, 39(2): 137-175.
② 《BP石油公司年度报告》，2011年。

其中，R，Rn，G 和 Gn 分别为资本收益率、自然资本收益率、经济增长率和绿色经济增长率（随着自然资本的消耗，其稀缺性将逐年抬高自然资本的影子价格，并扩大生态环境损失的价值量，在其他部门价格不变的情况下，会导致从经济总量中的扣除比例也在逐年提高）。

3.4 自然资本收敛趋势对于收入平等的影响

接下来的一个重要问题就是考察自然资本收敛趋势对收入平等的影响。

自然资本和平等的关系，一般有两个维度，一是时间维度，二是空间维度，尽管两者差异明显，但有一个重要的共同点，即体现为群体间的收入差异。如果将时间的跨度限定在 30—50 年，那就几乎可以与空间上的平等概念相重叠了。由此，为了更好地与先前的研究相衔接，我们在这里也主要讨论基于空间基础上的平等概念，即同一时间维度上，不同群体的收入差异性。

围绕自然资本与（收入）平等，以往的文献大都将后者集中于福利上，而不是限于收入，也就是自然资本的保护过程（可持续发展）可以帮助穷人改善教育、卫生医疗、交通等方面的社会福利，其言下之意就是"通过提高生态环境质量，可以在一定程度上实现再分配意义上的公平和平等"[①]，把这个理解再延伸出去，其前提是"自然资本的利用过程对不同群体的影响是有差异的，一般而言，在环境恶化过程中，首先遭殃的往往是中低收入群体，中高收入群体的受损程度相对较低"，这个结论的逻辑是经济增长带来环境污染，以及环境质量的下滑，受此影响，如果把经济增长的产出效应区分为"资本（或财富）"和"劳动"两部分的话，相比而言，收入占比低的"劳动"群体更为脆弱，因此，治理环境的投入对于这部分群体的帮助更大，上述的逻辑其实是用来理解环境质量下滑以及环境治理的福利和公平效应，却并没有回应在环境污染

---

① 联合国环境署，《2011 年人类发展报告》，2011。

第3章 环境质量的收敛和经济增长——论21世纪的自然资本与不平等

过程中自然资本的变化对于收入分配本身的影响。

按照托马斯·皮凯蒂的定义,收入要根据其来源分成资本的收益(r)和劳动收入(l)两部分,它们的对比关系通常体现为 r>g>l(g 是经济增长率),这也是全球收入不平等扩大的根本性原因。那么,自然资本作为资本的构成,对两部分收入各有哪些影响呢?

其一,对资本收益。这一点前面曾经有过分析,自然资本存量减少的同时,因其稀缺性增强而致使其价值量增大,即便按照相同的回报率来计算,自然资本也会给资本收益带来更大的贡献。也就是说,不论生态环境质量如何下滑,基于资产同等收益的需要,自然资本的拥有者总能至少获得相当于其他普通资产的回报率,否则,如果更低的话,他便会抛出自然资本,如果更高的话,他则会买进自然资本。当然,现实中,主要体现为生态环境质量的自然资本其实是无法单独买卖的,其流通形式主要是依附于其他资本之上进行流转,最典型的就是依附在地产和房产上流通。可以看到,生态环境较好的楼盘,售价一般较高,其中的差价体现的正是生态环境质量的价值,反过来,具有较高价值的生态环境质量又对低收益的资本(如制造业资本)形成倒逼效应,维持了其自身的高价值性。因此,总体结论就是自然资本的"恶化"收敛趋势对资本收益率影响不大,甚至在某些情况下还会有助于资本确保向较高的收益率水平收敛。

其二,对劳动收入。根据经济增长与劳动收入的关联关系,讨论自然资本对劳动收入的影响,其实质就是探讨自然资本演变对经济增长的影响。自然资本存量减少的首要直接影响便是提高了经济增长的代价。生态环境质量下滑之后,为应对这一变化,社会经济将承担各种后续成本,主要体现为卫生和健康领域的损失。其次,假如自然资本的价值量增大,经济必将逐步寻找其替代品,也就是用自然资本含量较低的技术来取代之前的技术,社会经济也要为这一转变付出成本。还有,为治理受损的生态环境,社会经济得付出额外的代价,所有这些代价和成本最后都必须从经济增长中扣除,进而也就意味着要从劳动收入而不是资本收益中扣除。也就是说,相对于资本,劳动对于自然资本变化的反应能力显得更低、更为被动,无论是国家出于环境治理的需要而在首次分配前提高公共资本比例,还是私人出于防治的需要而进行分配后的支出,都意味着在生态环境恶化的过程中,劳动收入在总收入中的占比是呈下降趋势的。同理,在劳动收入中,高收入群体与低收入群体的差距也将进一步拉大。当然,正如生态环境的质量不会无限制恶化一样,上述两方面的收入差距也都不会无限制扩大(如无限扩大,最终必然发生如马尔萨斯所言的两种"抑制"机制)。

上述两方面分析的结论就是在 $R \sim Rn > G > Gn$ 的基本条件下,资本的收益不仅将高于劳动收入,而且其差距还有进一步扩大的趋势,恶化的生态环境侵蚀着劳动收入,却同时无损于资本的收益。在 21 世纪,收入的不平等程度将随着自然资本存量的减少而进一步加剧。

3.5 总结:马尔萨斯结论的现代意义

马尔萨斯当年主要的研究和考察对象集中于人口,但他对生活资料增长以及人口与物资间关系的判断和结论具有相当的现代意义,其中的一个结论就是底层工人将在这个过程中陷于绝对的贫困,而资本家则因处于较有利的位置,而不受生活资料增长的限制,处于较好的境况,这个结论在本质上等同于收入不平等而造成的社会福利不平等。对此,尽管马尔萨斯忽略了后来技术进步的巨大影响,但他认为财产权的配置方式是解决这个问题的关键,即要让制度环境朝着最有利于产出最大化、最有效率的方向演进,而不是仅就公平自身来解决公平问题。这个结论给我们的最大启发在于,即便采取全球累进税来解决收入不平等的方向是对的,也不可忽略在全球自然资本"恶化"收敛的过程中,如何通过一体化的市场及有效规制来最大限度地提高生态环境资源的全球配置能力,以发挥其最大的生产力。

第4章

社会资本、技术扩散与可持续发展

4.1 引言

人类 200 多年的工业革命史,既是一部辉煌的财富创造史,又是一部沉重的环境破坏史。在经历了自然界无数次的报复后,人类终于在 20 世纪中后叶开始觉醒:我们需要在经济增长的同时保护环境。这一思想充分体现于 1987 年世界环境和发展委员会在《我们共同的未来》一书中对可持续发展的界定:"可持续发展是指既满足当代人的需求又不危及后代人满足其需求的能力的发展",其中的"需求"显然既是针对物质财富的增长,又是针对足以保证物质财富增长的自然资源数量及环境服务水平。这对于历来"漠视"自然资源数量和环境服务水平制约的传统经济增长模式而言,无疑是一个非此即彼的两难境地,因为"以单纯的消耗资源和追求经济数量增长的传统发展模式,正在严重地威胁着自然资源的可持续利用"(张薰华,2000),这一现象尤其体现在发展中国家。因而,我们必须"以较低的资源代价和社会代价取得较高的发展水平"。那么,我们如何能够在不损害环境的条件下保证经济的跨期性增长[①]呢?

这一目标背后显然有着两层含义:减少自然资源的消耗和实现经济增长[②],而可持续发展的意义也正体现于这两层相对统一的含义中:或是在保持原有的经济增长水平条件下,减少对自然资源的消耗;或是维持原有的自

[①] 在此,我们不仅要考虑当期经济增长与环境保护的协调问题,而且还要考虑经济的跨期增长与环境保护之间的关系。

[②] 主要是指人均水平上的增长。

然资源消耗水平,但经济实现更快速的增长。无论是哪一点,都意味着经济增长对于自然资源的依赖程度降低,即经济增长的自然资源消耗水平①得以降低,从而也就意味着我们朝可持续发展的目标前进了一步。那么,要实现这一步,究竟是政府主导型的经济结构和制度框架的变迁更为重要,还是低消耗高产出的技术进步更为关键?本章正是以对这一问题的回答为起点展开技术进步下可持续发展框架中社会资本、技术扩散与可持续发展三者之间关系的研究。

4.2 技术扩散与可持续发展

在刘易斯(Lewis,1954)、库兹涅茨(Kuznets,1965)、钱纳里和泰勒(Chenery and Taylor,1968)等人看来,一国要从高度依赖于自然资源的发展模式中摆脱出来,经济结构的转换是必不可少的环节,只有当知识和技术密集型的服务业和制造业取代农业和自然资源密集型的工业部门时,才可能减少自然资源的消耗水平。另外,诺斯(North,1990)认为,有效的制度环境可以促进环境保护政策的执行,从而降低自然资源的消耗。在笔者看来,以经济结构和制度框架的变迁来解释经济增长自然资源依赖度的降低显然是忽略了技术进步的作用,而对于大多数缺乏自我开发和研究能力的发展中国家来说,则是忽略了新技术扩散过程的作用。

实际上,对于各国而言,特别是对于发展中国家而言,自然资源消耗水平的降低在很大程度上取决于它们吸收低消耗生产技术的能力。因为,只有采取那些对自然资源和环境服务要求较低的新技术②来取代自然资源密集型的

---

① 即自然资源消耗率,一国自然资源消耗量占GDP的比重。
② 本书中新技术即代表低消耗高产出的技术,旧技术则是指自然资源密集型的技术。

旧技术成为可能时,经济结构的转换才能得以真正实现,同时那些旨在消除自然资源市场价格扭曲现象进而保护环境的政策才有可能或者更有可能真正地发挥作用。

技术进步从本质上看有着减少资源投入、增加产出两个方面的特性,"就劳动资料来讲,如果生产这些劳动资料的部门的劳动生产力发展了……旧的机器、工具、器具等就为效率更高的、从功效来说更便宜的机器、工具和器具来代替……旧的资本也会以生产效率更高的形式再生产出来;再就劳动对象来讲,化学的每一个进步不仅增加有用物质的数量和已知物质的用途……它还教人们把生产过程和消费过程中的废料投回到再生产过程的循环中去,从而无需预付支出资本,就能创造新的资本材料"(马克思,1953)。这说明在其他条件不变的情况下,我们可以通过技术进步减少对自然资源和环境服务的利用,同时又保证相应的经济发展水平,也就是实现经济的可持续发展。因而,"……(我们)需要大力发展低投入、高产出、低污染的高新技术产业,同时通过技术进步来减少传统产业的污染,使产业发展既有利于经济发展,又有利于环境保护"(朱国宏,1997)。当前,对于大多数仍处于环境库兹涅茨曲线前半段的发展中国家来说,技术进步的具体内容并不是主要表现于自身开发能力的增强上,而是体现在提高低消耗、高产出新技术的使用能力上,也就是体现在本书所关注的技术扩散过程上。

4.3　技术扩散过程中的供给与需求

从上可知,具备低消耗、高产出特性的新技术的扩散将在保证经济发展的可持续上扮演重要的作用。不幸的是,我们对于影响技术扩散的因素仍然知之甚少。当前主要的可持续增长宏观模型尽管已经认识到技术进步的重要性,却都没有对其中的技术扩散过程进行深入的分析。一方面,大多数模型都是在引入自然资本要素之后,将技术进步作为可持续发展的外生给定因素进行处理,这实际上是忽略了资本、劳动力和自然资源三者间的替代性(以标准的生产函数为例),尤其是自然资源在技术进步下的被替代性,由此得出的结论显然是仅仅满足于弱可持续发展标准;另一方面,那些试图将技术进步内生化的研究却又往往将技术扩散过程排除在外(Goulder and Matai,1997),这对于大部分尚未具备足够技术开发能力的发展中国家①而言显然是不切实际的,对他们来说(包括发达国家的技术应用者而言),如何获取低消耗、高产出的新技术并加以有效使用是目前所面临的最大问题。因此,作为倡导可持续发展的政府和研究者,他们所应该关心的也是这个技术扩散过程。

在技术扩散过程中,有两个值得关注的问题,一是技术供给,也就是研究发展,它的重要性众所周知;二是技术需求,也就是技术应用,对此过程及其激励机制,学术界缺乏必要的深入研究。就最近的一些技术扩散模型(Messner,1997;Goulder and Matai,1997;Meijers,1994;Grubler and Gritsevskii,1998)而言,重点更多是放在技术扩散的供给过程上,也就是"干中学"和不确定性水平(成本收益的不确定性)的降低上,如何消除技术开发的外部性问题显然是它们关心的焦点。与此同时,它们却极少关注技术扩散的需求过程,特别是忽略了在需求过程中,技术的潜在应用者通过社会互动获取的信息数量和质量对技术扩散的作用。有关技术扩散的经验模型(Mansfield,1961)也没有对技术需求过程的影响机制进行解释性分析,传统的投入产出效益分析显然并不能满足对技术采用过程激励机制的解释。而经验研究却已经表明在发展中国家,解释新技术采用概率的一个重要因素就是潜在采用者社会网络的规模(Boahene et al.,1999),这一研究意味着嵌入社会互动中的技术需求者的学习过程不仅是促使新技术在发展中国家扩散的根本性动力,也是不确定性和外部性的另一个重要来源。因而,体现为"决定社会互动过程的社会网

---

① 这里也包括发达国家。因为即使是具备开发能力的发达国家,新技术的推广应用仍然是技术得以进步的重要过程。

络、规范和制度"的社会资本和技术扩散之间有着紧密的联系。

4.4　社会资本与技术扩散的需求过程

在传统的个体主义经济学分析方法中,经济个体(包括厂商和消费者)行为选择是在个体资源禀赋的基础上做出的,他(她)并不需要考虑群体内其他个体行为选择的影响。然而,实际上每个经济个体都处于不同的群体网络中,他们的行为都不同程度地受到个体间社会互动关系的影响,从而可能偏离原有的选择路径。这一点同样体现于技术扩散过程中的技术采用上,在互动化的条件下,社会资本对于技术扩散的影响既体现为它可以促进新技术使用上,又体现于它设置了旧技术转向的障碍[①]。

波赫尼等人(Boahene et al.,1999)以加纳杂交可可的采用为例,研究了社会资本在发展中国家农业技术扩散中的作用。最后他们得出结论,认为农户所处社会网络对于技术信息的获取和采用成本有着重要影响,"研究表明杂交可可的采用是一个整合不同机制和因素的过程——包括经济的和社会的……,经验证据表明在采用杂交可可的过程中,小型农户通过社会网络获取支持的可能性比大型农户利用农场优势获取支持的可能性来得大……"另外,近期在上海展开的一个有关高校学生创业状况的经验调查[②]也从创业者对自身所处环境的评价这一侧面验证了社会资本对于技术扩散的影响。

广义地说,社会资本指的是在给定经济体系中决定个体互动过程的一系列社会网络、规范和制度,包括存在于给定经济中的正式、非正式制度,它

---

① 这实际上意味着社会资本是一把"双刃剑",在一定水平下是有利于技术扩散的,超过了一定水平则就阻碍了新技术的扩散。
② 杨浦区大学城高校知识经济课题组,2001年。

们通过作用于个体互动来影响个体的行为选择,并最终影响经济体系的演进。

在这个极为宽泛的界定中,它的结构性部分体现为社会联系度(Kedzie,1997)和社会多样性(Fedderke and Klitgaard,1998)的社会网络。前者是在诸如人均电话拥有量、人均网络节点等指标基础上进行构建,后者则是依斯特里和莱温(Easterly 和 Levine,1997)所提出的三个指标的综合,它原来用于测度两个随机选取的个体属于不同种族、语言群落的可能性,在此则说明网络中个体的多样性。不同社会网络中的社会联系度和社会多样性水平都是不同的。

在笔者看来,上述界定下的社会资本对于技术扩散过程的重要性体现在以下两个方面。

一方面,社会互动过程本身对经济个体决策有着根本性的影响。社会互动是个体行为外部性①的源泉,也就是个体行为选择在互动条件下将受到其他个体选择的影响,从而可能偏离原先的最优选择路径,体现于技术扩散过程就是个体的技术选择受到与之具有互动关系的其他个体技术选择的溢出性影响。

另一方面,社会网络影响着经济体系内的信息分布和个体间的合作水平。前者包括信息流的数量和质量,以及影响着与新技术采用密切相关的知识溢出程度。后者是指经济个体在行为选择上的协调与一致性水平。通过改变信息分布和合作程度,社会资本的结构性部分影响了经济个体对经济不同方面变化的预期过程(新技术购买成本和收益),以及与新技术采用相关的交易成本、使用成本。因而,有着相似技术结构、人力资本、自然资本和生产资本禀赋的国家之所以有着不同的发展水平,其中的一个重要原因就在于他

---

① 此处的外部性不是指传统意义上的个体行为结果对外部社会造成的或正或负的外部影响,而仅是指个体在行为选择上受到其他个体行为选择溢出性的影响,譬如随大流现象。

们内部社会网络结构的不同。

4.5 结论以及有待进一步研究的问题

4.5.1 基本框架

基于上述分析,笔者认为,受到社会资本影响的技术扩散过程对可持续发展有着内生性的决定作用,这样,社会资本、技术扩散和可持续发展这三个核心因素就被有机地整合到了一起,它们之间的具体关系如图4-1所示,这也就是技术进步下可持续发展基本框架。

4.5.2 结论

可持续发展过程不仅仅是一个人力资本、生产资本和自然资本相协调的过程,而且更是技术扩散内生化的动态变化过程,在此,它还间接地受到经济个体间互动关系的影响。构建一个强调社会资本因素的技术扩散内生化的可持续增长分析框架可以较好地综合了以上不同的因素,有助于我们更好地理解可持续发展过程的决定机制。

对技术进步下可持续发展框架的分析表明,可持续发展是扩散内生化的人力资本、生产资本及自然资本的最优跨期配置过程,这意味着我们可以通过采取许多政策工具来影响这个配置过程,从而实现强可持续性意义上的真正发展。而实际上,任何类型的政策干预(如贸易政策、社会保障及福利改革、税收改革、债务重组、货币和财政政策或者最低工资政策)显然都可以影响消费、储蓄和自然资源需求量,并进一步波及经济增长和可持续发展。因而,在详细分析了众多政策工具的整体空间和适用于决策者的政策选择的基础上,制定了一个全面的政策框架,才足以保证经济走上可持续发展道路。

4.5.3 有待进一步研究的重要问题

从以上设立的技术进步下可持续发展框架出发,主要有以下三个有待进一步研究的问题。

第一,对发展中国家实现经济可持续发展的决定因素进行分析,特别是对关系到强可持续发展的自然资源消耗率①的决定因素进行分析。自然资源消耗率这个总体环境指标对于各国环境政策的制定和评价都是极为必要的,它的作用有点类似于总体经济指标(如 GDP)或者社会指标(如平均寿命)。

第二,将社会资本概念引入技术扩散过程的分析,研究社会互动是如何

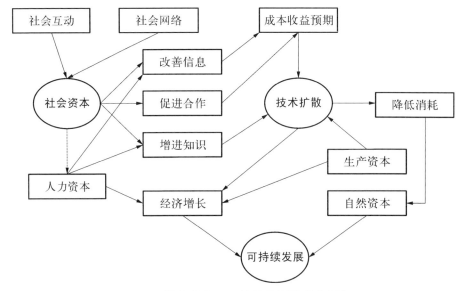

图 4-1　技术进步下可持续发展的基本框架

---

① 就是指为了生产 1 单位 GDP 而必须消耗的自然资源和环境服务(NRES)总量。

通过从根本上改变经济个体的行为选择模式,以及社会网络结构如何通过改变个体的预期影响到经济个体对新技术的选择。

第三,通过构建技术扩散内生化的人力资本、生产资本和自然资本最优跨期配置的宏观经济模型来提出可用于促进可持续发展的政策框架。

第5章

"强"与"弱"的可持续发展

5.1 引言

在有关可持续发展的讨论中,比较流行的一种观点是建立绿色国民经济统计指标来加强对环境的保护,如绿色 GDP,意在通过扣除环境破坏成本后的净国内生产总值来衡量真实的国民经济发展状况,这类似于扣除固定资产折旧后的净国民收入。建立这样的国民经济统计指标似乎可以让人们从经过"绿色过滤"后的统计数据中清醒过来:我们目前的经济增长在扣除环境破坏所造成的损失后得出的结果如果是低增长、零增长或负增长,那么就意味着经济是以环境破坏为代价增长起来的,因而经济发展是不可持续的;反之,经济发展就是可持续的。然而,这一推理得以成立的前提是自然资源与其他资源之间存在完全的替代性,完全的替代性意味着我们可以用大规模的自然资源投入来发展国民经济,从而可以忽略自然资源消耗的生态极限。实际上,这只不过是一种"弱"的可持续发展思路,在这种思路下,一国就容易倾向于人为地压低自然资源价格来促进经济的增长。因为在较低的自然资源价格下,即使扣除这部分环境成本,经济仍然可以表现出较高的增长率。但问题在于,任何经济的可持续发展都不可避免地面临着自然资源消耗生态极限的限制。实际上,国际环境经济学研究在 20 世纪 90 年代初的时候就已经区别了"强"可持续发展与"弱"可持续发展,但不同学科对此仍然存在分歧。

5.2 可持续发展含义的"经济学"与"生态学"之争

到目前为止,对于可持续发展的定义、测度以及如何予以促进等问题,世界上并没有一个简单的、被普遍接受的解释。原因在于,有关这个问题理论界有着两种不同的观点:一方面,生态学家认为应该将可持续发展与生态系统的保护联系起来;另一方面,经济学家则认为可持续发展的重点应在于维持和改善人们的生活水平,比如索洛就认为,"可持续发展……是一个为后代储备总生产能力的计划"(Solow,1999)。因而,在生态学家认为自然资源有着生产之外的用途,从而并不能以其他形式的资本(如生产资本、人力资本、社会资本)予以替代的同时,经济学家则认为只要当代人确保他们留给下一代的资本存量不少于当代的拥有量,自然资源就可以由其他形式的资本予以替代,从而用于消费(皮尔斯,1989,1990)。

托曼(Toman,1999)较好地描述了经济学家和生态学家对可持续发展这个概念的不同看法:

"如果认为当代人应该对后代人担负责任,那么需要通过代际转移什么样的资本才能实现这一义务呢?一个许多经济学家认同的观点是,所有资本——包括自然资本、物质资本、人力资本——都是可相互替代的福利来源,从此观点出发,对于生态系统的大规模破坏,比如环境污染、物种的灭绝、森林毁灭或者全球变暖,就不是不可接受的了……而大多数生态学家和某一些经济学家却持另一种观点,他们认为补偿性投资和道德约束一样,往往是不可行的,而自然法则已经限制了其他资源对生态破坏的替代功能。健康的生态系统,包括那些能提供基因多样性的生态系统,是抵御变迁和为后代保留选择的最好方法。"(Toman,1999)

针对这一争论,世界环境和发展委员会(又称布伦特兰委员会,Bruntland Commission)在1987年提出一个有关可持续发展的较为综合的定义,该委员会将可持续发展界定为"既满足当代人的需求又不危及后代人满足其需求的能力的发展"(《布伦特兰报告》)。这个定义所持的观点之一是人类发展需要代际公平,因为我们后代人现在不能在任何政治和经济论坛中有所表示,因此现在制定出使他们的利益受损的政策是不公平的;该定义的第二个观点是必须承认生态制约条件,经济活动也必须在生态许可的范围内进行。正如采用这一观点的特纳(Turner,1992)所指出的,"保护变成了确定用以判断自然资源配置标准是否合适的唯一基础";该定义的第三个观点是,所有的经济活动都必须有制约,以使环境的服务或废物的排放有个不可逾越的限制。从中可以看出,世界环境和发展委员会的这个定义较好地综合了生态学家和经济学家的不同观点。下面对可持续性衡量标准的讨论正是在这一定义的基础上展开的。

5.3 有关建立可持续性衡量标准的讨论

上述有关可持续发展的定义只是停留在抽象的理论范式上,要将这一理论范式转化为现实的具可操作性的可持续性衡量标准,显然需要引入经济学的分析工具。将可持续性标准置于新古典经济学的框架内进行表述,有利于我们直观地认识不同观点之间的本质区别。

而将经济学家和生态学家的观点综合起来的一种有效方法就是按照新古典福利经济学理论假定个体是从消费、环境产品和服务的消耗以及由此带来的社会良性运行中增进福利,这样就可以排除自然资源和其他资本之间的完全替代。如果社会福利是整合了消费、环境产品和服务的消耗以及社会稳定等指标的总生产函数,那么一个可持续的发展路径就可以界定为跨期生产函数现值最大化的发展路径(Gillis et al.,1992)。它与非可持续发展路径的最大区别在于,非可持续的发展路径是当期效用(也就是当代人的效用)现值最大化的发展路径。换句话说,可持续发展路径下,我们对于资源的投入水平应取决于跨期生产函数现值最大化所要求的条件，包括经济、环境和社会等方面的条件。通过将抽象的可持续发展范式转化为满足生产函数最大化的具体条件，我们就可以将给定的经济、环境和社会指标整合到单个的产出指标中，从而意味着我们可以对可持续发展进行统一的衡量，而相应的发展政策也就变成如何对这个指标施加影响的事了。

有关这一类衡量标准，较为著名的有"人类发展指标"（HDI，可见联合国发展项目，1991）。这个指标包括平均寿命、识字率、人均收入，它通过每年的人类发展报告予以公布，另外还有"可持续经济福利指数"（Index of Sustainable Economic Welfare，ISEW，Daly and Cobb，1989），"净初级生产力和承载力"（莫法特，2002）等指标，这些衡量标准经常被各国政府和国际组织作为制定政策和配置公共资源的依据（Murray，1993），这使得诸如HDI之类的指标成为具有代表性的规范衡量标准。

问题在于，这些指标仅仅反映了既定指标构建方法下的一系列"偏好"而已，这些偏好显然并不是社会性的普遍"偏好"。比如，HDI的最大化并不等于其他测度方法下的平均寿命、识字率和平均收入也得到最大化，更糟的是，已有的测度方法甚至不包括那些至关重要从而应该包含在任何可持续发展指标之内的因素，其中的一个因素就是环境。

因而，要提出一个综合所有因素的可持续性社会总产出函数就必须对各种偏好和函数形式进行大量的假设。但正如古丁（Goodin，1986）所言，提出一个综合了所有偏好形式的社会总生产函数是不可能的，只能是在普遍可接受的偏好基础上构建这一可持续性函数。而就发展的可持续性而言，在皮尔斯（Pearce，1989）看来，基于不同的观点以及由此派生出来的不同衡量标准，可分为弱可持续性和强可持续性两种。

5.4 弱与强的可持续发展

5.4.1 弱可持续性

赛拉格尔丁和斯特尔(Serageldin and Steer，1994)与托曼(Toman，1999)曾提出一个关于可持续发展的一般性观点,认为判断发展是否可持续性的标准是"维持和增加可供经济个体享用的福利水平",而这种福利水平取决于世界各国对财富的积累程度。在这里,财富由三个部分组成:生产资本存量、自然资本存量和人力资本存量①。从中就可以得出判断发展的弱可持续性标准,即可持续发展要求当代人转移给后代人的资本总存量不少于现有存量(Hartwick，1978；Solow，1986),这一标准下的可持续发展常常被称为"索洛-哈特威克可持续性"。弱可持续性所关心的显然只是由三种资本形式构成的总资本存量,只要后代人所能利用的资本总存量不少于当代人就意味着发展是可持续的,这一观点成立的前提条件是自然资本和其他资本之间是可以完全替代的,这就意味着我们可以不关心转移给后代的资本总存量的具体形式。用索洛的话来说,就是"前几代人有权利使用水池中的资本,只要他们向水池补充能再生的资本存量就可以了"(Solow，1974)。如果我们以储蓄来代表资本存量,那么在扣除生产资本折旧和自然资本消耗后的真实储蓄水平非负时,经济发展就是可持续的,因为此时后代人所可以利用的资本总量大于当代人。在索洛等人的基础上,赛拉格尔丁和斯特尔进一步认为可持续性发展路径不仅需要维持必需的生产能力,还必须保持环境服务和生态多样性的最低水平。

从上述框架出发,衡量发展的弱可持续性标准就可由下式给定的一国真

---

① 最近的观点认为,另外一种资本形式——社会资本——应被计入一国财富之中。

实储蓄率导出:

$$s_t = \frac{GDP*(1-c_t) - K_t\delta_k + (N_tR - n_t) + h_t}{GDP_t} \quad (5.1)$$

其中,s_t——真实储蓄率;

c_t——GDP中消费的比例;

$K_t\delta_k$——在时期t里,生产资本存量的折旧;

N_k——自然资本存量;

n_t——在时期t里,所消费的自然资源和环境服务数量;

R——再生率;

h——人力资本投资。

发展的弱可持续性标准就是当一国的s_t大于等于零时,就意味着它的发展是可持续的,也就是满足了可持续的起码条件。

这一标准显然为衡量各国如何更好地为未来做准备提供了启发,沿着这一弱可持续性的发展路径,各国就可以在保证生产能力的条件下,创造出足以替代自然资源消耗量的总量资本,也就是说,可以在减少自然资源的同时保持财富总量固定不变甚或增长。假定一个国家的净储蓄率(没有扣除生产资本折旧和自然资源消耗的储蓄率)为15%,生产资本折旧率为10%,自然资源消耗率为10%,人力资本上的投资为零,那么按照弱可持续性的判断标准,它的财富将每年减少5%($s_t=-0.05$)。但这并不必然意味着这个国家是不可持续发展的,实际上,它有可能在某个时期以最优的自然资源损耗率换取经济的稳定性,s_t为负对于经济增长而言无疑是一个红灯,它意味着不能长期维持现行的增长战略。

5.4.2　强可持续性

实际上,自然资源与其他资本之间的替代是有一定局限性的,比如在(可再生和不可再生)自然资源消耗殆尽的时候我们是不可能再谈什么可持续发展的,由于"自然资本基本上不能与其他形式的资本相互替代,以及自然资本内部的各种形式间不能完全相互替代",因而,很多生态经济学家认为要实现真正可持续性的发展,自然资源(至少是关键性的自然资源)的存量必须保持在一定的极限水平之上,否则就不是可持续的发展路径(Turner,1992;Pearce,1993)。这就提出了经济发展的第二个判断标准:强可持续性。

在强可持续性的发展路径下,不仅需要在代际之间保持总资本的存量水平,还必须在代际维持自然资本的存量水平,也就是在弱可持续发展的基础上对自然资本的消耗提出额外的要求,当然这种要求并不意味着要按自然资源原样进行保存,而是在消耗不可再生资源的同时发展可再生性资源,以保持自然资源总存量的水平。另外,由于某些自然资源与其他自然资源之间不存在相互替代性,我们还必须对某些重要的自然资源进行特别的维持,也就是对这些自然资源的使用不能超越它们的替代极限以及再生能力,我们称之为生态极限。

因此,强可持续性的发展路径显然更为关注我们转移给后代的资本结构,由于各种资本之间并不能完全替代,因而就必须在资本总量之外特别地关注环境。现实也告诉我们,当代人对后代人发展需要的最主要威胁正体现在环境的退化上。

与强可持续性的发展路径相比,弱可持续性显得有着更多形式的发展路径,在这些弱可持续性的发展路径中,便有能够带来人均跨期消费最大化的路径,而这个最大化的消费量也就是衡量社会总产出的指标。我们可以用几种函数来测度个体从这些跨期消费中获得的效用。这里介绍一个普遍应用于宏观经济学研究的效用函数(布兰查德、费希尔,1998):

$$U(C_t) = L_t \frac{(C_t/L_t)^{1-\tau}}{1-\tau} \quad (5.2)$$

其中:C——消费;

L——人口；

τ——相对风险规避系数。

强可持续的发展路径就是将跨期效用函数最大化，即：

$$V(C_t) = \sum^{t}(1+r)^{T-t}\left\{L_t\frac{(C^t/L^t)^{1-\tau}}{1-\tau}\right\} \tag{5.3}$$

其中：r——贴现率；

T——计划期内的最后一期。

无限期界内消费的最大化意味着需要在无限的期界内保持一定的生产能力，由于在自然资源和其他资本之间不存在完全替代的关系，所以足以维持一定生产能力的自然资源的最优跨期配置就构成了强可持续性发展的必要条件，这意味着我们必须特别的关注自然资本消耗水平。

5.5 总结

从以上分析我们可以知道，由于对各种形式资本之间的替代性存在不同认识，导致了对于可持续性的衡量有着两种相异的标准，一种是弱可持续性标准，一种是强可持续性标准，前者又可称为"可替代的发展范式"，后者可称为"不可替代的发展范式"。两者最大的区别在于，我们在保持后代产出能力不低于当代的过程中是否需要考虑自然资源消耗的生态极限。其中，弱的可持续发展范式认为我们不需要考虑生态极限，从而可以通过建立绿色GDP的统计指标来保证发展的代际公平，这在强的可持续发展范式看来显然是有违环境发展规律的，因而并不是一种可取的可持续发展路径。

第6章

城市"承载力"的经济学分析
——城市可以有多大？

6.1 引言

自2012年下半年开始,有关城镇化的战略与政策陆续出台①,相关的论述和报告也日益增多,各地也逐渐燃起新一轮的"造城"热情,乡镇地区希望升格为县城,县城希望升格为地市,地市希望升格为单列市或大城市,大城市希望升格为大都市,大都市则希望升格为"国际城市"。在计划造城的年代里,这样的一种热情和理想其实无可厚非,历史上的很多例子告诉我们,只要中央的政策允许,在资源累积的效应下,即便原本是一个小渔村,也可以扶摇直上,变为大都市。不过,计划造城的模式走到今天,似乎已不可持续,因为地可以"圈",级别可以"升",人口也可以"迁",甚至"公平"也可在计划下指日可待,这些过程"计划之手"都可以实现,但有一样东西计划似乎无能为力,那就是"承载力",更具体一点,就是基于生态环境基础上的人口承载力②。如果说,到目前为止,人类文明的发展足以让我们克服所有前进中的障碍,那么,唯一的例外便是承载力。同样是历史,各种文明的消失、多处古城的湮灭告诉我们,即便你曾经拥有过多少的辉煌和业绩,但面对大漠风沙、气候骤变、海水入侵等触及"承载力"底线的生态环境灾难,再坚固的城市也会顷刻间灰飞烟灭。由此,一方面,我们有必要继续沿用各种计划和市场的手段来推进城镇化进程;而另一方面,我们还有必要探索"承载力"对城市规模的客观影

---

① 《中央经济工作会议在北京举行》,《人民日报》,2012年12月17日。
② 有关"承载力"的定义,可以见 Dennis J. Mahar, 1982; William E. Rees, 1992; Joel E. Cohen, 1995; Peter Newman, 2006 等。

响,使得我们的新型城镇化尽可能在承载力范围内运行。

6.2 美丽主义:"承载力"挑战下的经济学范式

就城市规模与承载力的既有关系而言,我们可以直观地观察到各种城市生态环境灾难的发生及其灾难性影响,在此之前,人们甚至对承载力的存在知之甚少。尽管生态环境灾难及其后果不像是经济学所需研究的命题,但这正是各种经济发展理念长期侵蚀下的结果。

譬如,农耕社会里,只有水土肥沃的地区才能繁衍出人种与人口,但随着"马尔萨斯现象"①的出现,在自发的小农经济思想指导下,精耕细作成为最后的选择,土地肥力被不断透支,同时还不断通过生育来增加"劳动力",结果是总人口在不知不觉中接近并突破以土地为代表的承载力极限。要知道,通过增加劳动力来提高农业产出这样的一种经济发展理念或思想在承载力范围内并没有错,事实上也与后来出现的现代经济学理论中强调要素禀赋的思想相契合。但无论是强调静态的小农经济思想,还是后来强调动态的现代经济学(从古典到新古典),都将生产的可能性边界划定在行为主体的个体范围内,也就是从一国/地区,或企业或个人所拥有的要素规模及结构出来,来计算各种技术条件下的最大可能性边界(如图6-1所示)。

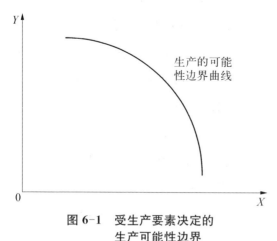

图 6-1 受生产要素决定的生产可能性边界

---

① 即人口增速超过耕地等物质增速,造成绝对贫困,从而抑制人口规模进一步扩大的现象。

第6章 城市"承载力"的经济学分析——城市可以有多大?

图 6-1 中,X,Y 分别代表所需的不同生产要素,曲线上的各个点代表不同的要素组合,同时也代表社会产出和福利最优的点。理论上说,两种要素间存在完全替代的可能性,这也就是我们用一种廉价要素替代另一种昂贵要素后,产出水平不变的简单道理所在。

表面上看,图 6-1 也包含了承载力的意思,也就是个体不能越过所拥有要素的承载边界来生产,但事实上,这样的计算只是表达了可能性,社会经济发展所需承载力要素(主要体现为与生态环境有关的土地、食物、水资源、矿产、能源等)并非没有上限。直观地看,这个上限便是体现为人口数量意义上的生态环境承载力。

以图 6-2 为例,在图 6-1 的基础上,我们添加了两条直线,分别代表决定生态环境承载力的因素 C1 和 C2,它们的大小无疑约束着生产可能性边界的范围,并使得生产出现了上限。实际上,这个上限正是生产所有这些承载力要素的生态环境系统,而这样的一个系

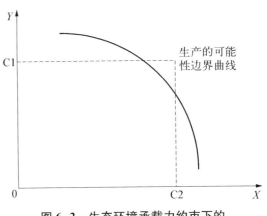

图 6-2　生态环境承载力约束下的生产可能性边界

统不仅在局部地区范围内其内部组成相互间有交叉性,进行往复循环,更重要的是,它的构成成分还在频繁地进行跨地区交互,也就是在全球范围内进行往复循环。

所以,在历史上的前工业化时代,繁荣的地区在短期内受上述经济思想指导而快速地突破本地生态环境发展的约束,同时又无法通过经济体系的交互性来有效地转移其承载力约束,结果是文明与城市的衰败。而到了工业化时代,这样的兴衰周期似乎被拉长了,我们在某些区域内往往已经较长时间里观测不到承载力的约束性,譬如发达国家,又譬如聚集了大量人口的都市。即便如此,这并不能表明我们的发展能力已经完全解

除了承载力方面的后顾之忧。只不过，鉴于上述生态环境系统的交互性可能，全球化的贸易条件让我们将承载力的约束及后果从一地转移到另一地。即经济体系的交互性增强了地区的承载力水平，但要知道，从全球范围内来看，承载力并没有实际提高，只不过进行了结构上的转移，发达国家和地区承载力名义提高的代价其实是落后国家和地区承载力的急速下滑，甚至是掉入深渊（譬如受气候变化影响，某些岛国已经因为海平面上升而被迫迁移）。

由此可见，就承载力而言，某些国家和地区的确可以通过技术条件或贸易条件来修正本地的界限，从而继续沿用现代经济学的理论上指导经济发展，但对于另外一些国家和地区，这样做的可能性微乎其微。一方面，这些国家和地区的承载力约束本身便很强，生态环境基础比较脆弱；另一方面，不仅无法输入其他国家和地区的承载力，还要输出本地的承载力，两相作用下，最后的结果便是这些国家和地区的承载力水平逐渐被侵蚀。当然，如果从全球生态环境交互的角度来看，一些国家和地区承载力水平的下滑并不是一件好事情，因为最终它必定会逐步蔓延开来，波及那些先发或者承载力水平较高的国家和地区。

因此，承载力的约束对现代经济学研究的启示在于，在现有的方法下，有必要进一步提升生态环境系统在生产函数及发展决策中的重要性。否则经济体系便会受到生态环境的拖累，先从生态环境脆弱的地区，然后到生态环境基础较好的地区，各种与承载力相关的病症会逐步蔓延出来，并最终损害社会整体福利。如果我们把代表生态环境的自然资本视为"美丽"的话①，那么还原自然资本与其他资本的比价关系，并提高自然资本在经济发展中的比重，就成其为重视"美丽"的"美丽主义"经济学研究范式及体系（李志青，2013）。

---

① 基于审美的角度。

第6章 城市"承载力"的经济学分析——城市可以有多大？

6.3 承载力与城市的规模

"美丽主义"的经济学研究范式对于城市发展有何借鉴意义呢？事实上，在城乡的结构中，城市就好比是"先发"的地区，在其发展之初，根据同样的道理，城市所代表的地区也拥有着较高的承载力水平，城市也就在较高的承载力基础上得以生存并发展。问题是，从发展的过程和结果来看，不同城市的规模（人口密度意义上的城市规模）有大有小，同样一个城市，它的规模也不是一成不变，有的是从小变大，而有的则在萎缩(UN Habitat，2008)。怎么解释其中的区别呢？联合国的一份世界城市发展报告指出，城市规模变大的可能原因有"城市优先性(Urban Primacy)、经济及产业政策、生活质量变化、行政推动"等几大因素[①]，此外，城市由大变小的成因则是生态环境质量等方面的自然选择结果(UN Habitat，2008)。这里面或许可以给我们提供一个启示，如果把城市比喻为一个木桶，那么承载力会不会是木桶中最短的那根木板，并最终决定了城市规模的极限值？其中有必要回答两个问题：一是体现为生态环境质量的承载力对于城市的发展有何影响？二是城市的发展又如何反作用于生态环境质量？

第一个问题其实关系到城市的起源。如前所述，在历史上，可以发现，最早的定居点（城市的前身）往往地处水土肥沃之所，就生态环境质量的角度来看，相比其他地区，这样的地方首先是气候比较适合人类聚集居住和繁衍，同时因为物产丰富，可以支撑各种消费需求，此外，还有一个条件非常重要，那就是交通便利，尤其是水路交通便利，这些特点意味着，在工业化之前，城市正是因为有着较高的自然承载力而逐步成长起来的。抛开现代经济学发展

---

① United Nations Human Settlements Programme，2008. State of the World's Cities 2008/2009 Harmonious Cities，London，Sterling，VA.

出来的就业、价格、货币等概念,可以发现,能够满足人的生存需要是人类选择定居并扩大规模的最原始出发点。就此而言,承载力在绝对意义上决定了城市的产出边界,并间接地决定了城市的规模。当然,即便如此,也存在某种外溢的可能,那就是通过便利的水路交通,工业化之前的城市也可以与外界进行一定程度的经济交互,即贸易。在宋代,大都市的规模可以达到人口100万的"天文数字",其必备的条件便是逐步开挖贯通南北的京杭运河,大量的南方物产通过运河源源不断地输入,从而支撑起超过本地承载力的城市规模。如果从生态环境的视角进行思考,实际上,运河的开通本身也是城市承载力的一种体现,即城市的生态环境条件在新的科技水平上支撑起了更大规模的水利工程(这一点还将在后面部分详细论述)。这是工业化之前城市发展的缘起,那么工业化之后呢?

自1776年开始,伴随着工业化的进程,现代经济学也应运而生,对现代城市起源的解释也开始系统化,即主要从提高效率的角度来论证城市发展后带来的集聚效应,同时将边际分析的方法作为城市发展的约束条件。简单而言,城市通过创造就业以及福利来增强其吸引力,并提高其经济意义上的吸纳能力,从而推动城市一步一步地扩张,然后在其边际规模效应不断递减的情况下,当规模的增加再也无法提升边际产出时,城市的规模增长运动便戛然而止。

在这样的理论下,就业及价格等经济变量就至关重要。一则,城市依靠产业来带动就业、创造产出,二则城市靠产出来稳定价格水平并维持福利。由此,工业化与城市化两大进程相依相随,为什么呢?因为,只有工业化才足以创造规模庞大的就业,并支持城市发展。恰恰从这个阶段开始,人口呈现大爆炸的增长趋势,按照人口规模与工业化创新发展关系的研究(Kremer,1993),在其他条件相当的情况下,人口规模基数是决定创新水平的重要因素。因此,人类便拥有了一条迥异于"马尔萨斯陷阱"的发展道路,那就是在人口规模上升的持续压力下,通过工业化来推进城市化,继而突破产出的约束,提高福利水平。

在这样的分析路径中,承载力似乎已经不再重要,抑或是工业化城市的

第6章 城市"承载力"的经济学分析——城市可以有多大？

发展已无承载力的约束可言，但事实上，即便是工业化带动下的城市化，我们依然可以发现不同地区的城市规模大小不一。如果从工业化推动城市化的角度来看，城市规模的不一致所体现的是工业化程度的差异，那么工业化程度又为何不一样呢？或者工业化的条件有哪些呢？就地理经济的角度看，全球范围内，工业化水平较高的城市或地区其分布基本与农耕时代的主要城市的分布相比，起码在其中一个特征上没有太大的区别，也就是同样具有便利的交通。当然，现代城市的主要对外交通已经不限于水路一种了，还包括了公路、铁路、航空等主要交通方式。作为工业化主要成果，各种现代交通运输方式蓬勃兴起意味着贸易范围的全球扩张，城市间的经济交互能力大大增强。这意味着，工业化不同于农耕产业的地方在于，它的生产能力和规模可以借助于现代交通方式而高度依赖外部世界，这样一来，交通或贸易条件便成为解释工业化程度差别的主要成因。

接下来同样的问题在于，为何有的工业化地区或城市的交通运输能力高，而有的则比较低呢？决定高低的关键因素依然是生态环境质量代表的承载力，从系统交互的角度来看，无论是水路、陆路还是航空等交通方式，它们的有效性与所处的生态环境质量都紧密相连。很难想象，在一个环境恶劣的地区，即便修建了各种交通设施，会有多高的利用频率。抑或是在一个生态脆弱的地区，尽管山清水秀，但却仅能承载较小容量的人口规模，也无法支撑起庞大的工业化体系，进而也就不能发展成为一个大规模的城市。

就以上的分析而言，我们可以部分地回答"城市可以有多大"这个问题，那就是原则上必须在生态环境的承载力范围内来规划城市发展的规模，这个承载力既包括支撑本地直接产出的生态环境条件，譬如大气、水体、土壤等环境要素的质量，也包括能够支持城市对外经济交互能力的各种自然条件或基础。一般而言，传统的理论往往将承载力木桶中最短的那块木板界定为水或食品(Cohen，1995；李志青，2013)。但基于城市的独特性，在支撑城市发展的承载力中，最薄弱的环节是支撑对外交通的生态环境条件。从此出发，我们继续回答上述第二个问题，即城市又如何影响生态环境质量呢？或者，城市的发展会否提高其承载力的边界呢?

基于效率的原因,主流理论强调城市发展在各个领域所表现的积极性(UN Habitat,2012),其中包括城市发展对于提升生态环境质量的价值,主要的原因在于,一方面,因为城市有集聚功能,在提高人口密度的同时,可以减少人均的生态环境消耗,相比于人口分散的乡村地区,相同人口总规模下,城市规模的扩大相当于提高了城市人口在总人口的比例,进而降低总人口规模对生态环境的消耗程度。在经济学中,这一点可以用规模经济效应来概括,相当多的文献对此进行过详尽的论证(陆铭等,2012)。另一方面,在诸多文献中,尤其是有关发展中国家城市化的研究报告中(UN Habitat,2012;The World Bank,2010),都认为城市作为人口载体,与其他的人口定居方式相比有着更强的学习能力,包括城市拥有完善的基础设施保障人们的生活质量,城市内生有利的组织和制度促进技术改进和创新等。这些都意味着,城市天然地拥有着提高利用生态环境资源效率的制度禀赋,更加重要的是,正是由于这样的制度禀赋提高了城市生态环境资源的利用效率,进而对周边及外部的生态环境资源产生了较强的"漩涡"效应,即城市好比是一个巨大的漩涡,强大的吸力将周边的流水都吸了进来,并不断地加强自身的能量(承载力)。

这一点实际上恰恰解释了上一小节所提为何传统意义上的生态环境要素不再是城市发展的承载力短板的原因,在城市基础设施支持及有利的社会经济制度安排下,城市不仅通过交通与贸易与外界发生经济上的交互,而且还可以借助现代化的技术手段来从外部世界引入所必需的生态环境资源。譬如新加坡,我国的香港等城市就属于典型的生态环境资源输入型城市(Newman,2006),如果仅以它们自身的承载力而论,不可能拥有到现今如此庞大的人口规模。城市发展的过程等于是通过借用外部资源扩大了这些生态环境要素的边界,反而让其他的承载力短板(譬如区位等)更加凸显出来。

以上两点便是城市化通常备受赞誉的主要原因,就承载力的约束性而言,长期以来,城市化的进程也并没有加剧城市所处生态环境的恶化,反而,在一系列造城运动的推动下,部分城市内部的人居环境还在逐步改善,甚至

第6章 城市"承载力"的经济学分析——城市可以有多大?

得到美化。这样的结果也往往给人以错觉,以为城市真的不仅可以不断扩大其边界和规模,还可以缓解发展与生态环境间的矛盾。然而,效率至上甚或是规划/计划指导下的城市发展是否真的走出了可持续发展的历史困境?是否便属于本章第二节所描述的"美丽主义"?

事实上,上述有关城市发展积极性的论证至少忽略了两点。一是传统城市理论强调规模的边际效应,一方面,就总规模而言,在一定范围内,城市发展后的所增加的规模增量的确存在规模效应,也就是可以逐步以更低的代价来获得相同的规模增量,但即便城市增长的边际成本在递减,如果就总规模而言,其总成本还是在增加的。从区域生态环境的视角看,其实边际递减与否并不重要,重要的是总规模是否在逐步向承载力水平靠拢,就此而言,城市发展给生态环境带来的绝对影响无疑是在不断递增的(Newman,2006)。另一方面,就人均的生态环境资源消耗而言,城市发展后带来的集聚效应会降低人均水平,也就是人均的承载力消耗在下滑,不过,鉴于人口密度是度量城市规模的重要指标,因此,在人口密度增速超过人均承载力消耗水平减速时,城市实则在不断逼近承载力的最大容量。此外,还一个重要的误区是在于忽视城市发展过程中生态环境资源消耗的反弹效应,即当城市发展被认为是有利于资源环境保护时,城市的发展反而可能会因此而加大资源环境的消耗。譬如,城市化(或城市群)被论证为有利于节能减排(陆铭,2012),那么会推动更多的地区进入这个行列,从而加大城市在资源能源上的负担,最后的结果是,就平均水平而言,城市的资源环境消耗反而高于初始状态。由此,城市规模层级的每一个增加都意味着对生态环境质量或承载力的侵蚀,在承载力有限的情况下,使得城市发展过程本身就在不断逼近其承载约束的边界。譬如,以城市的空气质量为例,虽然有证据表明,城市人均的PM2.5浓度远远低于乡村或者其他地区,但城市仍然不得不陷入雾霾围城的尴尬境地里。单就这一项,我们便再无法自信满满地面对那些肯定城市发展积极一面的说辞。

第二,有关城市发展积极性的论证还忽略了价格因素。如上所述,在一些城市发展的过程中,其规模扩张程度往往是突破了自身的承载力边界,为什么呢？因为它可以从外部世界的乡村或者其他城市来输入承载力，这就类似于发达国家通过全球化的贸易条件从发展中国家输入"承载力"。在此，体现为生态环境综合质量的"承载力"成为可贸易品，其中固然有城市在技术、制度上"先发"优势之功，但不可否认的是，这些城市实际上是通过不对等的制度安排来获得低廉的"生态环境"商品，从而为其规模扩张创造了低成本的有利发展条件。尤其是在城乡二元结构明显的地区，"工业品"贵于"环境品"的价格剪刀差极为普遍，城市正是利用这样的剪刀差进行长期的原始积累，使其规模在"效率"的名义下得以快速增加。那么，为何在市场制度如此普及、公平观念深入人心的情况下仍会存在这样的"逆市场化"现象呢？究其原因，是"市场被选择性地失灵"，也就是说，基于外部性的市场失灵众所周知，但有的市场失灵被"计划者"意识到，并迅速纠正了，如卫生医疗、教育、交通、国防等，但有的则被故意忽略了，譬如生态环境的破坏。正是在此效应的作用下，作为可贸易的生态环境资源，其贸易条件被扭曲，一则"计划"的市场定价过低，二则得不到法律保护。由此，城市得以在极短的时间内大量吸纳外部世界的生态环境资源，其结果是，城市的承载力边界得到了较大的提升，但其周边以及其他地区的生态环境质量却在不断下滑，逐步逼近受到约束的边界。这一点其实有目共睹，譬如以气候变化为例，城市的规模扩张在以加速度吸纳全球的石化能源，而城市自身也基本实现了更低的人均碳排放目标。主要发达国家的城市人均碳排放都低于其国家人均水平，发展中国家的城市人口人均碳排放仍高于国家人均水平（The World Bank，2010），但那些气候环境较为脆弱的国家和地区却因此而饱受气候变化的煎熬，气候环境的变迁极有可能突破这些国家和地区的承载力极限。这便是承载力进行直接或间接转移后的结果。不过，最后的结局还不仅于此，在全球生态环境与经济的交互体系中，不同地区的承载力水平下降或突破最终都会波及城市自身，造成城市的萎缩。到目前为止，我们至少已经发现了城市萎缩的部分证据，一是城市原有人口自然增长率的下降（UN Habitat，2008），另一个则是城市人口的郊区化（UN Habitat，2008；朱茜，2013）。

6.4 结论

城市究竟会有多大呢？通过上述分析，本章认为，一则，城市必须按照其自身的生态环境创造力约束条件来进行合理规划其可行的规模水平；二则，城市还有必要对可贸易的生态环境资源净流入量进行测算，按照不高于城乡人均资源环境消耗量的水平来限制城市自身的发展规模。其中的关键在于是否纠正了生态环境资源在市场中的不利地位，是否消除了选择性的失灵，以及是否更加注重生态环境"之美"。否则，城市即便在短期内实现了"大跃进"式的发展，但假以时日，人为造出来的那部分规模终究是要通过不同形式"归还回去"的，甚至于要还得更多。

第7章

全球气候变化应对的经济学分析：基于成本收益的视角

7.1 引言

自1988年国际社会在加拿大多伦多首次召开半官方的气候会议(Semi-political conference)以来,一直到2012年联合国气候变化应对框架的第18次会议(多哈气候变化大会),有关气候变化应对的国际谈判已历经25年之久,多伦多会议提出了应对气候变化的碳减排目标,即以1988年的排放水平为基准,到2005年全球减排20%,这一目标史称应对气候变化的"多伦多目标"(Scott Barrett,1998)。现在看起来,这一目标显然过于理想化,因为在2012年多哈气候变化大会上,国际社会努力的结果是,最终通过的决议里已经找不到明确的全球碳减排目标,更多的则是"希望""理应""自愿"等字眼。这意味着,历经25年之后,尽管全球的碳排放水平已经远远高于当年,但国际社会在应对气候变化和碳减排上的意愿和所取得的进展却不大,甚而出现倒退。对此,我们显然有必要对过往的各项具体应对策略进行必要的总结和检讨,但更值得进行总结和检讨的则是,在过去的25年里,究竟是怎样的理论在指导国际社会气候变化应对的实践。

要回答这个问题,我们首先必须了解什么是国际社会中的各国参与、半参与(有条件参与)或不参与全球气候变化应对框架和机制的决策依据,一般认为,气候变化应对框架的有效性其实就取决于各国的参与度,国际社会最终之所以能形成这样或那样的决议,也正是因为决议必须在最大程度上反映了各国的参与度。因而,作为全球气候变化的重要里程碑,最初的《京都议定书》才将其生效条件设定为66%(William D. Nordhaus,2010)的排放比例,也就是附件1国家名单中至少有足够占到全球排放总量66%的国家和地区加入该议定书，其规定的各项条款才能真正生效(UN，1997)。那么各国根据什么来决定是否参与到诸如《京都议定书》的气候变化国际框架中呢？

以美国为例，美国参议院在讨论表决《京都议定书》时，有过这样的阐述，"任何(气候变化)国际协议都必然会对国内经济产生系列的金融(经济)影响"(US Senate，1997)。具体而言，所谓的"经济金融影响"，实际上指的便是成本与收益，其言下之意为，加入气候变化的相关国际协议究竟会给美国带来怎样的收益，同时又增加怎样的成本。也就是说，美国唯有在明确了这样的成本收益关系后才能做出是否加入的判断和决策。对此，在美国国会一次有关气候变化的听证会上，参会参议员在回答为何美国仍没有加入气候变化国际协议的问题时解释，"因为美国还没有弄清楚国际气候变化协议对国内经济造成的各种影响"。

以上分析表明，成本收益的比较是包括美国在内的世界各国在应对气候变化对外政策上的决策基础，只有在符合成本收益的基本原则的前提下，各国才会进一步推动对其有利的国际气候变化应对协议，反之，则会予以拒绝。那么，就经济意义上而言，国际社会的气候变化协议又会如何给各国带来相应的成本收益效应？

7.2 全球气候变化应对框架的成本收益计算

国际学界有关全球气候变化应对框架的成本收益效应分析主要是通过建立各种经济学模型进行相应地测算，其中较有代表性的方法是利用一般均衡的经济学分析方法将一定时期内(譬如到2055年或者2100年等)的经济增长，能源利用，碳排放，气候变化模式，气候变化影响以及各种碳减排和气候变化适应政策等因素作为变量纳入模型中，同时赋予各个变量以各种参数，然后计算出在不同排放及减排情境下的碳排放价格，以及由此产生的成本与收益。

第7章 全球气候变化应对的经济学分析:基于成本收益的视角

以动态综合气候-经济模型(Dynamic Integrated Climate-Economy Model, DICE)的研究为例(Nordhaus,2010),作者对在2009年12月国际社会就气候变化应对达成的《哥本哈根协议》进行了成本收益分析(见表7-1)。

表7-1 《哥本哈根协议》的成本与收益(到2055年)
(单位:十亿美元,现值)

地 区	损失变化	减排成本	碳排放购买支出	净成本
美 国	−51	328	228	505
欧 洲	−56	160	171	275
日 本	−12	44	64	96
俄罗斯	−5	92	−176	−89
中 亚	−4	62	−150	−92
中 国	−52	655	−268	335
印 度	−54	185	−1	130
中 东	−47	123	−134	−58
非 洲	−41	0	0	−41
拉 美	−33	127	154	248
其他高收入国家	−18	96	48	126
其 他	−42	188	64	210
世 界	−413	2 060	0	1 647

注:所有数值为贴现值,贴现率为资本权重处理后的世界实际利率。
来源:W.D.N.,2010

在表7-1中,成本和收益的计算依据有三个。

一是在《哥本哈根协议》的气候变化应对路径下,全球以及世界各国由于受气候变化影响而造成的直接净损失[①],净损失的含义其实已经包括了成本

[①] 净损失的意思是气候变化影响下的收益减去损失,由于各国受气候变化影响的程度和性质有所不同,因而净损失在世界范围内呈现出截然不同的结果。

和收益两方面的因素。

二是在《哥本哈根协议》下,全球及各国设定的减排路径和政策给社会经济带来的减排支出成本,这个成本大小与《协议》的规定有着很大的关联,包括技术变迁、经济增长、社会福利都会受到减排过程的极大影响。

三是在《哥本哈根协议》下,根据作者通过同一模型模拟出来的碳排放价格(包括碳税和碳排放权的交易),以及各国要达到各自碳排放配额范围所需购买的额外碳排放量,最终计算出一个全球及各国用于支付额外碳排放配额的成本。在此,由于在《哥本哈根协议》下,各国的碳减排配额分配并不均匀,相对于其减排能力而言,会出现"富余"和"不足"两种情况,因而这项成本对于一些国家是为正的,而对于另一些国家则为负。当然,从全球的角度来看,其总额为零。

按照这样的计算框架,诺德豪斯(Nordhaus)得出的结论是《哥本哈根协议》下到2055年全球应对气候变化的直接总支出为16 470亿美元。这个支出水平究竟是高还是低呢? 在稍早的同系列研究中(Nordhaus,2008),诺德豪斯通过同一模型对各种气候变化应对情景①下的支出成本进行了核算,根据性质的不同他将总支出分成两部分,第一部分是气候影响损失和减排成本,比较的结果是从最优应对情景下的低成本,一直到不采取任何措施以及设定过高减排或温度控制目标情境下的高成本;第二部分的支出来自碳排放配额的购买,其中碳排放价格决定了最终的购买支出,而不同气候变化应对情景意味着不同的碳排放价格。诺德豪斯对此进行了排列,结果表明,如果气候变化应对的策略越是激进,那么在未来国际社会所承担的碳排放价格就会越高(Nordhaus,2008),这也就意味着不同国家为完成减排目标必须为购买额外的碳排放配额付出更多的成本。

值得注意的是,限于科学研究和社会经济发展上的极大不确定性,诺德

---

① 在诺德豪斯的研究中,他将全球气候变化应对的可能路径设定为8类,共15种情景,具体详见 Nordhaus(2008)。

第7章 全球气候变化应对的经济学分析：基于成本收益的视角

豪斯以及国际上其他经济学家和气候变化研究小组（如 IPCC，2007；Stern，2007）对全球气候变化应对成本收益的计算结果在数量上未必是完全精确的，但从不同情景的排列顺序来看，他们的结论在逻辑上是站得住脚的，即对应不同的气候变化应对和发展情景，国际社会将共同承担不同的成本和收益。那么从成本收益的视角出发，我们如何进一步理解不同气候变化应对及发展情景的主要区别呢？以及什么样的关键因素在影响全球气候变化应对框架的成本与收益？理解这些问题将有助于我们构建一个成本收益经济学意义上的国际气候变化应对模型。

7.3 碳排放价格、参与度与成本收益分析

按照诺德豪斯（2008，2010）以及 Tol（2001，2009）等人有关气候变化经济影响的分析，应对气候变化对净成本的影响主要三个来源，分别是气候变化的直接影响，碳减排进程的影响和碳排放价格的影响。总体上对全球而言，前两种来源的影响体现为正的净成本，而碳排放价格在净成本上的影响在名义上是在各国间相互抵消后为零。但实际上，全球碳排放价格有两个源头：碳税和碳交易。如果全部的碳价格都以碳税的形式体现出来，均衡状态下碳排放价格应等同于碳减排的边际成本，从而意味着为本国配额之外的碳排放支付了成本。如果进而将气候变化对全球造成的损失影响纳入碳排放价格的计算范围，即完全而充分地将气候变化的外部影响内部化到碳价中，那么碳排放价格便更可以成为衡量全球气候变化应对框架成本收益的指标。就此而言，在不同全球性气候变化应对框架的路径下，会产生高低不等的各种碳价格，从而也就体现了全球为这些不同的气候变化应对框架所支付的净成本水平。

如果赋予碳价格以新的含义，也就是把气候变化影响、碳减排支出两种成本都折算为碳排放价格，然后将碳排放价格作为衡量全球性气候变化应对

框架成本收益的标志性指标,那么我们可以对以往在一般均衡基础上所得出的成本收益比较结果进行重新组合和排列,以诺德豪斯在其研究中设定的15种气候变化应对情景为例,在给定时期内,其他条件不变的情况下,我们可以把15种情景从高到低进行排列(如图7-1)。这个新的排列说明,如果仅从时间序列的角度来看,不管国际社会采取何种减排策略和路径,都会从初期的最低点然后慢慢上升;但如果采取横截面的比较,不同情景间的区别就一目了然。根据前面的分析,碳排放价格的区别实则也代表了各种气候变化应对机制在成本收益上的区别。

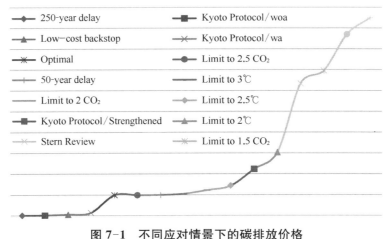

图 7-1　不同应对情景下的碳排放价格

注：根据 W. D. N., 2008 整理而成。

从图7-1我们可以得出两个基本结论。其一,引致碳排放价格越高的气候变化应对机制,它的成本也就越高。譬如,较之于《京都议定书》的应对机制,能够将全球气温上升控制在2摄氏度范围之内的应对机制显然就有着更高的成本,同时,较之于不覆盖美国碳排放的《京都议定书》而言,能够覆盖美国碳排放的《京都议定书》的成本就更高。

其二,参与度决定碳排放价格以及应对机制成本收益水平。

进一步比较引致不同碳排放价格的各种应对情景,可以发现,它们之间最大的区别在于世界各国的参与度,也就是对全球碳排放的覆盖面。不论

第7章　全球气候变化应对的经济学分析：基于成本收益的视角

是《京都议定书》的应对机制，还是设定2摄氏度的升温限制，其本质都在于在多大程度上将全球的碳排放纳入管制范围里。从绝对意义上，应对机制的覆盖度越高，那么碳排放价格也会越高（Nordhaus，2007，2011），当然，从应对的结果来看也会越有效。问题就在于，在国际社会中，应对机制的覆盖范围并非取决于碳排放价格或者应对的有效性，而是取决于世界各国对应对机制的认同度，或者表现为参与度。从官方的表态来看，我们可以将"参与度"分为三种情况：参与/不参与/有条件参与。以《京都议定书》为例，这三类国家的指向非常明确，美国属于"有条件参与"，欧盟属于"参与"，中国和印度等发展中国家属于"不参与"。再以《哥本哈根协议》为例，中国和印度也都加入了"有条件参与"的阵营。此外，从非官方的角度来看，参与度的衡量更加复杂一点，因为有可能市场或部门或地区的参与程度与官方表态不相一致，从而使得实际的参与度显得更高或更低，而市场最终形成的碳排放价格反映的正是实际参与度。就此标准而言，我们可以将图7-1中的纵轴换成"参与度"从而以不同的方法来描绘15种不同应对机制和情景间的区别，从最低的参与度到最高的参与度，决定了具有不同特性的应对机制和情景。

如果将参与度与应对机制的上述关系应用到全球气候变化应对机制的实践中，那么从1988年国际社会开启气候变化应对机制的谈判与协商，一直到2012年多哈气候大会落幕，选取其中的几个重要节点，便可以发现，基于碳排放覆盖率的世界各国气候变化实际参与度的差异以及变化决定了应对机制和目标的变化起伏，如图7-2所示。

在图7-2中，尽管控制2度升温的应对情景要求较高的参与度（接近100%的覆盖率），并且在《哥本哈根协议》中被予以确认，但从实际的执行情况来看，2度情景的目标并没有被具体落实，最后在《哥本哈根协议》中，体现为碳排放覆盖率的全球参与度不仅没有得到提高，反而因为实行了资源减排机制而有所下滑。因此，从1988年至今，全球气候变化应对机制的参与度一直在递减。而同期，国际市场的碳价格也在不断下滑（李志青，2012），说明国

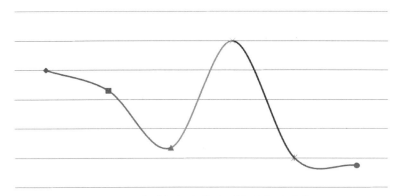

图 7-2　全球气候变化应对的参与度变化

注：根据 Nordhaus(2008,2009,2010)以及《多哈协议》的相关数据整理而成。

际社会应对气候变化和碳减排的总体意愿存在逐步减弱的趋势，这从而也旁证了基于成本收益衡量方法基础上的全球气候变化应对机制在不同阶段对于净成本水平真实评价的演变过程。

7.4　全球应对气候变化框架的成本收益模型

$$成本函数：Cost = \sum f(Commitmenti) e^{rt} \tag{7.1}$$

在技术进步、气候变化趋势、经济发展等因素都给定的情况下，国际社会开展气候变化应对合作的成本（现值，下同）取决于世界各国的参与度/承诺程度。以往的研究表明，随着各国参与度的提高，国际社会将在参与度较低时（也就是初期）付出更大的增量成本，但在参与度较高时（后期）成本的上升则趋缓，这意味着，成本函数的曲线将是递增和凸的，即先快后慢，如图7-3 中的成本曲线。最终，如果全球各国全部参与到合作框架中，那么成本将被固定在某个最高点上，不会无限制地增加。这是因为，一旦在全球建立有效合作机制控制碳排放，将全球温度的变化控制在一个可承载的范围，那么，碳排放价格便不会再继续提高（见图 7-3），应对成本也就会趋

第 7 章　全球气候变化应对的经济学分析：基于成本收益的视角

于停滞。

$$收益函数：Benefit = \sum f(commitment_i) \, ert \tag{7.2}$$

同样,在其他条件给定的情况下,国际社会开展气候变化应对合作的收益也取决于各国的参与程度。根据相关研究和上述分析,参与度的提高会给全球带来更多的收益,当然,收益曲线的特征有别于成本曲线,在参与度较低时(初期),因为漏出效应,合作程度的提高给全球带来的收益增长速度较慢,而合作程度一旦达到了某个较高的水平,随着"漏出"的显著下降,全球碳排放相关政策的有效性也会显著提高,譬如碳税、碳交易等,此时,全球将从合作中获得更大的好处,并出现快速增长,这意味着,收益曲线总体将呈现出先慢后快的递增性(如图 7-3 中收益曲线)。这是其一。

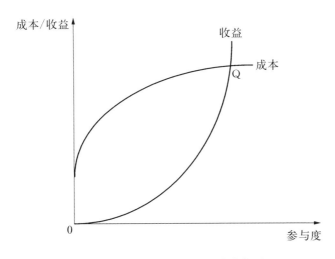

图 7-3　国际气候变化参与度的成本与收益(1)

其二,收益曲线的第二个重要特征在于,在初期,由于各国参与度较低,相应的国际框架的收益水平将低于成本水平,甚至在上述讨论过的某些极端情况下,初期的收益也是负的,这使得收益曲线位于成本曲线下方。但随后,收益曲线会以更快的速度爬升,在某个参与水平后,超过成本曲线。这个参与水平也就是一个均衡的参与度。

其三,收益函数还有另一个特征,就是在国际社会进一步提高其参与度后,收益的增长速度极有可能出现下滑,也就是以较慢的速度增加,并逐渐向成本曲线靠拢(如图7-4中的收益曲线),这会使收益曲线出现变化(见图7-4)。这样一来便会改变成本收益曲线间的关系,出现了两个均衡点。我们可以把第一个均衡点(Q1)称为低水平的参与均衡,第二个均衡点(Q2)则称为高水平的参与均衡。

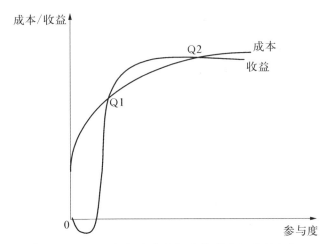

图7-4 国际气候变化参与度的成本与收益(2)

均衡的条件有:

(1)当成本曲线高于收益曲线时,称为"参与不足"(under-commitment),此时全球将为此付出净成本,从而推动参与度的继续提高,一直到两者相等为止。

(2)当成本曲线低于收益曲线时,称为"参与过度"(over-commitment),此时,全球将从更高的应对参与水平中获得净收益,尽管如此,参与度不会继续提高,而是向反方向发展,即出现下滑,一直到净收益为零时。这主要是因为,当参与度过高时,一方面,气候变化应对部门的净收益增加本身会削弱各国在此领域的继续投入及参与积极性,凸显其他部门投入的短缺和气候变化应对部门的投入过度;另一方面,尽管全球的总收益继续增加,但在地区的分布上,收益的分配显然是不均匀的,由此,也会形成和增加进一步提高参与度获得更多净收益的各种政治经济阻碍。

(3) 两个均衡水平的比较。

按照上述分析,如果将全球气候变化应对的收益曲线进行仿真,那么会出现先凹后凸的结果,相对于固定的成本曲线,这导致了一低一高两种均衡水平。在均衡条件都成立的情况下,两个均衡水平都可以帮助国际社会实现"参与度"的优化,也就是在这两个参与度水平上,至少在气候变化应对部门内部都足以形成相对稳定的状态。但显然,低水平参与度上的均衡尽管实现了部门的稳定,它对全球总产出和总福利的益处则低于高水平参与度。

这里面需要引入第四个条件,即考虑了两部门产出的一般均衡条件,如以下公式所示:

$$Y = \sum f(Commitment_i) e^{rt} \tag{7.3}$$

也就是说,如果将各国气候变化应对参与度纳入整体的福利考量中,参与度会通过影响本部门内部成本收益,再影响其他部门的成本收益,进而作用于总体福利水平。一般而言,在目前的科学认知程度和发展阶段上,气候变化应对的参与度对经济增长总福利现值存在递增影响,但出于一般均衡的现有分析,有理由相信,气候变化应对参与度并非在绝对意义上会增加经济总福利。这是因为,当参与度一旦高于某个水平后,无论气候变化本部门内部的净福利如何变化,都会反作用于经济总体福利,从而使得他们的关系出现反方向的关系。就此,我们用图 7-5 来刻画气候变化应对与经济福利间的关系。

这样一来,两个均衡的参与度便有了不同的福利影响,低水平的均衡参与度带来较低的产出水平,高水平的均衡参与度带来较高的产出水平。所以,从产出水平的角度来看,前者属于低收入均衡,并非我们想要的结果,而后者则可以给我们带来更优的福利。全球气候变化应对的发展历程其实就

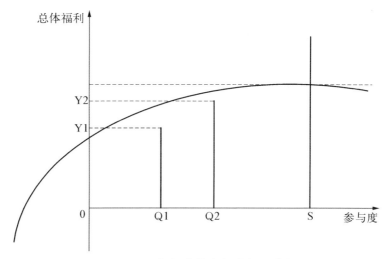

图 7-5　国际气候变化参与度与经济福利

是一个既寻求成本收益均衡又实现更高产出水平的过程。相对而言，如果要把当下国际气候变化应对框架进行归类，那么我们更加接近于低收入的均衡状态，也就是各国在自身成本收益核算的基础上，"自由地"确定各自的参与度，先是通过 2012 年的多哈气候大会进行了初步确认，然后到 2015 年进行反馈和总结，届时形成新的国际应对框架，进一步强化和固定气候变化部门内部的均衡。

当然，从全球的角度来看，这样的均衡并非最优，因为图 7-5 告诉我们，如果有更高的参与度，那么总体产出和福利水平也将更高。但问题在于，一旦我们在随后几年里强化和固定了低收入的参与度均衡状态，那么我们又如何才能打破这个均衡，推动参与度的提高，从而实现更优化的产出和福利水平？

要实现这个参与度的提高和转变，可以有两种可能的情况。

第一，外部条件变化，譬如气候变化程度加剧、社会对于应对气候变化的偏好增加、政府对应对气候变化管制政策认同的提高、技术进步等，都会同步提高气候变化应对不同参与度上的成本（或降低收益），这样可以使得成本曲

第7章 全球气候变化应对的经济学分析：基于成本收益的视角

线上移(或使收益曲线下移)，从而迫使最优的均衡参与度向右延伸。这种情况相对于在外部条件发生变化后，气候变化应对部门的估值水平有所提高，从而增加了各种投入的相对价值，使得参与气候变化应对进程机会成本更低，以及总产出和福利更高。

第二，内生的机制推动参与度的提高，最主要的是由参与国/地区/部门带来的示范效应。在现实的世界中，全球各国/地区/部门对于气候变化应对的参与呈现极不均匀的状态，其中有的是出于自发，有的则仅是跟随，因此，参与度本身存在着微小变动的可能，也就是出于各种内生原因和激励因素，参与度会不断提高，这样的提高本身会带来收益和成本。而一旦参与者从中获得净收益，那么在下一期，便有可能对其他未加入者形成示范效应，吸引更多的参与者。当然，如前所述，出于均衡的条件，在最初的阶段，示范效应带来的更高参与度所形成的额外净收益未必会使参与度继续提高，反而是使参与度下滑回落至均衡水平。这里存在一个"临界点"(tipping point)，在某些关键的国家/地区/部门加入气候变化应对进程，或执行了某些标志性的减排政策后，参与度的提高便会出现不可逆的结果，从而加速向下一个均衡点即高收入均衡水平汇聚，并在这个均衡点上逐步稳定下来。

对于产出函数有一个重要假定，就是100%的参与度并非可以带来最大化的产出，这是基于参与度边际产出递减的规律得出的。正如IPCC对全球气候变化的第四次评估报告中所刻画的(IPCC, 2007)，国际社会面临多种可供选择的排放及减排情景，从"如常"(business as usual)的情景到最为积极的应对情景，其排列顺序正好是从最低的参与度(≥ 0)到最高的参与度($<100\%$)。实际上，全球最后所选择的情景既不是最低的参与度，也不会是最高的参与度。这证明，无论是从成本收益还是从产出角度来看，最低和最高的参与度都不是我们所需要的。低水平参与的弊处在于其本身无法实现部门内均衡，但高水平参与度的最大弊处则在于，"过度参与"下全球在气候变化领域过高的投入会带来资源配置的扭曲，体现在收入曲线上，在一定点后，

收入水平会随着参与度的进一步提高而下降。因此,就收入和福利的角度而言,无论低水平均衡还是高水平均衡,全球气候变化应对的参与度都不能越过某个界限(如图7-6的S点)。

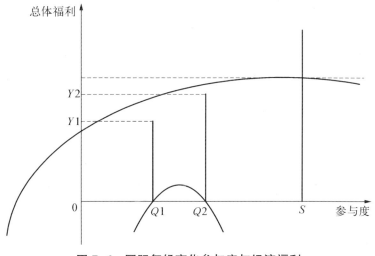

图7-6 国际气候变化参与度与经济福利

7.5 模型的应用

以上理论模型分析对当前国际社会在气候变化应对实践的解释意义在于以下两点。

7.5.1 国际社会在气候变化应对框架上发展路径将受以下两种情况约束

其一,沿着本部门内部的净收益曲线移动,随着世界各国参与度的提高,相应国际减排应对框架的净收益会出现相应的变化(见图7-6),基于双均衡的存在,因此该曲线将呈现出倒U形,与横轴(参与度)有两个交点(Q',Q''),

第7章 全球气候变化应对的经济学分析：基于成本收益的视角

意味着可能的参与度也仅会维持在这两点之间。

其二，由于实现均衡的需要，$Q1$ 和 $Q2$ 仍然是稳定下来之后最有可能出现的参与度选择结果。因此，以参与度高低来衡量的气候变化应对框架将围绕这两个点进行波动；同时，在内部和外部条件的作用下，可以在两点间进行过渡。也就是说，最后参与度的选择范围将限制在 $Q1$ 和 $Q2$ 两点间。

7.5.2 上述约束条件也符合当前世界各国在应对气候变化上的现实选择

其一，世界各国/地区/部门都不同程度地参与到气候变化应对框架中，最终必将在全球范围内体现为一个适度而均衡的参与水平（$Q1 \leqslant Q \leqslant Q2$），这也较好地解释了某些碳排放大国即便没有正式加入相关的国际气候变化应对和减排框架，但也通过自愿减排的形式在实际意义上参与到全球的气候变化应对进程中。这一方面是来自这些国家/地区/部门基于自身成本收益基础之上的内生减排需要，另一方面也在一定程度上受到了外部世界其他国家/地区应对气候变化和减排的带动。

其二，国际社会在近25年里在气候变化应对上进展缓慢，甚至有所倒退，证明从一般均衡的角度来看，尽管参与度提高有利于增加产出，但应对程度还取决于部门内部的成本收益均衡。在关键的"临界点"没有突破之前，国际社会应对气候变化还较难跳出低收入的均衡参与水平，在此背景下，各国就显现出各种或积极或消极的政策波动。

其三，国际社会要想走出当前的气候变化应对困境、跳出低水平均衡，必须找寻和研究影响参与度的"临界物"及其"临界水平"，可能的"临界物"包括更加准确的气候变化科学研究和认知、更加巨大的气候灾难、更加系统的社会动员、更加有效而可行的政策工具。当然，要想找到这个"临界物"及"临界水平"，全球还有必要进行更多的"试错"来加以验证。

7.6 总结

如果以各国的参与度作为衡量全球气候变化应对框架的进展,那么多哈气候变化大会的有限成果表明,有关气候变化应对的相关进展几乎陷于停顿,达到了自1988年以来国际社会开始进行谈判和框架设计的最低点。尽管如此,从成本收益的分析来看,本章的研究结果表明,这一低点或许正好实现了参与度决定下的均衡状态。只不过,这是一个仅可以带来低收入和低福利的低水平均衡点。而在全球应对气候变化和发展的进程中,必然还存在一个可以带来高收入和高福利的高水平均衡,那就是既通过较高的参与度应对气候变化、有效地实现碳减排,又可以获得较好的效率(产出),而全球气候变化应对框架唯有找到相应的"临界点"并实现突破,才足以让我们跳出低水平的均衡状态,进入高水平的均衡状态中。

第二编

绿色发展的治理与政策分析

第8章

江苏省环境经济政策评估分析[①]

① 本章的其他作者还有丰远平、费烨琪和许瑾玮。

8.1 引言

根据最新的江苏省环境状况公报[①],江苏省环境质量总体保持稳定,部分指标有所改善,环境保护工作取得积极进展。近年来,江苏省扎实推进生态文明建设工程,切实加大治污减排攻坚力度,有力加强环境监管执法,持续深化环保制度改革,较好完成主要污染物总量减排、大气污染防治、重点流域治理等年度目标任务。以2015年为例,江苏省地表水环境质量总体处于轻度污染;13个省辖城市环境空气质量均未达到国家二级标准要求,与2014年相比,全省环境空气质量有所改善。同期,江苏省产业结构实现"三二一"的标志性转变,与2010年相比,江苏省单位GDP能耗下降22%,单位GDP建设用地规模下降33%,并拨付年度省级生态补偿资金15亿元,全面超额完成国家下达的主要污染物减排约束性指标。

据不完全统计[②],2015年江苏省依据国家政策或自行出台环境经济政策30余项,涵盖环境公共财政、绿色金融、排放权交易及市场、环保产业和相关配套政策等五大领域,覆盖面广,全面推进环境保护工作。2016年,江苏省持续发力,截至本书成稿时,共发布30余项涉及上述五大版块的环境经济政策,较好地延续了2015年的工作成果。据统计,2015—2016年,江苏省直接转发落实的国家环境经济政策约为40余项,尽管未有省级政策落地,但从部分执

---

① 江苏省环境保护厅监测与信息处,《江苏省环境状况公报(2015)》,2016年5月30日。
② 参见附件1。本章主要搜集2015—2016年江苏省主要环境经济政策及官方公开数据,江苏省未有省级政策的,以国家政策为准,数据以行政机关官方网站公开信息、学者研究和主流媒体报道为主。

行结果来看,江苏省在环境经济政策领域的工作卓有成效。

本章将对江苏省 2015—2016 年所制定和执行的环境经济政策展开评估评价。根据评估结果,总体而言,江苏省在环境经济政策领域的工作卓有成效,包括及时在国家授权范围内制定符合省情的环境经济政策,调整资源税税率,政策普遍目标明确、内容丰富、具有较强的执行力。积极发挥经济大省的优势地位,大力发展 PPP 等绿色经济金融,打造良好的投资氛围,有效落实国家环境经济政策,等等。

本章共分为 5 个部分,第二部分将介绍所采用的环境经济政策评价框架,包括研究综述,评估方法与指标,以及主要研究框架;第三部分则对江苏省的环境经济政策展开总体评估和分析,得出评估结果;第四部分主要围绕评估结果,开展类别和 SWOT 分析;第五部分是总结。

8.2　环境经济政策评估的综述

8.2.1　环境经济政策评估的总体进展

环境经济政策是指在保护环境的过程中采用"基于市场"的系列工具和手段,在整个环境政策框架中从属于经济政策的范畴,从而区别于其他或基于法律或基于行政的环境规制和工具(Panayotou,1994;Stavins,2003;Tietenberg,1990;李志青,2017)。根据以往的研究,一般而言,基于市场的环境经济政策主要包括税费、补贴、排污权交易、押金返回等传统政策工具和手段(Sterner,2003),对各国调节和改善环境质量发挥了重要的作用(Jean-Philippe Barde and Centre de développement de l'OCDE,1994)。

自各国开展环境经济政策工具实践以来,开展相应的政策评估便提上了议事日程,"环境政策评估对于改进环境政策的设计,克服环境政策运行中的弊端和障碍,增强环境政策的活力和效益,提高环境政策效率水平具有十分重要的作用。"(王军锋等,2016)它可以"作为以后制定另外的环境政策的有用借鉴,从而提高将来政策的执行效果"。(宋国君等,2003)

经过数十年的发展,国际环境经济政策评估在理论和实践上都渐成体系,根据不同的标准,可以分为多种评估的模式,比如以时间来划分,可以分为事前、事中和事后评估;以对象来划分,可以分为宏观评估和微观评估;以目标来划分,可以分为成本效益评估和程序评估等。(Vedung et al., 1998;宋国君等,2011)在环境经济政策评估的研究中,比较重要的一个问题是如何界定评估的标准,其中,如何平衡相关性、有效性、公平性、灵活性、一致性和持续性等不同纬度的标准是环境经济政策评估的关键所在。(Mickwitz, 2006)

较之国际学界,中国学界在环境经济政策评估上起步较晚,一方面与环境经济政策工具在国内的滞后运用有关,另一方面也与政策评估本身的相对滞后发展有关。近年来,环境经济学界开始重视对相关理论的研究与实践,特别是在宏观(国家)和微观(单项)两个层面开始各种政策评估,在理论和应用上都取得较大进展。(董战峰等,2012;董战峰等,2010;国家环境经济政策研究与试点项目技术组等,2015a;国家环境经济政策研究与试点项目技术组等,2016;国家环境经济政策研究与试点项目技术组等,2015b)

同时,学界也开始关注省级层面上中观环境经济政策的评估。省级地方政府作为中国央地环境分权体系中最为关键的一环,在环境经济政策的制定、执行和下达等方面发挥着重要作用,对省级环境经济政策开展评估研究可以帮助我们更好地理解中国环境经济政策以及环境保护制度的发展趋势。对此,不少学者分别对广东、江苏、天津等省级环境经济政策开展了评估。(陈佳等,2015;田丽丽等,2014;郑佩娜等,2007)

8.2.2 江苏省的环境经济政策评估

有关江苏省的环境经济政策研究,目前既有对江苏省某一段时期整体政策实施的归纳与评价,也有对具体单方面政策实施效果的深入与深化,研究文献主要集中在主要污染物排污权价格体系的分析、环境监察、环境责任保险、绿色金融 PPP 模式的金融支持问题上。

在环境经济政策的总体评价方面,张炳、张永亮和毕军对江苏省现行的主要环境经济政策进行了系统梳理和分析,总结了江苏省环境经济政策的经验和存在的主要问题,提出具体完善建议。(张炳等,2012)王蔚(2011)分析由于地方保护主义等因素,江苏省的环境经济政策效力受到影响,应当联合运用多种环境经济手段而非单一手段等完善建议。

在具体单项政策评价方面,金浩波(2014)指出排污指标应遵循逐步削减等四项原则,探索了氧化硫排污权初试价格的确定方法,提出二氧化硫排污权二级市场的建设建议。唐振亚(2013)总结了江苏省环境监察工作的主要发展历程、贡献和挑战并提出完善建议。贺震(2016)分析了江苏省环境责任险实践结果相对成功的原因。李菁昭(2016)通过分析指出利用"绿色信贷"的经济手段可以让小微企业通过发展低碳经济提高银行贷款成功率,同时整个产业经济结构达到升级目的,论证绿色信贷进一步合法化规范化的必要性。唐曼、陆粉干(2016)统计了 2013—2015 年江苏省金融支持 PPP 项目的投资的发展趋势和状况,指出成果虽显著但金融体系的投资支持还不够完善,并提出完善建议。

综上所述,有学者对江苏省环境经济政策的总体进行研究,并各自提出建议。在具体环境经济政策方面,江苏省公共财政政策、排放权交易与监督措施相关政策发展较为成熟,对应的研究也相对充分。绿色金融作为最有活力的领域之一,也有学者进行研究与分析。环保产业政策方面,国内不乏环保产业的研究,但是针对江苏省环保产业政策的研究相对空白。

8.2.3 评价方法及指标

本章先后运用内容分析法、层次分析法和 SWOT 分析法进行评价。

第8章 江苏省环境经济政策评估分析

内容分析法的整个评价过程分为两个部分：一是对政策内容的分析，二是对政策类别的评估打分。为了更加明确地对政策进行评估，这里主要采用专家打分法进行定量化。评估主要从五个指标进行：完整性、明确性、可执行性、协调性、成果性。其中，完整性是指政策数量、是否有上级文件依据、政策级别是否完整等；明确性是指政策目标是否明确、内容是否翔实、是否有标准或定量等方法支撑等；可执行性是指政策中是否有进度安排、责任分工是否明确、有无参考实施细则或相关目录、有无奖惩措施等；协调性是指政策中的内容是否与上级、其他部门之间的政策内容协调，有无矛盾之处；成果性是指在制度上是否更加完善，在政策执行上是否有良好的结果。五个指标各项满分为5分，1分为完全不满足，5分为完全满足，由评估成员审核各类政策①内容后综合得出。

本章认为这五个指标的重要性不同，所以结合层次分析法②对这五个指标进行了权重评价。主要过程是，对五个指标两两进行比较，构造判断矩阵；对相对权重进行专家打分；经过合成计算后，得出指标的权重。结合指标权重，得到最终的评价结果，如图8-1③所示。

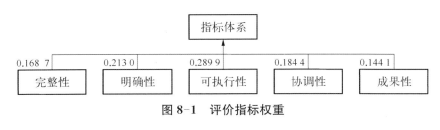

图8-1 评价指标权重

---

① 成员审核和打分的是15小类政策，5大类政策的分数根据各自小类平均得出。
② 由美国运筹学家、匹兹堡大学萨迪（T.L.Saaty）教授于20世纪70年代初期提出。1971年，萨迪曾用AHP为美国国防部研究所谓"应急计划"。1972年，他又为美国国家科学基金会研究电力在工业部门的分配问题。从本质上来说，是一种思维方式，它把复杂的问题分解成各个组成因素，又将这些因素按支配关系分组形成递阶层次结构。通过两两比较的方式确定层次中诸因素的相对重要性。AHP是一种定性与定量相结合，将人的主观判断用数量形式表达和处理的方法。
③ 参见附件2。

为更好地体现江苏省环境经济政策的发展问题和潜力,本章最后运用 SWOT 分析法,对优势、劣势、机遇和挑战进行简单梳理。

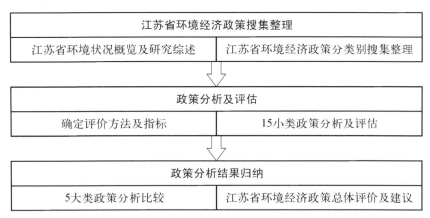

图 8-2　研究框架

8.3　江苏省环境经济政策分析

本章将环境经济政策分为 5 大类①,15 小类,分别对小类的政策内容进行分析及打分,最终根据权重算出 5 大类的评估分。

8.3.1　政策内容分析及评估

8.3.1.1　公共财政政策

(1) 环境保护的公共投资。

在环境保护的公共投资方面,江苏省各级财政积极贯彻国家政策,环保

---

① 分别为公共财政政策、绿色金融政策、排放权交易及市场政策、环保产业政策、其他的配套与监督措施。

注资力度连年上升,执行力度极高。从江苏省统计局的数据来看,2011—2015 年,一般公共预算收入与节能环保专项一般公共预算支出均稳步上升,财政收入增长率与省内 GDP 增速稳定在 10% 左右,而此期间,节能环保投资增长率年均为 16%①。

江苏省公共投资政策制定方面,江苏省在落实国家相应政策的同时积极在授权范围内制定省级政策,政策覆盖面广,规范性强。首先在具体领域中,2015—2016 年,江苏省新制定或更新财政专项专用资金政策 7 条,分别涵盖交通运输、建筑、可再生资源、农作物秸秆综合利用、土地整治、海洋渔业综合管理方面②,为不同方向的环保投入提供可靠的财政保障依据,每项政策适用范围和条件界定明确,资金专项专用,执行部门权责都有清晰界定。其次在环境资金的总体把握上,2016 年,江苏省出台《江苏省省级环境保护引导资金使用管理办法》③,明确规定管理部门(财政厅与环保厅)及职责、适用范围、项目申报与审核、资金分配、标准、使用与管理、监督检查与绩效评价等方面,配合已有的国家级与省级预算管理政策④,从相对宏观的层面上对环保财政管理提出规制,进一步使公共财政政策规范化。

总体而言,江苏省公共投资政策完整性与系统性极强,政策依据上级文件制定,内容系统完善,几乎涵盖所有民生有关方面;目标明确内容丰富,明确专项资金使用标准、使用程序和监督机制;通过制定海洋、交通运输等细分领域的管理规定落实到操作,明确实施和监督机关;政策协调性极强,与相关文件保持一致;根据年鉴,2015 年投入确实增加,但 2016 年新规出台后并未

---

① 江苏省统计局,《江苏统计年鉴——2016》。
② 分别为:《江苏省省级节能减排(建筑节能和建筑产业现代化)专项引导资金管理办法》《江苏省省级交通运输节能减排专项资金管理办法》《江苏省农业可再生资源循环利用专项资金管理办法》《江苏省农作物秸秆综合利用专项资金管理办法》《江苏省省级土地整治专项资金管理办法》《江苏省省级海洋与渔业综合管理及资源环保专项资金管理办法》。
③ 依据文件为《中华人民共和国预算法》《财政违法行为处罚处分条例》《江苏省省级财政专项资金管理办法》等法律法规和规章。
④ 主要文件为:《中华人民共和国预算法》《江苏省省级财政专项资金管理办法》。

及时更新细分领域的政策。

(2) 环保税费征收。

在环保税费方面,江苏省积极贯彻落实国家政策,在授权范围内,如资源税、排污费和节能补贴等领域都有出台省级政策。从江苏省公开统计数据①来看,2015—2016年,江苏省资源税和车辆购置税优惠卓有成效,排污收费继续在全国领跑。

绿色税收领域,2015年以来,绿色税收改革步伐加大。一方面,消费税和增值税绿色化取得突破②,国家出台电池和涂料征收消费税的政策,并在风力发电、新型墙体和光伏发电等方面出台增值税征收及减免的政策。另一方面,资源税改革取得重要进展,国家出台部分资源税改革和征收的政策③。2016年,国家授权省在国家政策幅度内制定部分矿产资源税税率④,推动资源税改革,江苏省据此出台《关于调整我省部分矿产资源税税率的通知》,调整资源税税率。此外,江苏省在车辆购置税方面也积极贯彻国家有关的优惠政策⑤。

---

① 详见下文分析。
② 2015年,财政部和国家税务总局联合发布《关于对电池、涂料征收消费税的通知》,对电池和涂料产品实行消费税;2015年,财政部和国家税务总局联合发布《资源综合利用产品和劳务增值税优惠目录》,并对新型墙体材料实施增值税即征即退50%的政策,鼓励资源综合利用;2015年财政部、海关总署和国家税务总局三部委联合下发通知,对化肥恢复征收增值税政策,限制化肥的过多使用;财政部和国家税务总局2015年出台《关于风力发电增值税政策的通知》,2016年出台《关于继续执行光伏发电增值税政策的通知》,减免增值税。
③ 财政部和国家税务总局,2015年出台《财政部、国家税务总局关于实施稀土、钨、钼资源税从价计征改革的通知》;2015年出台《关于调整铁矿石资源税适用税额标准的通知》,铁矿石资源税由减按规定税额标准的80%征收调整为减按规定税额标准的40%计征;2015年出台《煤炭资源税征收管理办法(试行)》,进一步规范煤炭资源税管理。
④ 2016年,财政部和国家税务总局出台《关于全面推进资源税改革的通知》,授权各省市在2016年5月31日前根据通知要求报送区域内矿产资源税税率建议。
⑤ 财政部和国家税务总局2015年出台《关于减征1.6升及以下排量乘用车车辆购置税的通知》,减征1.6升及以下排量乘用车车辆购置税;2016年出台《关于城市公交企业购置公共汽电车辆免征车辆购置税的通知》,对城市公交企业购置的公共汽电车辆免征车辆购置税。

根据江苏省国税局统计数据①,2015年前三季度国内增值税2485亿元,国内消费税509亿元,车辆购置税188亿元,2016年前三季度国内增值税298亿元,国内消费税537亿元,车辆购置税172亿元,增值税和消费税比上年同期上升,车辆购置税明显下降。根据江苏省地税局统计数据②,2015年1—6月份资源税收入15亿元,2016年1—6月份资源税收入9亿元,比去年同期大幅下降,资源税改革效果初显。

节能补贴领域,江苏省继续重点探索光伏发电的节能补贴,贯彻《光伏发电项目省级电价补贴资金管理办法》,在国家光伏发电上网标杆电价每千瓦时1元的基础上,对2015年新投运的项目按实际上网电量,每度补贴0.15元。

排污费领域,2015年江苏省出台调整排污费征收有关问题的2个通知③,调整部分污染物排污费征收基准标准,实现差别化收费政策,制定太湖流域部分污染物排污费征收标准。2016年江苏省又新增有关挥发性有机物排污收费的政策④,明确挥发性有机物排放量计算、排污收费标准、申报、缴纳、监督和管理等环节,推动挥发性有机物排污收费规范化。同年,江苏省进一步出台污水处理费政策⑤,明确规定污水处理费计算、缴纳和监督等环节。2015年江苏省全年征收排污费22.18亿元,连续15年居全国第一⑥。根据江苏省统计局数据⑦,2015年江苏废水、废气和工业工体废物排放量保持下降

---

① 《2015年前三季度江苏国税分税种及分地区税收情况》,2015年10月14日;《2016年前三季度江苏国税分税种及分地区税收情况》,2016年11月18日。
② 江苏省地方税务局,《江苏地税2015年1—6月份税收收入统计》,2015年7月13日;《江苏地税2016年1—6月份税收收入统计》,2016年7月15日。
③ 分别为:《关于调整排污费征收标准等有关问题的通知》和《关于进一步明确排污费征收有关问题的通知》。
④ 依据国家《挥发性有机物排污收费试点办法》等政策出台《江苏省挥发性有机物排污收费试点实施办法》。
⑤ 依据国家《关于制定和调整污水处理费标准等有关问题的通知》等政策出台《污水处理费征收使用管理实施办法》。
⑥ 江苏省环境保护厅监测与信息处,《江苏省环境状况公报(2015)》,2016年5月30日。
⑦ 江苏省统计局,《江苏统计年鉴——2016》。

态势,排污费征收政策发挥作用。

总体而言,江苏省环保税费政策对象明晰、针对性强,但欠缺完整性和系统性,其中税收政策分散在各细分领域文件中,排污费政策依据上级文件发布,仅集中在挥发性有机物排放与废水排放;政策目标明确,内容翔实,每条政策均有其对应的目标与标准;具体措施可执行度高,实施细则明晰,制定具体收费标准和计算公式,明确实施和监督机关;地方政策与中央政策高度一致,没有矛盾之处;资源税优惠成果明显,2015年江苏污染物排放量保持下降态势,排污费政策效果显著。

(3) 生态环境补偿与转移支付。

在生态环境补偿与转移支付方面,2015年以来,江苏省全省各级共发布有关生态补偿政策达11项以上。江苏省对生态补偿政策的探索与实践,主要体现在生态公益林补偿、流域生态补偿和重要生态功能区补偿等方面。

① 对生态森林的补偿。2007年颁布《江苏省省级森林生态效益补偿资金管理办法》以来,江苏省对生态公益林补偿的标准及财政来源等都做了明确的规定。截至2013年,省财政预算已经确定省级以上公益林每亩补助提高至25元①。2016年修订的《江苏省省级森林生态效益补偿资金管理办法》对各市县补偿的最低标准做了规定。全省重点公益林总面积38.4万公顷,其中国家级公益林6.92万公顷、省级公益林31.48万公顷②。

② 对水环境的生态补偿。江苏省水环境生态补偿主要是流域性的生态补偿。2013年,在太湖流域和通榆河区域实施区域补偿试点的基础上,出台《江苏省水环境区域补偿实施办法(试行)》,成为全国首个在全省范围内实施

---

① 江浩、徐宏强、黄厚琦、樊向民、王磊、季永华:《江苏省生态公益林补偿制度现状及发展对策》,《江苏林业科技》,2014年第4期。
② 《2015年江苏省林业概况》,江苏省林业局,http://www.jsforestry.gov.cn/art/2016/4/19/art_11_87612.html,访问时间2016年12月10日。

水环境区域补偿制度的省份,并设置 30 个监测断面进行监控①。对化学需氧量、氨氮、总磷这三个指数进行监测计算补偿。目前国内对流域的生态补偿实践案例有限,浙江义乌的水权交易是我国的第一例水权交易,通常被视为我国流域水资源生态补偿市场化运作典型模式。江苏暂无官方渠道公开相关案例或数据。

③ 对功能区的生态补偿。2009 年江苏省公布《重要生态功能保护区区域规划》,共划分出 12 类重要生态保护类型,总计 569 个重要生态功能保护区。这一规划为自然保护区、重要生态功能区补偿提供了基础条件,地市先后作出探索。2015 年,《南京市政府办公厅关于建立水利风景区生态补偿机制的实施意见》和《镇江市主体功能区生态补偿资金管理办法(暂行)》发布。

总体而言,江苏省有关生态补偿政策数量多,与上级文件衔接性好,体系较为完整;政策内容明确,对补偿细则与标准有详细的规定;政策对部门的权责规范清晰,规定实施主体部门、配合部门明确,为实践中的协调配合提供依据;政策之间的协调性好,上下级、不同部门之间可以相互补充配合,且地市之间根据自己的情况做出差异性的本土化②;对生态公益林、耕地、湿地等功能性区域的生态补偿有较多的实践经验,其中生态公益林实践成果大,但在水环境流域上的补偿政策法规多,实践经验少③。

---

① 七个补偿断面和一个对照断面设立在望虞河流域;其他十四条主要入太湖流域的河流设置了十四个补偿水质断面以及水质对照断面;五个水质补偿断面和两个水质对照断面在京杭运河苏南段流域得以设立。
② 苏州补偿范围包括水稻田、生态公益林、重要湿地、水源地、风景名胜区;南京补偿范围包括生态红线区域、耕地、生态公益林、水利风景区。
③ 流域生态补偿政策的实施在一定程度上促进了太湖流域污染物排放总量连续多年的削减,促进了重点考核断面水质和跨界水质的好转;促进了流域产业结构的调整;建立了环境与经济社会协调发展的长效机制。生态公益林补偿机制实现了全省覆盖,取得了良好效果。但另一方面,生态补偿政策刚刚起步,仍存在许多不足和弊端,生态公益林补贴标准低、缺乏分层;对饮用水源地、生态脆弱区的补偿机制尚未建立;对农村缺乏关注。

8.3.1.2 绿色金融政策

(1) 绿色金融市场的鼓励和建立。

在绿色金融市场的鼓励和建立方面,江苏省重点发展政府与社会资本合作(PPP)模式。自2014年财政部成立政府和社会资本合作中心以来,江苏省在此方面表现积极,在配套政策发布、具体标准制定、项目申报与执行方面参与度都极高。据不完全统计,在2015—2016年,国家层面发布政策多达9条[①],在总体方向、具体项目识别、准备操作审批标准和资金保障机制方面对PPP进行了明确规定。对此,江苏省严格按照有关规定执行,并结合省内实际情况配套制定了一系列省级政策,实现了国家政策的有效落地,如《江苏省PPP融资支持基金实施办法(试行)》《省政府关于在公共服务领域推广政府和社会资本合作模式的实施意见》《政府和社会资本合作(PPP)项目奖补资金管理办法(试行)》,进一步提高PPP规范性和可执行性。2015年,由省财政厅发起设立"江苏省PPP融资支持基金"。同年12月,该支持基金正式签约[②],确保江苏省从操作上和融资上更好地服务相关项目工程。

具体项目的执行方面[③],江苏省积极开展PPP项目的报送、入库与试点工作,定期检查,及时反映问题,汇报成果,对不满足PPP试点项目要求的申请,以公开公正透明的方式发布公告解释,PPP项目采购过程严格依照规范进行。江苏省PPP试点项目数量大、成果多。试点项目主要涉及环境整治、

---

① 分别为:《关于在公共服务领域推广政府和社会资本合作模式指导意见》《PPP物有所值评价指引(试行)》《政府和社会资本合作项目财政管理暂行办法》《关于推进开发性金融支持政府和社会资本合作有关工作的通知》《基础设施和公用事业特许经营管理办法》《规范政府与社会资本合作(PPP)合同管理工作的通知》《政府和社会资本合作项目财政承受能力论证指引》《关于2015年深化经济体制改革重点工作意见》《政府和社会资本合作项目财政管理暂行办法》。

② 来源:江苏省PPP网络推介,http://item.jschina.com.cn/ppp/,访问时间2016年12月8日。

③ 数据来源:江苏省财政厅PPP专栏,http://www.jscz.gov.cn/pub/jscz/xwzx/zxyw/ppp/,访问时间2016年12月8日。

污水处理、垃圾处理、养老等领域。目前,江苏全省共有入库项目388个,总投资7 615亿元,涉及17个领域。其中,15年后新建项目315个、总投资6 418亿元,存量项目73个、总投资1 197亿元,基本实现PPP项目在全省市县的全覆盖。根据省财政厅数据,已有75个总投资1 610亿元的项目实现社会资本实施落地,吸引社会资本1 253亿元,项目平均合作年限19年,社会资本股份平均占比达81%。省级PPP试点项目中,已推出的73个项目已有30个落地,总投资863.79亿元,吸收社会资本648.56亿元。

总体而言,江苏省绿色金融市场鼓励和建立相关政策完整性很高,依据上级文件制定,内容系统完善,科学合理;目标明确内容丰富,全都致力于积极发挥财政资金的导向作用,充分利用金融机构、社会资本等资金和管理的优势;不仅规定了主要涉及产业或领域,同时出台了一套操作上的指导,并在金融方面有建立专项基金来解决进一步规范解决融资问题,可执行度极高;江苏省相关政策都与中央文件保持高度一致,没有冲突,强调财政PPP中心的权责认定,但是相对缺乏在细节上与其他相关部门的权责划分,财政部门过于强势,环保厅和发改委作用较小。成果性方面,数量充足,投资额大,项目规范性强,走在全国前列。

(2) 绿色金融产品的建设与创新。

在绿色金融产品的建设与创新方面,江苏省产品类型较为单一,主要集中于绿色信贷,金融机构参与者主要为银行,信贷流向几乎覆盖所有绿色项目领域,如节能、污染防治、清洁交通、新能源等。

2015—2016年,国家出台多项能效信贷政策①,江苏省积极响应,及

---

① 2015年,中国银监会与国家发改委联合印发了《能效信贷指引》,鼓励银行业金融机构通过实施能效信贷,支持产业结构调整和企业技术改造升级。2016年,人民银行等八部委出台《关于金融支持工业稳增长调结构增效益的若干意见》,落实差别化工业信贷政策,引导银行业金融机构加大对战略性新兴产业、传统产业技术改造和转型升级等的支持力度。人民银行出台《关于支持钢铁煤炭行业化解过剩产能实现脱困发展的意见》,鼓励金融机构通过落实差别化信贷政策支持钢铁、煤炭行业"去产能"发展。

时制定省级政策,大力发展省内绿色信贷。2016年,江苏省落实金融支持制造业政策①,进一步加大制造业信贷投放力度,并鼓励金融机构探索开展排污权、碳排放权质押贷款等绿色金融业务,提升绿色金融产品和服务创新能力。根据中国人民银行南京分行的网站信息②,江苏省信贷成果显著,南京地区银行业金融机构加大对制造业发展的支持,有效增加制造业信贷投放,采取差别化的信贷政策支持和促进制造业企业转型升级。根据江苏省经信委的统计数据③,2016年,工业投资增幅缓步回落,技术改造成为投资增长有力支撑;1—8月,全省工业投资完成15 314.9亿元,同比增长10.1%,增幅比上年同期回落1.8个百分点;投资结构不断优化,高耗能行业投资增幅较低,1—8月,全省高耗能行业完成投资2 875.2亿元,同比增长7.4%,增幅低于工业投资2.7%,金融支持制造业转型升级效果初显。

总体而言,江苏省绿色金融产品政策依据上级文件制定,聚焦绿色信贷,保险、证券、债券和碳金融产品的发展较为缓慢;绿色信贷政策目标明确,内容翔实,对融资额及风险资金池有明确数量规定;政策明确信贷实施的具体措施,明确实施和监督机关职权和程序,对各环节工作提出具体要求并落实负责机关;与国家关于信贷的文件保持一致;2015—2016年,江苏省仅在信贷领域制定明确的政策,在其他绿色金融产品领域未有更新,成果没有覆盖全省。

(3) 金融市场制度的建设与完善。

在金融市场制度的建设与完善方面,江苏省加强监督、评估和披露工作,

---

① 依据国家《关于金融支持工业稳增长调结构增效益的若干意见》等政策出台《省政府关于金融支持制造业发展的若干意见》。
② 南京分行,《金融支持南京制造业企业转型升级取得积极成效》,2016年11月23日。
③ 江苏省经信委办公室,《2016年1—8月全省工业与技改投资完成情况》,2016年9月29日。

在失信黑名单公示、金融生态环境评估和金融交易场所监督等领域制定详细政策。

2015—2016年,江苏省共出台4项有关金融市场制度建设与完善的政策,量少而精。一方面,江苏省严重失信黑名单公示政策①进一步增强失信惩戒机制作用,明确失信黑名单信息来源、公开内容、公示有效期和异议信息,统领具体部门展开工作;另一方面,江苏省加强对交易场所的监督政策②,规定对在江苏省内依法设立的从事权益类等交易的各类交易平台进行监督,有效控制风险,维护市场稳定,规定了交易场所的设立、变更、终止、经营和监督,明确有关负责政府部门。此外,2015年江苏省出台《江苏省县域金融生态环境评估指标体系》,包括经济环境、金融运行、社会信用、法制环境及政策环境5大类42项指标,用于全省金融生态县评审和金融生态环境综合评估。2016年江苏省制定并更新金融生态县评估配套政策③,紧扣当前省县域金融生态环境的新形势、新特点,致力于全省金融生态环境的提质升级。

总体而言,江苏省金融市场制度建设与完善政策涵盖失信黑名单公示、金融交易场所监督和金融生态环境评估三领域,政策本身系统和完整,但体系政策数量较少;政策目标明确,内容翔实,生态环境评估指标分类详细、分数明确;政策都有具体措施及相应奖惩制度,但生态环境评估的执行和监督机关没有最新公开文件加以落实;金融生态环境评估政策缺乏上级文件依据;2015—2016年,江苏省在金融市场监督和评估的数据成果不明晰,虽已及时更新金融生态环境评估指标体系,但暂无年度统计报告说明各县的具体评分。

---

① 依据国家及地方《国家政府信息公开条例》《江苏省社会法人失信惩戒办法(试行)》等政策出台《江苏省严重失信黑名单社会公示管理办法(试行)》。

② 依据国家《国务院关于清理整顿各类交易场所切实防范金融风险的决定》等政策出台《江苏省交易场所监督管理办法(修订)》。

③ 分别为《金融生态环境建设规划》和《金融生态县创建考核办法》。

8.3.1.3 排放权交易及市场政策

(1) 建立排污权有偿使用和交易制度。

在排污权有偿使用和交易方面，江苏省自 2002 年便开始探索排污指标初始价格有偿使用机制。2003 年以来，江苏省出台的一系列环境保护文件中，对"排污指标初始分配的有偿使用"作了明确要求。2004 年，江苏省印发《江苏省水污染物排污权有偿分配和交易试点研究》，在南通等地部分重点行业开展了化学需氧量排污交易的试点工作。2007 年，江苏出台《江苏省太湖水污染防治条例（修订）》，规定太湖流域通过试点逐步推行主要水污染物排放指标初始有偿分配和交易制度。2008 年，国家财政部、环保部和江苏省政府在无锡市正式启动了太湖流域主要水污染物排污权有偿使用和交易试点工作。之后，泰州、南京、苏州等地也相继出台排污权交易管理政策[1]。

目前纳入排污权有偿使用和交易的是化学需氧量、二氧化硫、氨氮和氮氧化物四项污染因子。2015 年、2016 年的省级排污权交易分别在泰州、苏州举行，其中 2015 年的成交金额约 1 500 万元[2]。江苏产权交易中心与企业合作成立了江苏（苏州）环境资源交易中心，并成立专门的网站进行相关信息的发布，包括碳排放、排污权、废弃物等的交易[3]。

总体而言，江苏省排污权交易政策体系较为完整，覆盖地市政策逐渐增多；政策目标明确，对相关指标定量规定清晰；对排污权交易企业资质规定明确，有具体的时间进度安排，可执行性较强；排污权交易与建设项目管理、总

---

[1] 2014 年，《泰州市排污权有偿使用和交易暂行办法》《南京市人民政府关于印发建立区域排污权交易机制实施方案的通知》《苏州市环境保护局关于举行主要污染物排污权交易活动的通知》。

[2] 江苏环保厅官方网站，http://www.jshb.gov.cn/jshbw/hjzx/zxdt/201612/t20161206_382313.html，访问时间 2016 年 12 月 10 日。

[3] http://www.jserex.com/Sewage/News.aspx?id=2&pid=21000&page=1，访问时间 2016 年 12 月 10 日。

量控制等工作关联性不强,在总量减排的大背景下,排污指标可交易的空间小,影响到交易的顺利实施;政策数量有所增加,参与交易的地区、企业也有所增多,成果性较好。另一方面,排污量核定现存一定困难,试点范围、指标均存在一定局限,公众参与力度弱。

(2) 资源使用权市场。

在资源使用权市场方面,江苏省各级自 2015 年以来,针对水、电、天然气等资源或资源市场颁布了 17 余项政策,包含了水资源管理制度的考核、水费、差别电价、电力市场化等各方面。

水资源改革方面,2016 年江苏省发布《江苏省关于推进农业水价综合改革的实施意见》①,随后徐州市也发布了市一级层面的农业水价综合改革意见,进行试点工作,主要对农业用水权进行了分配。电力方面,江苏省的改革由来已久。早在 2012 年,江苏省就印发《江苏省电力用户与发电企业直接交易试点实施细则(试行)》②,当年合同交易量为 13.16 亿千瓦时。2014 年,江苏省印发《江苏省电力用户与发电企业直接交易试点暂行办法》和《江苏省电力用户与发电企业直接交易扩大试点工作方案》,明确了直接交易市场准入条件、交易方式、交易价格、容量剔除、计量与结算等细则。2015 年,江苏省下发《关于开展 2015 年江苏电力直接交易进一步扩大试点工作的通知》,正式实施第三批大用户电力直接交易工作。2016 年,江苏省印发《关于开展 2016 年进一步扩大电力直接交易试点工作的通知》,并成立电力市场管理委员会。此外,江苏省还结合企业环保信用,进行差别电价③。天然气改革方面,江苏省主要是在价格调控上出台了一些政策,目前还没有明确的有关天然气市场

---

① 《国务院办公厅关于推进农业水价综合改革的意见》。
② 《国家电监会关于印发〈电力用户与发电企业直接交易试点基本规则(试行)〉的通知》。
③ 《江苏省物价局、江苏省环境保护厅关于根据环保信用评价等级试行差别电价有关问题的通知》。

的政策①。

总体而言,江苏省有关资源使用权市场政策数量多,依托上级相关文件进行更为明确的规定,涉及地市多,完整性较好;政策涵盖水务、电力等多方面,目录、条件清晰,明确性强;差别用水价、污水处理价、电价等规定清晰,可执行性强;与环境信用体系结合,协调性好;2016年电力交易71笔,2017年会增加505亿千瓦时的交易量,水力、天然气方面成果不多、总的来说,成果性良好。

(3) 第三方治理市场的建设。

在第三方治理市场的建设方面,国家和江苏省都处于起步阶段。

2014年,国家出台《国务院办公厅关于推行环境污染第三方治理的意见》,概述环境污染第三方治理的必要性与现存问题,提出解决意见,指导意义大于实践意义。随后国家层面相关文件的更新也较为缓慢,具体政策跟进数目也较少。2015年国家出台《关于在燃煤电厂推行环境污染第三方治理的指导意见》,规定了燃煤电厂污染治理方面第三方治理的相关细节,如责任划分、选择条件等,实施细节到位,可执行性强。江苏省对应制定的政策较少,缺乏宏观上第三方治理的政策性把握,具体政策覆盖面较窄,但执行力强,自政策出台便开始逐步落实。2015—2016年,江苏省在废弃电子产品处理方面出台配套政策②,加强对相应企业的日常监管;在碳排放方面出台落地政策③,从细节上规定碳排放第三方核查机构与核查人员的资质、办法、适用范围与执行部门、违反办法的惩处方式等。2016年2月,江苏省发改委发布公开征选碳排放第三方核查机构通知,并在5月5日公布江苏省碳排放第三方

---

① 2016年,国家能源局油气司下发的《关于加快推进天然气利用的意见》中把江苏作为其中一个试点,但现在还不确定。
② 依据《废弃电器电子产品回收处理管理条例》《关于开展江苏省废弃电器电子产品拆解处理情况审核工作的通知》等政策出台《江苏省废弃电器电子产品拆解处理情况第三方审核办法》。
③ 依据《国家发展改革委办公厅关于切实做好全国碳排放权交易市场启动重点工作的通知》等政策出台《江苏省碳排放权交易第三方核查机构管理办法(暂行)》。

核查机构(第一批)名单①。

总体而言,第三方治理市场建设相关的政策的完整性相对欠缺,中央文件有统领性的意见出台,但其他政策集中在燃煤电厂、废弃电子产品、碳排放相关的第三方治理上,覆盖面有待扩充,同时政策数目相对较少;政策目标都很明确,内容翔实;同时都有具体的实施细节、治理主要措施、政策落实、监督奖惩等,可执行性极强。在协调性方面,虽然省级政策都有上级文件支撑,但中央文件本身数量不充足,主要负责部门为省发改委,如能和环保厅对接更好;成果方面,自新政策发布后,江苏省短时间内即开始公开征选核查机构,政策实施相对积极,但具体政策成果有待时间检验。

8.3.1.4 环保产业政策

(1) 产业准入政策。

在产业准入政策方面,江苏省的政策集中在煤电②、工业和信息产业,其他产业准入规定较为零散,难以形成体系。尽管江苏在 2016 年出台《江苏省"十三五"节能规划》和《江苏省"十三五"工业绿色发展规划》,对省内工业及环保产业升级调整提出明确的任务和指标,但具体落实政策及情况有待考量。

2015—2016 年,江苏省新出台《江苏省工业和信息产业结构调整限制、淘汰目录和能耗限额》,针对工业和信息化领域制作指引产业结构调整的清单,制定限制类和淘汰类目录。目录规定了煤炭、钢铁、汽车等 14 大类限制类产品,落后生产工艺装备等共计 137 项淘汰类产品,能耗限额方面规定 110 类重点用能产品的限额值,对每项产品都有明确的定义与标准。其他领域的产业规制政策在 2016 年颁布的《江苏省太湖流域水生态环境功能区划(试行)》(以

---

① 名单公布于江苏省发展改革委网站。
② 主要为 2014 年江苏省出台《江苏省煤电节能减排升级与改造行动计划(2014—2020 年)的通知》,规定了煤电企业新建机组的准入标准。

下简称《区划》)、《省政府关于加强长江流域生态环境保护工作的通知》(以下简称《通知》)有所提及。《通知》规定省政府制定、实施分年度落后产能淘汰方案,化解一批过剩产能,退出一批低端产能。《区划》规定江苏省政府将实行分级、分区、分类、分期考核管理,执行差别化的流域产业结构调整与准入政策。

总体而言,2015—2015年江苏省的产业准入政策在煤电、工业和信息产业方面的规制完整性强,规范性强,而其他领域的政策局限于太湖和长江流域且不够明晰,缺乏环保高新技术产业政策的及时更新;目录的具体细则规定翔实,操作性强,但河湖流域两条相关政策相对宏观,缺乏可操作性;目录相对独立,相关上级文件支撑较少,《区划》与《通知》与相关上级文件联系紧密,整体性强,但产业规制方面模糊;治理成果上,根据环境公报①,河湖流域生态治理有一定成效,但缺乏针对产业准入政策实施结果的数据。

(2) 产业扶持政策。

在产业扶持政策方面,2016年江苏省出台的《江苏省"十三五"工业绿色发展规划》与《江苏省"十三五"节能规划》等文件中都有提到应大力发展绿色产业、新能源等新兴产业,但并未提出具体扶持或补贴举措,可执行性不足。同时,2015—2016年也未见到江苏省有直接产业扶持相关文件更新。2016年出台间接相关文件《省政府办公厅关于促进低效产业用地再开发的意见》,提出促进低效产业用地再开发,明确分类供地政策;明确增值税征收范围,避免重复收税。2016年出台《省政府关于金融支持制造业发展的若干意见》,引导银行业金融机构加大对战略性新兴产业、高新技术、传统产业技术改造和转型升级等企业的支持力度,重点扶持绿色产业。此期间国家层面更新相关文件有2015年出台的《关于促进先进光伏技术产品应用和产业升级的意见》,

---

① 江苏省环境保护厅监测与信息处,《江苏省环境状况公报(2015)》,2016年5月30日。

其中,指出应当发挥财政资金和政府采购支持光伏发电技术进步的作用,使先进技术指标光伏产品可以得到充分的财政支持。

总体而言,产业扶持政策欠缺完整性,相关政策较少更新,集中在先进光伏技术应用和低效产业用地上;已有的三项具体新政明确性相对较好,其目的与适用范围相对明确;各政策规定了不同产业用地的适用条文与先进光伏产品标准与补助方式,但都缺乏其他方面的实施细则,可执行性稍有欠缺;政策文件都有相关部门的权责认定或建议,但缺乏上级文件的直接支持;相关报道较少,成果性欠缺。

(3) 产业规制政策。

在产业规制方面,2015年,江苏省积极贯彻"十二五"期间国家和省级政策,在能源领域的煤电节能和光伏发电领域成效显著,在石化和绿色交通运输领域也有建树。

石化领域,2015年,江苏省出台《江苏省石化产业规划布局方案》[①],指出江苏省应解决石化产业优化调整产业布局合理性、资源环境约束性、安全环保与社会性风险隐患等问题。

绿色交通运输领域,2015年江苏省出台《关于加快绿色循环低碳交通运输发展的实施意见》[②],在交通运输基础设施、运输组织、运输技术、运输设备和运输管理能力各方面强调节能环保与低碳高效,引入节能环保新技术,并明确组织实施的具体工作。

能源领域,江苏省作为能源大省一直致力于能源升级与改造。2015年,江苏省出台《江苏省煤电节能减排升级与改造行动计划(2014—2020年)》,全

---

① 依据文件为国家《石化产业规划布局方案》和《关于做好〈石化产业规划布局方案〉贯彻落实工作的通知》。

② 依据文件为国家《交通运输部江苏省人民政府共同推进江苏省绿色循环低碳交通运输发展框架协议》和《省政府关于印发江苏交通运输现代化规划纲要(2014—2020年)的通知》《省政府办公厅关于印发江苏省绿色循环低碳交通运输发展规划(2013—2020年)的通知》。

面落实"节约、清洁、安全"国家能源战略方针,提出江苏省总目标,要求煤电产业完善节能环保政策措施。2015年和2016年,江苏省分别出台《年度光伏发电新增建设规模的通知》①,大力发展光伏发电产业,推动能源产业的节能环保。同年还出台《关于分解下达2016年度光伏电站新增建设规模和组织编制实施方案的通知》,对不同环保信用评价等级的企业试行差别电价政策。根据江苏省经信委的统计数据②,2015年全省电源基本建设完成投资76.15亿元,新增太阳能发电146.32万千瓦,完成年度新增建设规模。2016年1—11月份全省电源基本建设完成投资75.95亿元,新增发电太阳能发电106.82万千瓦。江苏省光伏发电建设卓有成效。

此外,2015年江苏省在《关于印发江苏省水污染防治工作方案》中也提出要加快淘汰落后产能、优化产业布局以改善全省水生态环境。2015年江苏省出台《江苏省重点企业清洁生产审核咨询机构行业分类表》,并及时转发国家出台的2项清洁生产评价指标体系③。根据江苏省环保厅的信息④,江苏省积极贯彻落实国家清洁生产政策,分别于2015年和2016年发布《省清洁生产审核重点企业名单》,核查清洁生产情况。

总体而言,江苏省在2015—2016年依据上级文件先后出台涉及石化、光伏发电、交通运输等行业的规制政策,涵盖面广;在细分领域的产业规制政策中,目标明确、内容翔实;具体措施具体到位,实施及监督程序和机关规定详

---

① 依据文件为国家《国家能源局关于下达2015年光伏发电建设实施方案的通知》《关于完善光伏发电规模管理和实行竞争方式配置项目的指导意见》《关于下达2016年光伏发电建设实施方案的通知》以及近年来国家光伏电站管理相关规定。
② 江苏省经信委电力能源处,《2015年1—12月份全省用电情况》,2016年1月6日;《11月份全省用电情况》,2016年12月6日。
③ 国家发展和改革委员会,2015年出台《关于发布电力(燃煤发电企业)等三项清洁生产评价指标体系的公告》和《关于发布电池等4个行业清洁生产评价指标体系的公告》,规定煤电、电池等产业的清洁生产评价指标体系。
④ 江苏省环境保护厅,《关于公布江苏省第十二批清洁生产审核重点企业名单的通知》,2016年2月25日;《关于公布江苏省第十一批清洁生产审核重点企业名单的通知》,2015年2月26日。

细明确,不同政策互相补充,在清洁生产方面落实国家制定的清洁生产评价体系;与中央文件保持一致;江苏省的政策成果数量充分,排污情况有所改善,环保产业规制卓有成效,但仅光伏发电建设数据有及时更新。

8.3.1.5 其他的配套与监督措施

(1) 环境资本核算。

在环境资本核算方面,江苏省虽有行动,但可参见的政策偏少,仅能从国家政策和项目研究的信息上略窥一二。

2015年《国务院办公厅关于印发编制自然资源资产负债表试点方案的通知》和2016年《江苏省生态环境保护体制机制改革方案》中明确提出要推进生态资产核算。江苏省在这一方面行动在先、政策在后,拥有太湖3/5水域的吴中区于2013年启动"自然资源资产负债表编制"项目研究,但现在有关吴中或是江苏省有关自然资源资产负债表的官方政策却难寻踪迹。在污染损害鉴定评估方面,江苏省首例环境污染损害评估报告——《新浦化学(泰兴)有限公司污染常州等地饮用水源地事故环境损害评估报告》在2013年通过专家评审[1]。2016年,国家通过《关于在部分省份开展生态环境损害赔偿制度改革试点的报告》,批准江苏等7省市的生态环境损害赔偿制度改革试点工作实施方案,但江苏省并没有更进一步的规定。

总体而言,江苏省在环境资本方面政策性文件较少,完整性一般;对一些地市要求开展试点工作,较为明确;责任清楚,核算内容清晰,可执行性较强;与上级、其他部门的政策相互包容,协调性较好;试点单位,如吴中进行了自然资源资产负债表的编制,成果性良好。

(2) 环境信用和信息。

在环境信用和信息方面,江苏省行动和政策制定都比较积极,近两年的

---

[1] 江苏省环保厅,http://www.jshb.gov.cn/jshbw/hjky/hjky/201303/t20130301_228718.html,访问时间2016年12月10日。

政策制定及成果显著。

2012年,无锡就开始了对企业环保信用的评价①。2013年,江苏省印发《江苏省企业环保信用评价及信用管理暂行办法》;2015年,江苏省印发《关于根据环保信用评价等级试行差别电价有关问题的通知》,在全国率先建立针对年度环保信用评价,等级为红色、黑色的部分高污染企业的差别电价政策,用电价格在现行价格基础上每千瓦时加价0.05元和0.1元;2016年,江苏省又印发《江苏省污水处理费征收使用管理实施办法》,分档制定污水处理收费标准,初定环保信用评价黑色等级企业水价上调1元,红色等级企业水价上调0.6元。另外,江苏省某些地市先后对政府和企业的环境监测数据信息公开进行了要求②。环境信用在江苏省绿色信贷领域的影响显著③,截至2015年末,江苏省主要机构绿色信贷比年初增减情况为绿色等级企业增加贷款534.53亿元,蓝色等级企业增加贷款118.63亿元,红色等级企业贷款减少到5.11亿元,黑色等级企业贷款减少到13.38亿元,绿色信贷政策不偏不倚、奖惩有据,发挥出了市场监管的强大震慑力④。2015年,江苏省共有22 542家污染企业参与环保信用评价,878家国控重点污染源企业共评出绿色企业280家、蓝色企业415家、黄色企业118家、红色企业43家、黑色企业22家⑤。

总的来说,江苏省近两年对环境信用和信息方面出台政策较多,与上级文件一致,完整性较好;在考核、监测、信息公开方面规定明确;与绿色信贷、污水处理、电价结合进行,可执行性强;物价局、环保局、建设局等合作,协调性强;每一年都会出台企业环保信用名录,成果性较强。

---

① 《无锡市环境保护局关于2012年度部分企业环保信用评价结果的公告》。
② 《苏州市环境保护局关于加强2015年新增国控企业自行监测及信息公开工作的通知》。
③ 结合本书8.2.2阅读。
④ 《江苏公布944家企业环保信用评价结果》,http://jiangsu.sina.com.cn/city/csgz/2016-09-21/city-ifxvyqvy6954036.shtml,访问时间2016年12月10日。
⑤ 同上。

(3) 环境奖惩。

在环境奖惩方面,江苏省积极贯彻国家政策,及时出台省级政策,在环境监管、责任追究和损害赔偿领域都有具体政策文件可供执行。

2015—2016年,国家先后出台多项政策①,在环境影响评价违法项目的责任追究、环境监测数据弄虚作假行为处理、环保失信惩戒、建设项目环保事中事后监督和党政干部环境责任各领域制定具体且详细的政策供全国施行。江苏省先后出台《省政府关于贯彻落实国务院办公厅加强环境监管执法通知的实施意见》和《江苏省生态环境损害赔偿制度改革试点方案实施意见(征求意见稿)》,落实国家先前在环境监管和环境损害赔偿制度改革试点的政策文件,明确具体实施细则,打造省内环境奖惩良好环境。根据省环保厅的数据②,全省环保部门累计现场检查企业23.6万厂次,立案查处环境违法行为8 033起、处罚总额近4.2亿元;利用环境保护法赋予的手段办案875起,其中按日计罚97起,限产停产340起,查封扣押362起,行政拘留76起;在媒体公开曝光33起典型环境违法案件,社会反响强烈。

总体而言,江苏省在环保奖惩方面,省级政策出台及时,国家政策转发到位,体系较为完整;奖惩有关政策目标明确,内容翔实,分领域做细分规定;奖惩措施相互关联,实施细则具体,对奖惩对象、机关、标准和监督等都有细化规定,环环相扣;与中央文件保持高度一致;江苏省注重奖惩的信息公开和举报,在环保厅网站上分设环境违法行为曝光台、江苏省环保厅行政许可和行政处罚等信用信息公示专栏等专业的监督及信息公开机制,便于奖惩政策落地。

---

① 《关于进一步加强环境影响评价违法项目责任追究的通知》《党政领导干部生态环境损害责任追究办法(试行)》《环境监测数据弄虚作假行为判定及处理办法》《关于对环境保护领域失信生产经营单位及其有关人员开展联合惩戒的合作备忘录》和《建设项目环境保护事中事后监督管理办法(试行)》。

② 江苏省环境保护厅监测与信息处,《江苏省环境状况公报(2015)》,2016年5月30日。

8.3.2 政策评估分数

表8-1 15小类评估分数

大项编号	大项	小项目编号	内　　容	完整性	明确性	可执行性	协调性	成果性	加权平均值
1	公共财政政策	1.1	环境保护的公共投资	5.00	5.00	5.00	5.00	4.00	4.86
		1.2	环保税费征收,包括环保税、排污费、节能补贴等	4.33	5.00	5.00	5.00	5.00	4.89
		1.3	生态环境补偿与转移支付	4.00	4.67	5.00	4.67	4.33	4.60
2	绿色金融政策	2.1	绿色金融市场的鼓励和建立,包括市场平台和机构的建设、政府与社会资本合作即PPP模式等	5.00	5.00	5.00	4.33	4.33	4.78
		2.2	绿色金融产品的建设与创新	3.00	4.33	4.33	4.33	2.67	3.87
		2.3	金融市场制度的建设与完善,包括监督及风险防控、企业信息披露等	4.00	4.33	4.00	4.00	3.00	3.93
3	排放权交易市场政策	3.1	建立排污权有偿使用和交易制度	4.67	4.33	4.67	4.67	4.00	4.50
		3.2	资源使用权市场,如水、电、气等市场的建设	4.67	5.00	5.00	4.67	4.00	4.74
		3.3	第三方治理市场的建设,如环境污染第三方评估	3.33	4.00	4.00	4.00	3.33	3.79

(续表)

大项编号	大项	小项目编号	内　容	完整性	明确性	可执行性	协调性	成果性	加权平均值
4	环保产业政策	4.1	产业准入政策	3.00	3.33	3.67	3.67	3.33	3.44
		4.2	产业扶持政策,包括产业技术(创新)政策补贴、绿色消费等	2.67	3.67	3.33	3.67	3.33	3.35
		4.3	产业规制政策	4.67	4.33	4.67	4.33	4.00	4.44
5	其他的配套与监督措施	5.1	环境资本核算,包括环境资源价值核算政策、自然资源账户及资产负债表、推进污染损害鉴定评估等	3.67	4.33	4.33	4.33	4.00	4.17
		5.2	环境信用和信息,包括环境产品综合名录、环境污染物综合清单、环境信用评价制度、地方环境信息公开等	4.67	5.00	5.00	5.00	4.00	4.80
		5.3	环境奖惩,包括按日计罚、事后追责制度等	4.67	4.67	4.67	4.33	4.33	4.56

表 8-2　5 大类评估分数

编号	政　策	完整性	明确性	可执行性	协调性	成果性	汇总
1	公共财政政策	2.25	3.12	4.35	2.70	1.92	14.35
2	绿色金融政策	2.02	2.91	3.87	2.34	1.44	12.58
3	排放权交易及市场政策	2.14	2.84	3.96	2.46	1.63	13.03
4	环保产业政策	1.74	2.41	3.38	2.15	1.54	11.23
5	其他的配套与监督措施	2.19	2.98	4.06	2.52	1.78	13.53

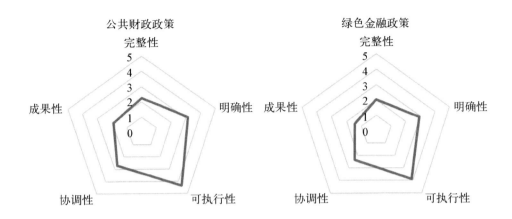

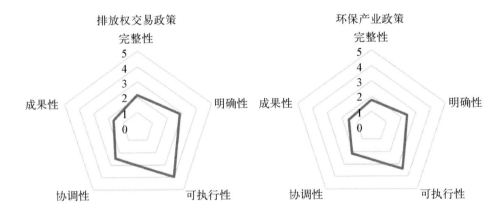

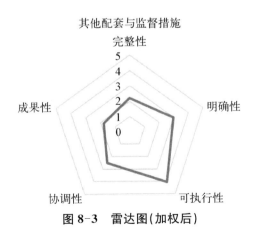

图 8-3 雷达图(加权后)

8.4 江苏省环境经济政策归纳

8.4.1 政策类别分析总结

8.4.1.1 五大类政策评估归纳

2015—2016年,江苏省公共财政政策制定和绩效总体良好,能积极推行国家政策和开展省内工作。公共投资政策完整性极强,能涉及海洋、土地等重点领域,系统完善;国家资源税改革的政策制定全面,江苏省的落地政策完善;排污费仅更新挥发性有机物;生态补偿政策体系完整。已出台的政策目标明确,内容具体,有标准可依。领域政策的可执行性较强,在具体执行和监督机关和程序上都有规定,公共投资以细分领域单独政策的方式落实执行,税费的计算有明确标准或公示,生态环境补偿能落地到地市进行执行。政策的协调性较高,与国家出台的政策保持一致,并与有关部门保持协调。公共财政政策对环境保护的成果有目共睹,污染物排放数量下降,生态公益林实践成果大。

江苏省绿色金融政策的制定和执行走在全国前列,着重发展PPP,持续推行绿色信贷,进一步完善市场监督。2015—2016年,该领域的政策完整性和系统性相对较强,基本都有上级文件依据,并有配套实施政策。江苏省致力发展绿色金融,政策目标明确具体,政策内容大多翔实,尤其是PPP领域的政策覆盖PPP从筹划到最终运行的各环节,绿色信贷和其他金融市场监督的政策内容相对不够丰富。政策可执行性值得肯定,尤其是金融生态环境评估指标体系明确了评估的具体指标,但其与PPP政策在具体职责划分和监督执行上略有欠缺。政策均有上级文件支撑,与其他部门协调性较好。江苏省在PPP方面的成果显著,已建立专业网站指导该领域发展,但其在信贷和市场完善方面的成果难见系统的公开汇报,较为分散。

江苏省 2015—2016 年排放权交易及市场政策更新不算积极，但执行成果较为显著。排污权交易政策多年前便确定框架，近两年的更新主要体现在地市，省级未有大动作；资源使用权的政策涉及水电，更新及时；第三方政策相对欠缺，覆盖面不够广。已出台政策目标明确，内容丰富，明确性较好。三领域的执行性值得肯定，都有实施细则。协调性在排污权交易和第三方治理方面较弱，前者与其他部门的协调性不够，后者依据文件本身出台较少，省级主管部门相对单一。成果性较好，除去第三方治理未有公开数据展现新政策试行情况，其他两领域的成果都有明确数据支撑。

江苏省环保产业政策在 2015—2016 年致力于煤电、工业和信息产业的转型升级，但在高新技术，诸如环保技术的规制上未见更新系统政策性文件。政策完整性一般，产业准入和产业扶持方面的政策更新不够及时。江苏省引入环保技术助推产业升级的目标明确，产业准入领域以目录形式明确具体准入标准，产业扶持政策的扶持对象明确，规制政策的内容较为翔实。产业准入和产业规制政策相对执行性强，目录形式的准入标准操作性极强，规制领域多套政策互相补充，扶持领域相对较弱。政策的协调性较弱，目录的上级文件依据不明，扶持政策的上级支撑也不够充分，规制政策相对依据明确。执行成果上，仅能从环境数据上推测产业政策的成果，对年度产业政策的实施成果和数据未见公开官方文件加以统计和说明，无法直接反映产业政策的成果性。

江苏省的其他配套与监督措施在 2015—2016 年有相应完善，成果也不少。环境信用信息和奖惩方面的完整性较好，环境资本核算可参考的政策较少。资本核算的试点政策内容较为明确，环境信用和奖惩的规定比较细化，更加翔实。国家和先前江苏的资本核算政策内容清晰，责任明确，可执行性较强；环境信用政策能与信贷、电价政策结合，发挥实用；奖惩规定环环相扣。三领域已出台的省级政策都与中央文件和其他部门保持高度协调。资本核算的试点成果较好，环保信用的名录公开及时，奖惩的信息公开和曝光平台建设良好。

8.4.1.2 纵向比较

2015—2016年,江苏省公共财政政策的五项指标得分均为最高,体现出江苏省在环境经济政策领域制定和实施价格工具的偏好和成功,与江苏省的经济发展情况相适应。环保产业政策的五项指标平均得分相对最低,但要注意,其他方面的政策也能一定程度上助推环保产业的发展和进步,因此,得分低仅代表政策不够全面和完善,从间接数据观察,成果不低。绿色金融政策虽因局限于绿色信贷,欠缺全面性而影响总体得分,但从公开新闻来看,业界对其发展前景仍持乐观态度,江苏省也在着力拓展绿色金融。排放权交易及市场政策和其他配套及监督措施的得分处于中位,两者的政策完整性都有所欠缺,但胜在成果丰富,一定程度上体现江苏省行动在先、政策在后的特点。综上,五大类环境经济政策均有很大的完善空间,尤以完整性和成果性最需要注意。

8.4.2 SWOT 分析

Strengthens	Weaknesses
1. 经济发展处于全国前列,有资金基础 2. 环境状况经控制,有逐步改善的可能 3. 政策基础较好,后期以完善为主 4. 自主性较强,相关行业人才储备较强	1. 信息公开机制欠佳,成果数据不透明 2. 绿色金融与经济发展状况不匹配,太单一 3. 环保产业的专门性政策偏少,环保助推其他产业转型升级的政策落地效果有待检验
Opportunities	Threats
1. 十三五期间国家及省级政策相对较新,有发展潜力 2. 全国碳排放权交易市场的开展前景较好	1. 地域发展差异大,省级政策贯彻有难度 2. 环境资源本身不够丰富,环保责任日趋严峻 3. 主要负责长江及太湖流域治理,责任重

8.5 结论及建议

江苏省现已初步形成了以环境价格体系为核心,以污染物排放指标有偿使用和环境资源区域补偿为辅助手段,综合运用财税、信贷、保险手段的政策体系;政策手段逐渐丰富,逐步扩展;环境经济政策在筹集资金、污染物减排和提升环境质量上取得了一定的实施效果。但另一方面,部分环境经济政策由于不适应形势的发展或缺乏配套措施,没有发挥应有的作用;部分环境经济政策,如排污权有偿使用和交易政策,尚未完全与现有环境管理体系有机统一,政策与实施之间的协调性兼容性有待提高。2015—2016年,江苏省环境经济政策发展态势良好,由于正值"十二五"和"十三五"衔接期,故总体以承上启下为主,没有特别大的政策创新。江苏省在价格工具的政策运用上表现抢眼,更新多且及时,数量工具的出台较为谨慎,与其经济大省的地位相符。政策的信息公开比较到位,成果的信息公开在部分领域不够透明,容易造成政策执行的漏洞。

综上所述,笔者建议江苏省从如下方面进行完善:其一,在省级权力范围内进一步制定各细分领域的政策,尤其注意政策的更新,保持与中央和经济发展状况的相统一;其二,继续发展价格工具政策,在价格工具发挥不佳领域运用数量工具,实现两种工具的互补,尤其注重地域差异,灵活运用政策;其三,注重绿色金融和排放权交易的政策制定,发挥经济大省优势,继续推进环保产业政策的制定,充分发挥环保产业助推其他产业转型升级的作用;其四,建立完善的信息公开制度,统一政策发布和成果公开的渠道,疏通信息沟通渠道,保持政民交流畅通。

附录1：

江苏省2015—2016年环境经济政策汇总表

序号	文件名称	发文时间	发文机关	文件类别
1	《江苏省省级交通运输节能减排专项资金管理办法》	2015/4/22	江苏省财政厅	环保公共投资
2	《江苏省省级节能减排(建筑节能和建筑产业现代化)专项引导资金管理办法》	2015/4/30	江苏省财政厅	环保公共投资
3	《江苏省省级海洋与渔业资源环保专项资金管理办法》	2015/7/9	江苏省财政厅	环保公共投资
4	《江苏省农业可再生资源循环利用专项资金管理办法》	2015/8/5	江苏省财政厅	环保公共投资
5	《江苏省农作物秸秆综合利用引导资金管理办法》	2015/8/5	江苏省财政厅	环保公共投资
6	《江苏省省级环境保护引导资金使用管理办法》	2016/4/1	江苏省财政厅	环保公共投资
7	《江苏省省级土地整治专项资金管理办法》	2016/4/5	江苏省财政厅	环保公共投资
8	《江苏省省级海洋与渔业综合整治及资源环保专项资金管理办法》	2016/4/29	江苏省财政厅	环保公共投资
9	《江苏省省级城乡环境综合整治专项资金(村庄环境改善提升)管理办法》	2016/5/31	江苏省财政厅	环保公共投资
10	《关于制定和调整污水处理费收费标准等有关问题的通知》	2015/1/21	财政部、国家发展改革委、住房和城乡建设部	环保税费征收
11	《关于对电池、涂料征收消费税的通知》	2015/1/26	财政部、国家税务总局	环保税费征收
12	《国家税务总局、国家能源局关于落实煤炭资源税优惠政策若干事项的公告》	2015/4/14	财政部、国家税务总局	环保税费征收

(续表)

序号	文件名称	发文时间	发文机关	文件类别
13	《财政部、国家税务总局关于调整铁矿石资源税适用税额标准的通知》	2015/4/27	财政部、国家税务总局	环保税费征收
14	《财政部、国家税务总局关于实施稀土、钨、钼资源税从价计征改革的通知》	2015/4/30	财政部、国家税务总局	环保税费征收
15	《关于风力发电增值税政策的通知》	2015/6/12	财政部、国家税务总局	环保税费征收
16	《关于新型墙体材料增值税政策的通知》	2015/6/12	财政部、国家税务总局	环保税费征收
17	《资源综合利用产品和劳务增值税优惠目录》	2015/6/12	财政部、国家税务总局	环保税费征收
18	《挥发性有机物排污收费试点办法》	2015/6/18	财政部、国家发展改革委、环境保护部	环保税费征收
19	《煤炭资源税征收管理办法(试行)》	2015/7/1	国家税务总局	环保税费征收
20	《关于减征1.6升及以下排量乘用车车辆购置税的通知》	2015/9/29	财政部、国家税务总局	环保税费征收
21	《财政部、国家税务总局关于全面推进资源税改革的通知》	2016/5/9	财政部、国家税务总局	环保税费征收
22	《财政部、国家税务总局关于资源税改革具体政策问题的通知》	2016/5/9	财政部、国家税务总局	环保税费征收
23	《财政部、国家税务总局关于继续执行光伏发电增值税政策的通知》	2016/7/25	财政部、国家税务总局	环保税费征收
24	《财政部、国家税务总局关于城市公交企业购置公共汽电车辆免征车辆购置税的通知(2016)》	2016/7/25	财政部、国家税务总局	环保税费征收
25	《光伏发电项目省级电价补贴资金管理办法》	2014/10/17	江苏省财政厅	环保税费征收

（续表）

序号	文 件 名 称	发文时间	发 文 机 关	文 件 类 别
26	《关于调整排污费征收标准等有关问题的通知》	2015/10/13	江苏省物价局、省财政厅、省环保厅	环保税费征收
27	《省物价局、省财政厅、省环境保护厅关于进一步明确排污费征收有关问题的通知》	2015/12/28	江苏省物价局、省财政厅、省环境保护厅	环保税费征收
28	《江苏省污水处理费征收使用管理实施办法》	2016/2/16	江苏省财政厅、省住房城乡建设厅、省水利厅、省环保厅	环保税费征收
29	《江苏省财政厅、江苏省地税局关于调整我省部分矿产资源税税率的通知》	2016/7/1	江苏省财政厅	环保税费征收
30	《江苏省挥发性有机物排污收费试点实施办法》	2016/9/28	江苏省财政厅	环保税费征收
31	生态环境损害赔偿制度改革试点方案	2015/12/3	中共中央办公厅、国务院办公厅	生态环境补偿与转移支付
32	《关于健全生态保护补偿机制的意见》	2016/4/28	国务院办公厅	生态环境补偿与转移支付
33	国务院关于改革和完善中央对地方转移支付制度的意见	2016/5/16	国务院办公厅	生态环境补偿与转移支付
34	《中央对地方专项转移支付绩效目标管理暂行办法》	2015/9/29	财政部	生态环境补偿与转移支付
35	《中央对地方专项转移支付管理办法》	2015/12/31	财政部	生态环境补偿与转移支付
36	《2016年中央对地方均衡性转移支付办法》	2016/4/15	财政部	生态环境补偿与转移支付
37	《中央对地方资源枯竭城市转移支付办法》	2016/6/30	财政部	生态环境补偿与转移支付
38	《江苏省级森林生态效益补偿资金管理办法》	2016/5/10	江苏省财政厅	生态环境补偿与转移支付
39	《关于在公共服务领域推广政府和社会资本合作模式指导意见》	2015/5/19	财政部发展改革委人民银行	绿色金融市场的鼓励与建立

(续表)

序号	文件名称	发文时间	发文机关	文件类别
40	《规范政府与社会资本合作（PPP）合同管理工作的通知》	2015/2/16	财政部	绿色金融市场的鼓励与建立
41	《关于推进开发性金融支持政府和社会资本合作有关工作的通知》	2015/3/17	国家发改委和国家开发银行	绿色金融市场的鼓励与建立
42	《基础设施和公用事业特许经营管理办法》	2015/4/21	中华人民共和国国家发展和改革委员会、中华人民共和国财政部、中华人民共和国住房和城乡建设部、中华人民共和国交通运输部、中华人民共和国水利部、中国人民银行	绿色金融市场的鼓励与建立
43	《政府和社会资本合作项目财政承受能力论证指引》	2015/5/5	财政部	绿色金融市场的鼓励与建立
44	《关于2015年深化经济体制改革重点工作意见的通知》	2015/5/8	发展改革委	绿色金融市场的鼓励与建立
45	《省政府关于在公共服务领域推广政府和社会资本合作模式的实施意见》	2015/9/5	江苏省人民政府	绿色金融市场的鼓励与建立
46	《财政部关于实施政府和社会资本合作项目以奖代补政策的通知》	2015/12/14	财政部办公厅	绿色金融市场的鼓励与建立
47	《PPP物有所值评价指引（试行）》	2015/12/18	财政部	绿色金融市场的鼓励与建立
48	《政府和社会资本合作项目财政管理暂行办法》	2016/11/14	财政部	绿色金融市场的鼓励与建立
49	《江苏省关于推进政府和社会资本合作（PPP）模式有关问题的通知》	2014/12/12	江苏省财政厅	绿色金融市场的鼓励与建立
50	《江苏省财政厅关于报送2015年度政府和社会资本合作（PPP）项目的通知》	2015/4/8	江苏省财政厅	绿色金融市场的鼓励与建立

第 8 章　江苏省环境经济政策评估分析

（续表）

序号	文 件 名 称	发文时间	发 文 机 关	文 件 类 别
51	《江苏省PPP融资支持基金实施办法（试行）》	2015/6/5	江苏省财政厅	绿色金融市场的鼓励与建立
52	《关于报送江苏省PPP融资基金支持投资项目的通知》	2015/10/26	江苏省财政厅	绿色金融市场的鼓励与建立
53	《江苏省财政厅关于做好2016年度PPP项目入库和试点工作的通知》	2016/3/31	江苏省财政厅	绿色金融市场的鼓励与建立
54	《政府和社会资本合作（PPP）项目奖补资金管理办法（试行）》	2016/6/6	江苏省财政厅	绿色金融市场的鼓励与建立
55	《江苏省财政厅关于做好2016年政府和社会资本合作省级示范项目以奖代补资金工作的通知》	2016/7/14	江苏省财政厅	绿色金融市场的鼓励与建立
56	《关于申报财政部政府和社会资本合作示范项目有关问题的通知》	2016/11/9	江苏省财政厅	绿色金融市场的鼓励与建立
57	《关于做好国家第三批政府和社会资本合作示范项目实施有关工作的通知》	2016/11/14	江苏省财政厅	绿色金融市场的鼓励与建立
58	《中国银行业监督管理委员会、国家发展和改革委员会关于印发能效信贷指引的通知》	2015/1/13	中国银行业监督管理委员会、国家发展和改革委员会	绿色金融产品的建设与创新
59	《关于金融支持工业稳增长调结构增效益的若干意见》	2016/2/14	中国人民银行、发展改革委、工业和信息化部、财政部、商务部、银监会、证监会、保监会	绿色金融产品的建设与创新
60	《中国人民银行 银监会 证监会 保监会关于支持钢铁煤炭行业化解过剩产能实现脱困发展的意见》	2016/7/12	中国人民银行南京分行、中国银监会	绿色金融产品的建设与创新
61	《省政府关于金融支持制造业发展的若干意见》	2016/9/5	江苏省人民政府	绿色金融产品的建设与创新

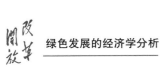

(续表)

序号	文 件 名 称	发文时间	发文机关	文 件 类 别
62	《省政府办公厅关于印发江苏省严重失信黑名单社会公示管理办法(试行)的通知》	2015/2/1	江苏省人民政府办公厅	金融市场制度的建设与完善
63	《江苏省县域金融生态环境评估指标体系》	2015/6/12	江苏省金融稳定工作协调小组办公室	金融市场制度的建设与完善
64	《江苏省交易场所监督管理办法(修订)》	2015/9/10	江苏省人民政府金融工作办公室	金融市场制度的建设与完善
65	《省金融稳定工作协调小组组织制定金融生态环境建设规划与金融生态县创建考核办法》	2016/1/20	省金融稳定工作协调小组	金融市场制度的建设与完善
66	《排污权出让收入管理暂行办法》	2015/7/23	财政部、国家发展改革委、环境保护部	排污权有偿使用和交易制度
67	《江苏省重点单位温室气体排放报告暂行管理办法》	2015/4/17	江苏省人民政府办公厅	排污权有偿使用和交易制度
68	《江苏省主要污染物排污权核定试行办法》(征求意见稿)	2015/9/11	江苏省环保厅	排污权有偿使用和交易制度
69	《江苏省排污许可证发放管理暂行办法(试行)》	2015/10/10	江苏省环境保护厅	排污权有偿使用和交易制度
70	《公共资源交易平台管理暂行办法》	2016/6/24	国家发展和改革委员会、国家税务总局、工业和信息化部、财政部、国土资源部、环境保护部、住房和城乡建设部、交通运输部、水利部、商务部、国家卫生和计划生育委员会、国务院国有资产监督管理委员会、国家林业局、国家机关事务管理局	资源使用权市场

154

第8章 江苏省环境经济政策评估分析

（续表）

序号	文 件 名 称	发文时间	发 文 机 关	文 件 类 别
71	《江苏省项目节能量交易管理办法（试行）》	2015/3/28	江苏省人民政府办公厅	资源使用权市场
72	《江苏省政府办公厅关于推进农业水价综合改革的实施意见》	2015/5/28	江苏省政府办公厅	资源使用权市场
73	《江苏省物价局、省经济和信息化委员会关于停止对部分企业实施差别电价和惩罚性电价的通知》	2015/8/12	江苏省物价局，省经济和信息化委员会	资源使用权市场
74	《江苏省物价局、江苏省环境保护厅关于根据环保信用评价等级实行差别电价问题的通知》	2015/12/14	江苏省物价局，江苏省环境保护厅	资源使用权市场，环境信用与信息
75	《国务院办公厅关于推行环境污染第三方治理的意见》	2014/12/27	国务院办公厅	第三方治理市场的建设
76	《关于在燃煤电厂推行环境污染第三方治理的指导意见》	2015/12/31	国家发展和改革委员会、环境保护部、国家能源局	第三方治理市场的建设
77	《关于开展环境污染第三方治理试点示范工作的通知》	2016/8/22	国家发展改革委环资司	第三方治理市场的建设
78	《关于印发江苏省废弃电器电子产品拆解处理情况第三方审核办法的通知》	2015/3/9	江苏省环保厅	第三方治理市场的建设
79	《省发展改革委江苏省碳排放权交易第三方核查机构管理办法（暂行）》	2016/6/15	江苏省发展改革委	第三方治理市场的建设
80	《高效节能锅炉推广目录（2015年本、节能部分）》	2015/12/30	国家发展和改革委员会、国家质量监督检验检疫总局	产业准入政策
81	《国家重点节能低碳技术推广目录（第一批）》	2015/12/30	中华人民共和国国家发展和改革委员会	产业准入政策
82	《省政府办公厅关于转发江苏省发展改革委环保厅江苏省煤电节能减排升级与改造行动计划（2014—2020年）的通知》	2014/11/10	江苏省人民政府办公厅	产业准入政策

155

(续表)

序号	文 件 名 称	发文时间	发 文 机 关	文 件 类 别
83	《省政府办公厅转发省经济和信息化委 省发展改革委江苏省工业和信息产业结构调整限制淘汰目录和能耗限额的通知》	2015/11/23	江苏省人民政府办公厅	产业准入政策
84	《省政府关于江苏省太湖流域水生态环境功能区划（试行）的批复》	2016/4/17	江苏省人民政府	产业准入政策
85	《省政府关于加强长江流域生态环境保护工作的通知》	2016/7/22	江苏省人民政府	产业扶持政策
86	《关于促进先进光伏技术产品应用和产业升级的意见》	2015/6/1	国家能源局、工业和信息化部、国家认证认可监督管理委员会	产业扶持政策
87	《江苏省人民政府关于加快发展节能环保产业的实施意见》	2013/11/26	江苏省人民政府	产业扶持政策
88	《省政府办公厅关于促进低效产业用地再开发的意见》	2016/3/24	江苏省人民政府办公厅	产业规制政策
89	《关于发布电力（燃煤发电企业）等三项清洁生产评价指标体系的公告》	2015/4/20	中华人民共和国国家发展和改革委员会	产业规制政策
90	《关于发布电池等4个行业清洁生产评价指标公告》	2015/12/31	国家发展和改革委员会、环境保护部、工业和信息化部	产业规制政策
91	《清洁生产审核办法》	2016/5/16	国家发展和改革委员会、环境保护部	产业规制政策
92	《国家发展和改革委员会、国家能源局关于推进多能互补集成优化示范工程建设的实施意见》	2016/7/4	国家发展和改革委员会、国家能源局	产业规制政策
93	《江苏省煤电节能减排升级与改造行动计划（2014—2020年）》	2014/11/10	江苏省人民政府办公厅	产业规制政策

第8章 江苏省环境经济政策评估分析

(续表)

序号	文 件 名 称	发文时间	发 文 机 关	文 件 类 别
94	《江苏省重点企业清洁生产审核咨询机构行业分类表》	2015/4/9	江苏省环保厅	产业规制政策
95	《省发展改革委关于下达2015年度光伏发电新增建设规模的通知》	2015/4/17	江苏省发展改革委	产业规制政策
96	《省政府办公厅关于加快绿色循环低碳交通运输发展的实施意见》	2015/11/26	江苏省人民政府办公厅	产业规制政策
97	《省环保厅关于根据环保信用评价等级试行差别电价有关问题的通知》	2015/12/14	江苏省物价局、江苏省环境保护厅	产业规制政策
98	《江苏省石化产业规划布局方案》	2015/12/25	江苏省发展改革委、江苏省经济和信息化委	产业规制政策
99	《省政府关于印发江苏省水污染防治工作方案的通知》	2015/12/28	江苏省人民政府	产业规制政策
100	《省发展改革委关于分解下达2016年度光伏电站新增建设规模和组织编制实施方案的通知》	2016/7/20	江苏省发展改革委	产业规制政策
101	《江苏省"十三五"工业绿色发展规划》	2016/8/16	江苏省经济和信息化委员会	产业规制政策
102	《江苏省"十三五"节能规划》	2016/8/16	江苏省经济和信息化委员会	产业规制政策
103	《国务院办公厅关于印发编制自然资源资产负债表试点方案的通知》	2015.11.08	国务院办公厅	环境资本核算
104	《第三批10个行业企业温室气体核算方法与报告指南(试行)》	2015/7/6	国家发展和改革委员会	环境资本核算
105	《关于规划环境影响评价加强空间管制、总量管控和环境准入的指导意见》	2016/2/24	环境保护部办公厅	环境资本核算

(续表)

序号	文 件 名 称	发文时间	发 文 机 关	文 件 类 别
106	《生态环境损害鉴定评估技术指南总纲》	2016/6/29	环境保护部办公厅	环境资本核算
107	《生态环境损害鉴定评估技术指南损害调查》	2016/6/29	环境保护部办公厅	环境资本核算
108	《关于征求〈江苏省重点行业挥发性有机物排放量核算技术指南（试行）〉意见的通告》	2016/5/23	江苏省环保厅	环境资本核算
109	《企业事业单位突发环境事件应急预案备案管理办法（试行）》	2015/1/8	环境保护部	环境信用和信息
110	《环境保护部、国家发展和改革委员会关于加强企业环境信用体系建设的指导意见》	2015/11/27	环境保护部、国家发展和改革委员会	环境信用和信息
111	《建设项目环境影响评价信息公开机制方案》	2015/12/10	环境保护部	环境信用和信息
112	《关于加强企业环境信用体系建设的指导意见》	2015/12/16	环境保护部、发展改革委	环境信用和信息
113	《建设项目环境影响评价区域限批管理办法（试行）》	2015/12/18	环境保护部	环境信用和信息
114	《环境保护部办公厅关于转发江苏省根据环境信用评价等级实行差别电价、污水处理收费政策性文件的函》	2016/5/3	环境保护部	环境信用和信息
115	《环境保护部办公厅关于举办大气污染物排放清单试点工作有关事项的通知》	2015/3/27	环境保护部	环境信用和信息
116	《环境保护部办公厅关于举办大气污染物排放清单编制技术指南高级研修班的通知》	2015/4/28	环境保护部	环境信用和信息
117	《关于发布〈民用煤燃烧污染综合治理技术指南（试行）〉与〈民用煤大气污染物排放清单编制技术指南（试行）〉的公告》	2016/10/22	环境保护部	环境信用和信息

第8章 江苏省环境经济政策评估分析

(续表)

序号	文 件 名 称	发文时间	发 文 机 关	文 件 类 别
118	《关于启动企业环保信用动态管理工作的通知》	2015/1/7	江苏环保厅	环境信用和信息
119	《省政府关于进一步深化价格改革切实加强价格监管的意见》	2015/1/28	江苏省人民政府	环境信用和信息
120	《江苏省社会信用体系建设规划纲要(2015—2020年)》	2015/12/24	江苏省环境保护厅,江苏省社会信用体系建设领导小组办公室	环境信用和信息
121	《江苏省环保信用体系建设规划纲要(2016—2020年)》	2016/1/19	江苏省环境保护厅,江苏省社会信用体系建设领导小组办公室	环境信用和信息
122	《省政府办公厅关于印发江苏省建设项目环境影响评价文件分级审批管理办法的通知》	2016/10/9	江苏省人民政府办公厅	环境信用和信息
123	《关于进一步加强环境影响评价违法项目责任追究的通知》	2015/3/18	环境保护部办公厅	环境奖惩
124	《党政领导干部生态环境损害责任追究办法(试行)》	2015/8/9	中共中央办公厅,国务院办公厅	环境奖惩
125	《建设项目环境保护事中事后监督管理办法(试行)》	2015/12/10	环境保护部	环境奖惩
126	《环境监测数据弄虚作假行为判定及处理办法》	2015/12/28	环境保护部	环境奖惩
127	《关于对环境保护领域失信生产经营单位及其有关人员开展联合惩戒的合作备忘录》	2016/7/20	国家发展和改革委员会	环境奖惩
128	《江苏省生态环境损害赔偿制度改革试点方案实施意见(征求意见稿)》	2016/6/6	江苏省环保厅	环境奖惩
129	《省政府关于贯彻落实国务院办公厅加强环境监管执法通知的实施意见》	2015/5/25	江苏省人民政府	环境奖惩

附录 2:

评价相关数据及说明

表 1 判断矩阵标度表

重要性强度	定　　义
1	i,j 元素同样重要
2	较弱(介于 1 和 3 之间)
3	i 元素比 j 元素稍重要
4	较弱(介于 3 和 5 之间)
5	i 元素比 j 元素明显重要
6	较弱(介于 5 和 7 之间)
7	i 元素比 j 元素强烈重要
8	较弱(介于 7 和 9 之间)
9	i 元素比 j 元素极端重要
上述标度的倒数	i 拥有上述不为 0 的值之一,与 j 比较时,j 的值与其互为倒数

表 2 判断矩阵示意表

指标体系	完整性	明确性	可执行性	协调性	成果性
完整性	1	M12	M13	M14	M15
明确性	/	1	M23	M24	M25
可执行性	/	/	1	M34	M35
协调性	/	/	/	1	Mij
成果性					1

Mij 代表 i 因素与 j 因素重要性比值,如 M12 代表在判断时认为完整性与明确性这两个因素的重要性比值。

表 3 指标权重结果

内容	完整性	明确性	可执行性	协调性	成果性
比重	0.168 7	0.213	0.289 9	0.184 4	0.144 1

第8章 江苏省环境经济政策评估分析

表4 五大类评估得分(不加权重)

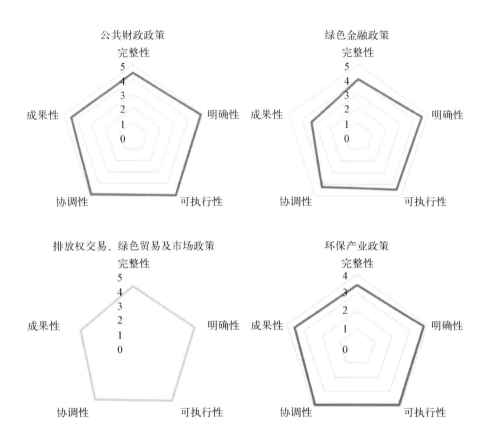

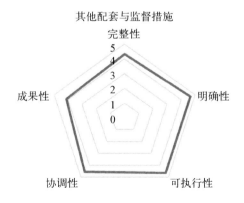

第9章

环境税费的绿色投资效应分析
——基于省级面板数据的研究[①]

① 本文的共同作者还有钟宜文。

9.1　引言

现代工业社会在推动生产力快速发展的同时也在以前所未有的速度破坏着人类赖以生存的环境。我国作为世界上最大的发展中国家,近年来在经济快速发展的同时环境破坏情况也不容乐观。以水体污染而言,全国75%的湖泊出现了不同程度的富营养化,90%的城市水域污染严重;对我国118个大中城市的地下水调查显示,有115个城市地下水受到污染,其中重度污染约占40%。2009年发布的《中国企业公民报告(2009)》指出,工业企业是生态破坏和环境污染的主要源头,中国总污染的70%是由工业企业产生的。水资源作为一种人类社会生存和发展的基础性自然资源,不仅是经济社会赖以可持续发展的基础,更涉及人民生存和生活质量。因此,保护水资源、减少水污染不仅仅是经济、生态问题,更是涉及人民生活的社会问题。

一直以来,我国政府为保护水资源、减少水体污染出台的相关政策举措不胜枚举,水污染税费制度是其中之一。排污收费是按照法令规定对排放污染物的组织和个人(污染者)征收排污费的制度。环境税费主要是指对开发、保护和使用环境资源的单位和个人,按其对环境资源的开发利用、保护或污染、破坏程度进行征收或减免的一种税收。排污收费和环境税是政府环境规制的主要手段。

绿色投资是投资主体为获取经济效益和环保效益,在环境保护上的研发、开发与服务的投资额度。绿色投资是伴随着环境保护、政府管制和可持续发展而产生的新型投资,无论是在微观企业的绿色生产上,还是在宏观概念的环境保护上,绿色投资都充当着重要的角色。

那么,我国现有的水污染税费制度的历史变迁与现状如何?排污收费对于重污染企业的影响是什么?它是否促进了企业的绿色投资?是否激励了企业进行废水处理、达标排放?本章通过梳理我国水污染排污收费制度的历史变迁,探究污染税费对于我国重污染企业的影响。结果发现排污收费制度对于企业的绿色投资行为具有显著的促进作用,以环境税费为代表的政府环境规制能够促进企业进行绿色投资,因此完善排污税费制度具有重要的意义。

9.2 文献回顾与概念界定

近几年,面对国际舆论对我国节能减排的压力、国内水污染现状、雾霾恶劣天气以及随着人们生活水平的提高,越来越多的人开始关注环境和环保,环境税的出台,内外部环境也日益成熟。相对于稍显落后的环境政策、法律法规,我国对于环境税、环保政策和绿色投资的研究在很久以前就已经开始了。

9.2.1 环境税

环境税主要是指对开发、保护和使用环境资源的单位和个人,按其对环境资源的开发利用、保护或污染、破坏程度进行征收或减免的一种税收(王金南等,2006)。环境污染的治理需要政府规制,而开征环境税是一种最具效率和公平的规制手段(梁丽,2010)。与政府直接管制、排污收费、排污权交易制度、财政补贴等几种常用的环境保护手段相比,环境税在实现生态保护、促进社会经济可持续发展方面具有明显的优势(吕志华等,2012)。

我国学者对于环境税费和环境成本分析等方面的研究较为丰富,但大多从理论的角度进行分析。从马歇尔的外部性理论与市场失灵,阿瑟·庇谷的环境成本内部化与庇谷税出发,分析环境税费存在的必要性,其中的"环境成本内部化"和"污染者付费原则"为环境税征收对象的确定提供了理论依据。其他理论分析从信息经济学的环境信号理论、发展经济学的可持续发展理论等视角出发,分析环境税费制度的意义。在环境税的税收制度设计及税额标准设计方面,我国学者普遍赞成以实际排污量作为计税依据,即环境税应为从量税。我国现行的排污收费制度也是从量收费。在环境税的效益分析方面,从宏观经济发展到微观个体影响分析都已经较为全面。在环境成本和应税税率方面,各个学者提出的计算方法不一,但是均得出了我国现行的水污染排污费征收标准远低于我国企业对社会造成的环境负外部成本,即排污费远不足以弥补企业生产造成的环境损失,排污费低于治理成本,导致我国水污染企业对环境成本核算及污染物治理、排放的重视程度不够,因此环境税费改革具有刻不容缓的意义。

对于环境税影响和效益的实证分析方面,我国学者大多采用宏观数据,运用可计算一般均衡(CGE)方法,测度环境税对我国经济发展水平及污染减排效果的影响。中观和微观数据研究较少。

因此,我国学者对于环境税的宏观经济影响分析已经有较多的成果,这对于我国的环境税费改革和环境税费制度的完善提供了政策依据。

9.2.2 绿色投资

国外针对企业绿色投资的研究起步较早,研究内容包括法律因素、激励手段、非正式因素(宗教、文化因素等)、监督机制等方面。保罗·埃金斯、斯蒂芬·斯宾克(2013)对欧洲的环境税与绿色增长之间的关系进行实证研究发现,欧洲范围内的环境税改革是欧盟地区实现2020年减排目标十分有效并且经济的手段,它不仅代价较低,而且有助于解决就业问题、技术革新和长期经济发展。国内研究表明,绿色投资与国民经济增长密切相关(王金南等,2009),并且对工业企业废气减排、水污染COD排放、环保产业的发展等均具有正向作用(何凌云等,2013)。目前,我国绿色投资存在投资不足、效率不高和结构不合理等问题(颉茂华等,2010)。

绿色投资是近几十年来出现的一种新型投资方式,由于研究视角的不同,理论界对于绿色投资的界定也不尽相同,主要的研究分类如表9-1所示:

表9-1 对绿色投资的界定

我国学者	宏观层面	以国家为投资主体,能够增加绿色GDP的可持续发展的投资;以获取预期经济效益和环境保护为目的而进行的一种投资活动
	微观层面	以企业为投资主体,对该企业在环境保护上的研究、开发与服务的投资,旨在促进其环境治理效果
西方学者		从企业的环境责任角度出发,考虑了经济、环境和社会三方面因素的社会责任投资

通常所说的"绿色投资",指的是从企业的视角,在环境保护上的研发、开发与服务的投资额;或国家政府层面的绿色投资。本小组目标研究的"绿色投资",指的是微观企业层面的绿色投资,在我国重污染企业上市公司财务报表中披露的环保投资与小组界定的绿色投资概念一致。但是由于我国重污染企业上市公司环境信息披露规定相对模糊,在上市公司报表中的绿色投资额度披露相对模糊、宽泛,大部分企业只给出了一个数值,并未对具体运用做出相关解释。

因此基于研究数据的可得性,小组在搜集数据资料时将我国学者对"绿色投资"研究的宏观与微观层面相结合,总结出企业绿色投资的"中观层面",即基于省份层面的重污染企业的绿色投资总额。

9.2.3 环境税与绿色投资

对于环境税费对于企业绿色投资的影响,我国学者的研究大致集中于几个方面。

有学者认为政府的环境规制是重污染企业进行环保投资的根本动机。

第9章 环境税费的绿色投资效应分析——基于省级面板数据的研究

环境问题的外部性决定了企业面对环境治理时由于搭便车而产生的被动性(唐国平、李龙会等,2013;包群等,2013)。绿色投资专注创造环境效益的特性决定了环保投资的低主动性,企业决策者基于理性假设,会采取搭便车的决策。在这样的背景下,以环境税费为代表的政府环境规制成为企业绿色投资决策的决定性因素。从公司治理的角度,若该企业无视环境规制,那么预计未来发生的环境诉讼和环境罚金的可能性会影响到企业的未来经营现金流(刘凤元,2010)。在这样的机制下,企业被迫在前期做好企业的环境治理工作,增加对应的投资。以"排污费"为前身的环境税的征收会造成企业税负的增加,但税收的导向作用又会迫使企业调整生产(毕茜、于连超,2016)。一方面,面对课以重税的污染产品以及生产线,企业为了寻求利润空间,必须改善现有的产品和规模,提高资源使用率和生产效率,注重低能耗产品的生产,增强市场竞争力;另一方面,企业在环境税的激励下,不断改造、创新能够提升产品生产效率的技术,引进节能减排设备,通过技术创新实现控制污染和研发新能源。这都无疑会促进企业加大绿色投资规模。

关于环境规制对企业绿色环保投资的影响程度的研究。

有学者认为,环境规制与企业环保投资的强度呈倒U形关系,环境规制对企业环保投资的影响强度先升后降。另外,不同产权性质的企业面对环境规制的反应程度不同,有的学者通过对我国上市公司绿色投资的数据分析,认为与非国有控股公司相比,国有控股企业通常对环境税等环境规制的反应更为积极,进而投入更多的绿色资金(毕茜、于连超,2016)。而另一部分学者认为在同等程度的环境规制下,民营企业更倾向及时调整环境投资策略,以达到政府所要求的环境治理结果。

与政府环境规制对于企业绿色投资影响的肯定结论相反,一部分学者发现政府干预对企业的环保投资决策并没有显著影响(张功富,2013)。有的学者通过面板数据回归,发现企业绿色投资与政府环境规制呈现负相关关系,这说明企业面对环境规制,更倾向于缴纳罚金而非进行绿色投资(马珩、张俊等,2016)。

环境税作为排污费的延伸,在我国也即将成为政府环境规制的重要手段,因此也得到了学者们的关注。

通过以上对于环境税费和企业绿色投资的文献梳理,可以发现我国学者对于环境税费政策的研究异常活跃,同时得出的结论也各有千秋,甚至有完全相反的结论。

9.2.4 我国水污染环境政策梳理与绿色投资现状

从实行久远的排污费制度,到 2018 年 1 月 1 日正式执行的《中华人民共和国环境保护税法》,我国对污染物收费的政策一直在变化、完善。

排污收费制度是指政府部门按照排放污染造成的环境外部损失征收、实现排污单位环境外部成本内部化的途径和手段。排污收费制度是我国一项基本的环境管理制度。我国于 20 世纪 70 年代末开始实施排污收费制度。1978 年《环境保护工作汇报要点》中首次提出向排污单位实行排放污染物的收费制度。1979 年《环境保护法(试行)》明确规定"超过国家规定的标准排放污染物,要按照排放污染物的数量和浓度,根据规定收取排污费",为在我国建立排污收费制度提供了法律依据。

至 1981 年底,全国有 27 个省、自治区、直辖市逐步开展了排污收费的试点工作。1982 年 2 月国务院发布《征收排污费暂行办法》,对征收排污费的目的、对象、收费标准、排污费管理、排污费使用等内容做出了详细的规定,标志着排污收费制度在我国正式建立。1984 年《水污染防治法》规定在征收超标排污费的同时,开征污水排污费。1989 年修订的《环境保护法》第十八条规定:"排放污染物超过国家或者地方规定的污染物排放标准的企、事业单位,依照国家规定缴纳超标准排污费,并负责治理。"

2003 年,国务院颁布《排污费征收使用管理条例》,是排污费收费制度全面改革的里程碑,在征收对象、收费标准、管理使用等方面均发生了重大变

第 9 章　环境税费的绿色投资效应分析——基于省级面板数据的研究

化,明确规定按污染物排放总量和污染物排放标准相结合的方式征收排污费,是我国排污收费制度进一步完善的重要标志。该《条例》于 2003 年 7 月 1 日起实施,同时《排污费征收标准管理办法》《排污费资金收缴使用管理办法》等配套规章相继出台,全面系统地确立了我国市场经济条件下的排污收费制度,是排污收费制度改革的重大突破。

2003 年的改革实现了由超标收费向排污即收费和超标加倍收费、由单一浓度收费向浓度与总量相结合收费、由单因子收费向多因子收费的转变;对排污费的征收、使用和管理严格实行收支两条线,征收的排污费一律上缴财政,列入环境保护专项资金全部用于污染治理。

2014 年 9 月 1 日,国家发展和改革委、财政部和环保部联合发布《关于调整排污费征收标准等有关问题的通知》(以下简称《通知》),提高部分污染物的排污费征收标准。调整的核心内容为在 2015 年 6 月底前,各省(市、区)价格、财政和环保部门要将废气中的二氧化硫和氮氧化物排污费征收标准调整至不低于每污染当量 1.2 元,将污水中的化学需氧量、氨氮和 5 项主要重金属(铅、镉、铬、汞、类金属砷)污染物排污费征收标准调整至不低于每污染当量 1.4 元。其中在每一污水排放口,对 5 项主要重金属污染物均须征收排污费;其他污染物按照污染当量数从多到少排序,对最多不超过 3 项污染物征收排污费。

2016 年 12 月 25 日,全国人大常委会第 25 次会议通过《中华人民共和国环境保护税法》,自 2018 年 1 月 1 日起施行。《环境保护税法》共 5 章、28 条,分别为总则、计税依据和应纳税额、税收减免、征收管理、附则。这是我国第一部专门体现"绿色税制"、推进生态文明建设的单行税法。

《排污费征收使用管理条例》和《关于调整排污费征收标准等有关问题的通知》构成了现行的排污收费政策,其特点有:

(1) 较以往大幅上调排污费征收标准,进一步推动环境外部成本内部化。

采用平均治理成本法来确定大气和水污染物排污费的收费标准,考虑到当时经济发展水平和企业负担能力,2003 年排污费改革确定的征收标准是依据该项目研究测算的平均污染治理成本减半征收的。新排污费标准将 4 项主要污染物和污水中的 5 项重金属"回归"到原本应该的平均污染治理成本的水平,这将会显著增加企业排污成本,大大激励企业进一步提高污染治理水平和效果。

强化对新时期主要污染物类型的控制。主要体现在两方面,一方面提高二氧化硫、氮氧化物、化学需氧量(COD)和氨氮 4 项需重点治理的污染物收费标准,以经济手段促使企业自主安装和运行治污设施;另一方面充分考虑污染治理成本和环境损失成本等因素,分行业、分种类逐步提高重金属污染物排污费缴纳标准,促使企业升级改造,减少污染物排放。

确立差别化政策,对企业实行奖优惩劣。除提高排污费征收标准外,此次排污费改革还首次确立了排污费制度的差别化政策,从排污费制度发展历程来看既是创新也是进步。

因地制宜,给地方政府部门留以充分自主权。《通知》明确提出各地"可以结合当地实际情况,在调整主要污染物排污费征收标准的同时,适当调整其他污染物排污费征收标准"。既积极鼓励地方省市制定更高的征收标准,也给地方省市留以充分的自主权,结合自身的发展特点和管理水平决定何时提标、提标多少。

(2) 排污收费水平整体较低,排污费难以覆盖企业生产的环境成本。

如图 9-1 所示,我国现行 COD(化学需氧量,工业废水主要污染物之一)排污收费标准整体处于较低水平。除北京(10 元/当量)、天津(7.5 元/当量)、江苏(5.6 元/当量)、上海(4 元/当量)之外,其余省份排污收费标准均处于较低水平。全国共有 21 个省份 COD 排污收费标准仅等于全国最低标准。

环境税和排污费的最终目的都是起到保护环境与资源的作用,两者在经济意义方面并不存在着本质区别,其主要目标都是将生态破坏的负外部效应内部化。从我国来看,现行排污收费是环境收费的一种,而环境税是排污收费改革后的产物。

但是,环境税与排污费又有一定的区别。从法律效力来看,环境费是一

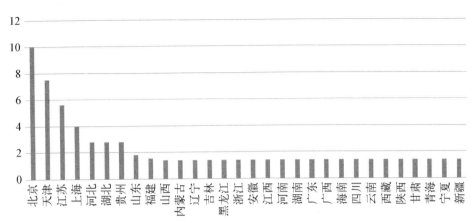

图 9-1 我国现行 COD 排污收费标准（元/当量）

数据来源：新闻、环保局官网等，本书整理

种行政收费，环境税是国家立法方式；从指定时间看，环境税的制定要经过漫长过程，而环境费的制定相对灵活，时间较短；从执行力度来看，环境税的强制性较高，征收更为规范，而环境费征收相对较为宽松；从实施效果看，环境税更有利于促进企业主动进行环境保护、技术创新，提高环保意识。以排污费和排污税为例说明环境税与环境费的不同。

表 9-2 排污费与环境税的比较

项 目	排 污 费	环 境 税
设立程序	行政程序颁布，容易调整	严格立法程序，不宜调整
审批部门	国家发改委、财政部或者省级政府	人代会，财政部
征收对象	环境污染者	普遍征收
执行力度	较弱	有强制性
是否无偿	有偿，对企业返还	无偿

如图 9-2 所示，我国 2015 年各省份（区、市）工业污染防治废水治理的投资额度差异较大。投资最多的广东省的废水治理绿色投资达到了 16.40 亿元，占固定资产投资的比重为 5.64%；最低的海南省只有 893 万元，占固定资

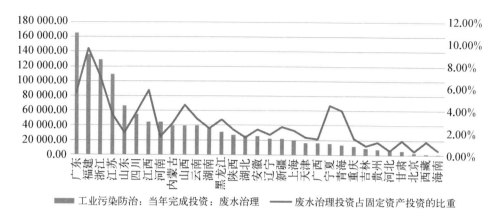

图 9-2 2015年我国各省(区、市)废水治理绿色投资

数据来源：国家环境保护部、国家统计局，本书整理

产投资额度仅为0.38%。废水治理的固定资产投资额度与各省份的产业结构有密切的关系，海南省产业结构主要以旅游业等第三产业为主，因此着重于处理工业污染废水的绿色投资额度自然较低。但是从全国总体来看，各省份工业废水绿色投资额度普遍不高，占固定资产投资的比重较低，全国仅有福建、浙江、江西、广东四个省份工业废水处理的绿色投资额度占固定资产投资的比重达到了5%，其余各省份均在5%以下；吉林、河北、海南、北京四省(市)工业废水绿色投资占全年固定资产投资额度的比重甚至低于1%。

9.3 排污费对企业绿色投资影响的实证分析

9.3.1 回归模型

为了实证检验以环境税费为代表的政府环境规制对于企业绿色投资的影响，我们构建了如下线性回归模型，并选取了全国30个省份的省际面板数据进行回归：

$$\ln GI_{i,t} = \beta_1 * \ln PG_{i,t} + \beta_2 * SIA_{i,t} + \beta_3 * PW_{i,t} + C \qquad (9.1)$$

具体变量的含义如下。

$\ln GI$——当年该省的绿色投资金额(万元)的对数值;

$\ln PG$——当年该省人均GDP(元/人)的对数值;

SIA——产业结构:当年该省第二产业产值占比;

PW——单位排污量的排污费用(亿元/吨):排污费用/当年该省的污水排放量。

本研究未包含西藏自治区的数据,选用了中国30个省、直辖市在2002—2014年的数据,即利用$T=14$,$N=30$短板数据进行回归,数据共有420个观测值。数据来源于各个省份的环境保护局官方网站,由小组成员整理。

利用Eviews9.0进行统计分析,先假设使用随机效应模型,并对结果进行豪斯曼检验,结果如下:

Redundant Fixed Effects Tests			
Pool:Untitled			
Test cross-section fixed effects			
Effects Test	Statistic	d.f.	Prob.
Cross-section F	24.559 096	(29,387)	0.000 0
Cross-section Chi-square	438.448 818	29	0.000 0

豪斯曼检验原假设个体效应与回归变量无关,应建立随机效应模型。从检验结果看来,可以拒绝原假设,故应建立固定效应模型,回归结果如下:

Dependent Variable:GI		
Method:Pooled Least Squares		
Included observations:14		
Cross-sections included:30		
Total pool (balanced) observations:420		
Swamy and Arora estimator of component variances		

(续表)

Variable	Coefficient	Std. Error	t-Statistic	Prob.
C	6.541 891	0.620 857	10.536 88	0.000 0
lnPG	0.115 368	0.056 143	2.054 901	0.040 6
SIA	0.048 740	0.009 105	5.352 927	0.000 0
PW	0.242 722	0.062 703	3.870 994	0.000 1
Effects Specification				
Cross-section fixed (dummy variables)				
R-squared	0.746 463	Mean dependent var		10.176 97
Adjusted R-squared	0.725 498	S.D. dependent var		1.219 537
S.E. of regression	0.638 951	Akaike info criterion		2.017 335
Sum squared resid	157.996 0	Schwarz criterion		2.334 783
Log likelihood	−390.640 3	Hannan-Quinn criter		2.142 805
F-statistic	35.606 35	Durbin-Watson stat		1.155 492
Prob(F-statistic)	0.000 000			

从各个估计量的显著性来看，偏回归系数均在较高的水平上显著，说明各个解释变量对被解释变量具有显著的影响；从方程的显著性来看，F检验的 p 值很小，说明方程总体上线性关系显著，模型中的 $\ln PG$（人均GDP对数）、SIA（第二产业占比）、PW（单位废水排污量的排污费用）之间的线性关系总体上是成立的。

9.3.2 回归结果分析

从模型回归结果来看，单位废水排污量的排污费用的系数为0.24，且在很高的显著水平上显著，说明环境税费对企业绿色投资呈现出显著的正向影响作用。单位废水排污量的排污费用越高，企业的环境税费成本即企业税负越高；但环境税费的导向作用又会迫使企业调整生产。在环境税费的激励下,引进节能减排设备,通过技术创新进行控制污染,这显著促进了企业绿色投资规模的提高。

各省份的人均 GDP 对数的系数为 0.29,且在 1% 的显著水平上显著,说明经济发展水平对于各省份企业的绿色投资具有显著的影响。经济发展水平较高的省份更加注重企业的绿色生产和环境保护,较高的人均 GDP 对企业的绿色投资呈现显著的正面影响。

各省份的产业结构亦对企业的绿色投资产生显著的影响,第二产业占比较高的省份,企业绿色投资越高。这说明企业绿色投资行为与各省份的环境保护需求有密切的关系,工业污染压力较大的省份,绿色投资额度较高。

9.4 结论与政策建议

本章梳理了我国以排污收费制度为代表的政府环境规制的发展历程,并利用 2002—2014 年我国各省份污染费和绿色投资的经验数据,尝试性探索了环境税对于企业绿色投资的影响。研究发现:以环境税费为代表的政府环境规制对于企业的绿色投资具有显著的正面影响,而与现行的排污收费制度相比,环境税更有利于促进企业的环境保护和绿色投资,这反映出我国环境费改税的必要性和重要性。

党的十九大报告提出,要建设"人与自然和谐共生的现代化",既要创造更多物质财富和精神财富以满足人民日益增长的美好生活需要,也要提供更多优质生态产品以满足人民日益增长的优美生态环境需要;并指出了建设美丽中国的四大举措:一是要推进绿色发展,二是要着力解决突出环境问题,三是加大生态系统保护力度,四是要改革生态环境监管体制。这充分体现了我国对于生态环境保护和绿色发展的重视和决心。

基于以上论述的环境保护和绿色投资的重要性和必要性,带给我们的启示和政策建议有两方面。一方面,我国政府需要进一步完善环境规制体制,逐步建立起完善的环境税收制度,强化环境税费对企业绿色投资和节能减排的激励作用。同时,也应该加强立法,完善我国企业的环境信息披露机制,让企业的环境成本更加透明化。另一方面,除了政府的法制性环境规制之外,还应该增加市场激励机制,逐步引导企业自愿增加绿色投资,进行绿色生产,自觉进行环境保护,达到环境规制的要求。在企业的角度,为了适应绿色发展和绿色消费风潮,应该加强绿色投资和环境技术创新,在减轻环境税费成本对企业发展的压力的同时,通过环保技术创新来提升自己的核心竞争力,从而达到污染控制和企业绩效提高的共赢。

本章主要是基于微观企业层面,探究环境税对于重污染企业的影响。但是我国的环境税制度自 2018 年 1 月 1 日起正式实施,现今能够查询到的仅有"排污费"等"类环境税费",且上市公司报表对于排污费的信息披露较为凌乱,全国对于环境税费信息披露也未形成体系,微观企业的数据库最终未能搭建起来,因此小组最后的研究采用的是重污染企业省际的面板数据,与微观企业数据相比,省际数据难以反映微观企业的反应机制;但是数据搜集来源于各个省份环境保护局网站,消除了主观因素。

在 2018 年 1 月 1 日环境税正式出台以后,有了相关的环境税数据,应继续研究初衷,搭建我国微观企业的环境税费数据库,从微观企业的行为选择上来分析环境税费的影响。

第10章

环保公共支出、资本化程度与经济增长

10.1 引言

经济增长的最终目的是提高人们的福利,以牺牲环境为代价单纯地追求GDP增长的发展模式已日益受到质疑,面对未来,各国越来越重视追求环境保护下的经济可持续发展。事实上,经济越发达的国家,对环境保护的重视程度越高。要开展生态环境的保护,进行相关治理必须要投入资源付出代价,从经济的角度来看,就涉及如何负担环境管制成本的问题。以往理论的研究结果大都表明,基于环境保护的管制措施将对经济增长形成一定的损害。一方面,环境管制过程本身需要社会投入资源(包括公共和私人资源),这意味着额外成本的加入,从而对其他同样也需要这些资源的经济部门,尤其是私人经济部门造成"挤出效应";另一方面,环境管制还意味着提高生产和消费准入的环境和经济标准,包括从技术和规模等方面对原先的经济增长造成限制,造成"漏出效应",从而降低本国和本地的经济竞争力,损害经济增长。

环境保护是否必定会损害经济增长?这实际上是长期萦绕在世界各国,特别是发展中国家政府和公众心中的担忧。尤其是中国这样的发展中大国,当前虽然面临经济发展方式的转变,但仍在经历快速工业化和城市化的进程,保持较快的发展速度仍然是今后一段时期的重要任务,环境保护与经济增长的矛盾表面上看起来更为突出。如不解开环境保护与经济发展是否负相关的困扰,不仅会妨碍环境保护的进展,也会损害到经济增长本身,更会危及全球范围内的可持续发展进程。好在与传统理论相反的事实结果是,在20世纪60年代西方发达国家大幅提高环境管制标准后,到目前为止,欧美各国经济增长和社会福利并未受到环境保护政策的明显影响。这为我们研究环境保护与经济增长之间关系提供了一些启示，即环境保护与经济增长或许可以兼得，环境保护在冲击经济产出的同时，或可以通过刺激需求、增加环保的基础性投资等作用机制促进经济增长，使"一人可以同时追两兔"。

本章将主要从三个方面探讨环境保护与经济增长间的关系，第一，政府环境公共支出在推动环境质量与经济增长关系中的作用，具体地，就是基于环境公共支出的环境库兹涅茨曲线成因分析；第二，作为社会支出的一部分，与私人支出相比，环境的公共支出究竟是否更有利于经济增长，或是相反，环境公共支出反而是经济增长的不利因素；第三，在现代经济增长过程中，伴随政府财政预算约束以及其他的限制因素，环境公共支出如何才能实现与经济增长的统一性。

10.2 环境公共支出与环境库兹涅茨曲线

有关环境质量与经济增长之间的关系，已有为数众多的研究对此开展分析，其中最为重要的便是两位学者共同提出并验证的呈倒 U 形的环境库兹涅茨曲线(Grossman, G. and Krueger, A., 1995)，即指当一个国家经济发展水平较低的时候，环境污染的程度较轻，但是随着人均收入的增加，环境恶化程度随经济的增长而加剧；当经济发展到达某个拐点以后，随着人均收入的进一步增加，环境污染的程度逐渐减缓，环境质量逐渐得到改善。此后有大量的各国学者加入环境库兹涅茨曲线研究行列，来进一步验证国家和地区以及城市等不同层面上环境质量与经济增长间的倒 U 形曲线关系，并进一步解释其中内在的机理。总体上，他们成功地从中找出了包括规模、结构、制度和技术进步等的关键解释变量。

皮尔斯(Pearce)等人将环境库兹涅茨曲线的解释变量及其演进过程归纳为如下四点(2002)：

（1）人均收入增加将吸收更多的资源和能源，此时如果缺乏政府政策干预，那么环境质量将随着收入的提高而不断下降；

（2）在某个时点后，产出结构发生变化，将会降低单位产出对环境污染排放的依赖，进而在贸易许可的条件下，污染密集型的产业将出口转移到落后国家，也就是说，污染实际上是"可出口的"；

（3）假如环境质量是有收入弹性的，对环境质量需求的改变将体现为政策转变，而管制的加强则对制度提出更高的要求，而这最有可能仅在发达国家实现，发展中国家和落后国家则较难实现；

（4）技术类型将在经济增长促使资本要素取代环境要素的同时向环境友好型方向转变。

在以上四点中，环境质量与经济增长要形成倒 U 形库兹涅茨曲线的关键显然是后三者的环保努力能否抵消第一点中所造成的环境破坏，以及第二点由于贸易产生的负面影响，即对污染进口国的负面影响。就此，传统的环境库兹涅茨曲线研究实则并没很好地回答这个问题，他们中的大部分都仅是将收入与环境质量进行直接的关联分析。那么作为环境保护努力程度的重要体现，政府的环境公共支出在其中发挥了怎样的作用？

从典型的环境库兹涅茨曲线开始分析，环境库兹涅茨曲线往往采用以下形式的公式：$e=a+by+c(y)^2+\varepsilon$，或 $E=a+by+c(y)^2+\varepsilon$，其中 e 是人均排放，E 是总排放，y 是人均收入，ε 是干扰项，y 的二次方决定了曲线的最终形式，即倒 U 形。对上述公式求导，可以得到 $y^*=-b/2c$，这正是倒 U 形曲线的最顶点所在位置，从这个点开始，人均环境污染或绝对环境退化都将随着收入增长而减少。

在上述环境库兹涅茨曲线的假设下，推动曲线从顶点下滑的公认原因之一便是当收入达到顶点后对环境质量的需求将开始上升，尽管不同收入群体在减排上有着不同的诉求，譬如高收入群体的减排意愿比低收入群体来得更高，但环境库兹涅茨曲线的形态实则与不同群体间减排意愿的差别没有什么关系，曲线从低到高，再从高到低变化的关键动因在于，环境质量需求是有收入弹性的,即当收入发生变化后,人们对于环境质量进而减排的需求将发生改变。这一点具体体现在环境支出上,无论是私人的环境支出还是政府的公共环境支出,都有着收入弹性。以此来解释环境库兹涅茨曲线后半段便极有价值,随着经济的成长,全社会收入水平提高后,由于收入弹性效应的作用,环境保护的支出比例将提高,包括公共的环境支出与私人的环境支出都将同时上升。

由于环境产品属于公共物品,有着非竞争性和不可分割的特点,无法像其他私人产品一样进行直接的货币化,因而具体到环境质量以及环境公共支出的收入弹性,必须引入环境价值评估方法,通常在涉及公共物品供给规模时,往往是用支付意愿来进行界定,也就是环境质量本身便是不同支付意愿下的价值体现,相对于直接的收入概念而言,支付意愿既与收入水平正相关,也会与其他的变量有关,包括环境意识、教育、性别、公平等(弗里曼,2002)。但总体而言,还有一个因素对环境支付意愿有较大的影响,那便是价格。故而,撇除其他因素之后,取决于支付意愿的环境质量及环境公共支出便可以分解为两大部分:一是环境质量需求的收入弹性,二是环境质量需求的价格弹性;最终,环境质量需求的支付意愿弹性便等于收入弹性与价格负弹性之比。关于环境质量需求弹性的大小,加罗德和威利斯(Garrod and Willis,1999)认为环境产品短期价格弹性小于1,收入弹性为正,而且往往大于1,后者的结论与环境产品是"奢侈品"的直觉是一致的。

那么,是什么决定了环境公共支出的增长呢?通过以上对环境质量需求的分解,可知① 随着收入的增长,环境的支付意愿弹性提高,因而可以带动环境公共支出的增加;② 更高的收入意味着支付能力的增加,一旦曲线顶点出现,国家便将投入更多资源开展环境保护,以抵消那些在增长过程中累积的排放。就此而言,更高的环境支出反映的是较高的环境退化程度。此外,环境公共支出的提高体现社会对环境保护意识的提高,以及环境保护倾向性的增强。也许正是由于收入上升后社会意识或环保倾向的改变,才使收入与支出间出现如上的关联关系。在公共选择理论(Buchanan and Tullock,1975)

和科斯的交易成本理论(Coase,1960)中都提出不同的环境质量利益相关者需求共同推动了政府提供环境公共产品。

以上研究结论引出下一个问题,即环境公共支出既然有助于解释环境库兹涅茨曲线的成因,并与收入水平(包括价格水平)挂钩,那么,环境公共支出会否在助力于环境质量改善的同时损害经济增长呢?

10.3 环境公共支出与经济增长

为回答上述的问题,有必要先梳理环境公共支出与经济增长之间的关系。

一个普遍的观点是环境公共支出会拖累经济增长,包括产业竞争力,其理由是环境管制在给私人部门施加成本的同时,其派生的环境公共支出会对私人投资以及产出造成挤出效应。该理论假定环境公共支出是以资本品(如环保基础设施)的形式体现出来,那就一般意义而言,这会对其他部门以及私人部门的资本品投入水平产生负面影响,即公共资本支出会对私人投资造成挤出效应。相反,私人部门支出本可以为了得到稀缺的资本而进行市场公平竞争从而更加有效。由此,有研究认为,环境支出的真实成本便是由于挤出效应而给经济增长以及产业带来的长期收益损失。比如,当强制性环保标准限制新工厂开工而豁免旧工厂时,便会对新的有效的技术投资带来约束,而运营成本也会由于减排措施对效率的影响而普遍提高(比如,二氧化硫的排放控制便将降低能源效率)。显然,环境公共支出通过多个途径影响着成本结构,并进而波及经济增长。

此外,也有相反意见,认为环境公共支出会带来积极因素使得私人部门的成本在下降而不是上升。首先,强制性的环境公共支出可以提高市场主体的环境意识,包括节省能源和材料成本的方法;其次,与环境公共支出相伴随的环境管制可以改进生产效率(Morgenster et al., 1997, 2000)。还有,公司环境管理的很多文献都强调收益与环境公共支出间的互补性,最有名的例子由波特(Porter,1990,1991)提出,"波特假定"认为市场主体(企业)往往并非高效运作,某些环境管制和环境公共支出就像催化剂一样,使企业可以通过提高资源利用效率来实现更高的产出,这便是企业环境文献中所提及的双赢观点。(Schaltegger and Burritt,2000)

与此同时,皮尔斯(Pearce,2002)还利用OECD的数据分析环境支出的收入弹性,分析综合了1972—1995年间的数据,在他们的分析结果中,就绝对值而言,美国是环境支出规模最大的国家,其次是德国、法国和日本,但就收入占比而言,美国的公共环境支出则在其他国家之后,包括日本、奥地利、荷兰和爱尔兰等在内的国家的公共环境支出占到GDP的1%以上。另外,该研究的结果还表明,GDP与环境公共支出间存在明显的关联关系:当GDP增加时,公共环境支出也随之增加。尽管该研究略显简单,对其他外生因素也没有进行很好的控制,包括人口、污染量、环境意识等独立于国别或GDP的因素,但其结论却说明在环境公共支出与经济增长之间的正相关关系。

为了进一步说明环境公共支出是有损还是有利于经济增长,本节将借助公共经济学有关公共支出对经济增长影响的分析框架,也就是在传统经济均衡模型基础上,将所有的投资分为两部分,环境公共支出与私人支出,而在产出方面,则与之前的模型相区别,本书将所有投资项目的潜在净收益与平均的潜在投资效率等同起来。本节的分析将对两种经济均衡进行比较,一是有环境公共支出部门的经济增长,二是没有环境公共支出部门的经济增长。分析的重点在于私人消费的产出与用于当前环境公共消费性支出产出之间的差异,这部分产出我们称之为"消费性环境公共产出"。本节的基本结论是具有环境公共支出的经济将比没有环境公共支出的经济增长地更快,当然,本节分析设定一个前提条件,便是环境公共支出产出效率与私人投资一样,而环境公共支出的预算规模也没有限制。

在前文中,我们曾说明经济增长与环境公共支出水平存在相关性,本节将进一步证明这一关系成立的前提是环境公共支出中的消费倾向(公共环境消费倾向)低于私人支出的消费倾向。在此条件下,环境公共支出不仅仅是与经济增长相关而已,而且其支出水平还有助于经济增长。

在传统经济均衡模型中,无环境公共支出的均衡经济增长率为 $g = s\sigma$(Domar,1946),其中 s 是私人储蓄倾向,σ 是社会平均投资回报率,有 $\sigma = dP/dt/I = P'/I$,因而 $P' = \sigma I$,($dP/dt = P'$ 表示投资的潜在增长水平),我们将经济增长率 g 视为比对的标准,也就是如果经济增长过程中设有环境公共支出部门,通过征税来购买环境公共品和服务后,经济增长率将是多少。

为了分析需要,我们可假定所有的社会投资分为环境保护与私人投资两个部门,分别为 Ie 和 Ip,而投资的增长水平 P 在两个部门是相同的,$P' = \sigma(Ie + Ip)$,为使经济实现均衡,产出增长水平要与投资增长水平相等,即 $Y' = dY/dt = dP/dt = P'$,私人部门总需求增长水平则是 $C'p + I'p = (1-s)(1-t)Y' + I'p$,$C'p$ 和 $I'p$ 分别表示私人消费与私人投资增长水平,社会总的环境公共支出则是资本性环境支出 Ie 与消费性环境支出 Ce 之和,我们可以把消费性的环境公共支出表达为 $Ce = atY$,t 是平均税率,a 表示全社会环境公共支出中用于消费性支出的比例。因而,具备环境公共支出下经济增长的均衡条件是 $Y' = (1-s)(1-t)Y' + I'p + atY' + I'e$,从中可以得到均衡的增长水平 $g1$,$g1 = [(1-t)s + t(1-a)]\sigma$,与 g 相比,如果 $a < (1-s)$,那么显然有 $g1 > g$。

以上分析说明,当环境公共支出的消费倾向低于私人支出消费倾向时,具备环境公共支出条件的经济增长会快于无环境公共支出下的经济增长。换句话说,在整个环境公共支出中,资本性支出的比例(即资本化程度)如果高于私人收入中的私人资本性支出比例,环境公共支出就有利于经济增长。这个结论的经济意义是极为显见的,那就是在均衡增长中,假如所有储蓄都用于投资,那么征税后所支持的环境公共部门虽然会引起私人储蓄下降,并有损经济增长,但只要环境公共部门的资本化程度高于私人部门,那么征税对私人部门产生的负面影响就可以被抵消掉,而且经济的整体成长也将从更高的环境公共支出资本化倾向中获益。

10.4 预算约束以及不同的支出收益率

10.4.1 引入预算约束

与现实相比,以上分析过程有一个最大的问题便是没有考虑公共部门预算约束。接下来我们将为环境公共支出设定预算约束,假定税率为 t,小于 1,并固定不变,这里不考虑公共部门通过发行公债来打破环境公共支出预算约束的可能,我们只考虑平衡预算的情况。政府预算为 $B=G-T=Ie+(a-1)tY$,G 和 T 分别是总公共支出与收入,假定 B 为零,就有 $B'=G'-T'=I'g+(a-1)tY'=0$,要满足预算约束的条件是 $a=ab=1+qs(1-1/t)$,其中 $q=Ie/Ip$,即环境公共支出与私人支出规模之比,由于 $s(1-1/t)<0$,因而上式就可以确保 ab 小于 1,但并不能保证 a 是正的,但是,如果允许 a 为负,则意味着税率可以增长,这与我们的假定不符。为了使 $0<ab<1$,就必须有 $q<t/s(1-t)$,即如果 q 不超过这个由税率和私人消费倾向决定的数值,那么政府预算便是平衡的,税率也不变。

预算约束与固定税率也会对增长率有影响,增长率在 $a=0$ 时是最大,而在 $a=1$ 是最小,可以得出经济增长更快的条件是 $(1-s)>1+qs(1-1/t)$,这便有 $q>t/(1-t)$,因此,要在预算约束和非负公共消费支出条件下获得更高的经济增长率,便需满足 $t/(1-t)<q<t/s(1-t)$,这里面的左右两个部分条件缺一不可。

在没有预算约束的环境公共支出经济体中,分析表明可以通过提高环境公共支出的资本化程度来获得更高的经济增长水平,也就是通过降低环境公共支出中的消费比例即可。进一步而言,可以赋予 a 负值,也就是通过提高税率,来提高经济增长水平,但问题是,税率在现实经济中不是无限提高的。

10.4.2 引入不同的支出收益率

之前我们都假定不同经济部门的支出回报率是相同的,现在可以进一步放宽这一条件,也就是环境公共支出收益 σe 和私人部门投资收益 σp 不一样,那么社会平均收益则是 σG=(Ipσp+Ieσe)/(Ip+Ie)。其他条件给定的情况下,σG 与 σe 成正比关系,当然,在 σe 给定时,σG 与 Ie 成正比(σe>σp),或者成反比(σe<σp)。为简便起见,假定私人投资收益 σp 不变,并且独立于公共投资规模及收益,此时,经济增长收益为 g2=σG[s(1-t)+t(1-a)],为了使 g2 能够大于 g,则必须有 a<(1-s)+(s/t)(1-σ/σG),这个条件是否比第二部分的条件更加苛刻取决于 σe。

如果 σe<σ,那么 σG<σ,也就是 (s/t)(1-σ/σG)<0,这样一来,该条件就比第二部分的要求更高了;反之,如果 σe>σ,那么 σG>σ,条件则相对放宽。即便在"环境公共支出的消费倾向"高于私人支出消费倾向时,经济也可以更快的速度增长,σe 越大,g2 经济增长速度高于 g 的条件也就越容易实现。

10.4.3 加入政府预算约束条件

再次加入政府预算约束条件,为了在 a 非负情况下实现预算平衡,同样必须满足第二部分的有关条件。如此在 g2 大于 g 的要求下,公共部门预算实现平衡的条件是 1+qs(1-1/t)<(1-s)+(s/t)(1-σ/σG)。考虑到结构分解因素,也可以变为 q>t/(1-t)·σ/σe。如果该条件没有满足的话,那么 g2 的经济增速便小于 g。由此,所需的经济增长政策便是提高环境公共支出的资本化程度与私人储蓄之比(也就是增加 q),为了让 a 为正,这个比例也不可以无限制增加,因而,经济在非负环境公共消费支出和预算平衡的条件是 t/(1-t)·σ/σe<q<t/s(1-t)。与第二部分分析相对应,我们可以注意

到为实现上述条件未必需要某个值的 q，上式有解的条件是 $t/s(1-t) > t/(1-t) \cdot \sigma/\sigma e$，也就是 $\sigma/\sigma e < 1/s$。

如果 $s < 1, t/(1-t) \cdot \sigma/\sigma e < q < t/s(1-t)$ 右侧大于 1，这意味着当 $\sigma < \sigma e$ 时，就必定有解。但如果 $\sigma/\sigma e > 1$，仍有可能有解，但私人投资收益与公共投资收益之比便有限制条件，公私部门间过大的收益差距将使得 $g2$ 无法大于 g。即便上式得到满足，也须通过 $\sigma/\sigma e$ 来判定 $g2$ 经济增速快于 g 的条件是否比 $g1$ 快于 g 来得更加严格。如果 $\sigma < \sigma e$，则条件更为严格；反之如果 $\sigma > \sigma e$，则条件更加宽松。

10.5　小结

本章的分析结果表明，环境公共支出中的消费性支出对于经济增长有着负面影响，这意味着环境公共支出中的消费部分必须受到限制，而环境公共支出中的资本性支出（资本化程度）则需加以鼓励。这在某种程度上补充解释了环境库兹涅茨曲线的成因，那就是在经济增长初期，尽管也存在环境公共支出，但从支出结构上来看，由于大都集中于短期的消费性环境支出领域而忽视了长期的资本化环境支出，从而对经济的其他部门产生挤出效应，并波及经济增长。因此，从提高支出效率和服从经济增长的角度出发，在该阶段，环境公共支出的幅度较低。反之，随着经济增长阶段的延伸，在后期，环境公共支出则更多地采取了资本化支出的方式，从而对产出效率和经济增长产生了较好的支撑。在反馈效应作用下，经济增长便开始反哺环境公共支出，从而使经济获得更高的环境质量。这一结论显然也得到了部分经验研究的证明（刘绍君，2012）。

需要同时指出的是，尽管我们已经论证环境公共支出中消费性支出对经济增长的负面影响，但某些重要的环境公共消费支出仍是必要的，公共消费支出实际上是外生的，也就是不能为了获得更高的环境公共资本化支出而故意削减环境公共消费性支出。为了让公共的环境资本性支出发挥对经济增长的作用,就必须保证足够规模的环境公共消费性支出,因而也就无法不断地通过降低两者之比来促进经济增长,过低的消费/资本比实际上会有损产出效率,以及环境公共支出效率,最终还将损及经济增长。因而,在经济增长过程中,必定存在一个最优的环境公共支出的消费/储蓄比,可使得环境公共支出产出水平实现最优。这也是下一步研究需予以解决的重要问题之一。

第11章

长江三角洲地区环境保护投资与经济增长的比较分析

11.1　引言

作为中国经济总量最大的地区之一,由江浙沪3省市16个城市组成的长江三角洲地区(下文简称长三角地区)①在社会经济发展程度、市场化程度、对外开放度等方面都走在全国的前列,这既使长三角地区具备了环境库兹涅茨曲线中所要求的越过顶峰(也就是逐步实现环境与社会经济的协调发展)的条件,从而成为中国最有可能首先实现经济增长与环境质量相协调的地区,同时外来人口压力增大、次区域间产业高度同构、资源能源紧缺、外来投资良莠不齐、生态重复建设和薄弱环节并存等问题又给长三角地区实现经济增长与环境保护的协调带来了巨大的阻碍,在现有基础上通过政府主导,进一步加大城市环境保护投资力度、加强次区域间的环境保护合作、发挥环境保护投资的正面辐射功能、提高区域经济一体化程度是解决这些问题的有效办法。本章将从长三角地区环境保护投资与经济增长的比较分析出发,探讨长三角地区政府在区域环境保护与经济增长协调过程中所应发挥的作用,并提出对策性建议。

---

① 关于长三角地区的界定主要来自由上海、南京、苏州、无锡、常州、扬州、泰州、南通、镇江、杭州、宁波、嘉兴、绍兴、湖州、舟山、台州16个城市组成的具有半官方性质的城市经济协调会,而一般意义上的长三角则包括了江浙沪所有城市,本书更倾向于采取后面的界定。

11.2 长三角城市环境保护投资的现状分析

近几年来,长三角主要城市都日渐重视环境保护工作,从省市的生态规划到城市环境保护基础设施的建设等,都体现了对传统经济增长模式的反思,显现出促使环境与社会经济实现协调发展的良好意愿。与此同时,大部分城市都在原有基础上加大对环境保护的投资力度(表 11-1),并确定了相关的环境保护制度。大量研究表明,环境保护的支出正是实现环境与社会经济协调发展最直接的保障。

表 11-1 全国和长三角地区的历年环境保护投资统计[①]

单位:亿元

年份\地区	全 国	上 海	江 苏[②]	浙 江
2000	1 060.98	141.91	13.103 6	169.52
2001	1 106.60	152.93	10.352 4	197.83
2002	1 363.40	162.39	7.539 3	198.76
2003	1 627.3	191.53	17.29	260.1
2004	1 908	225	—	—

作为有着巨大外部性的公共产品,政府是环境保护投资的主要供给者,城市环境保护的支出客观上离不开政府的主导。当前政府主要在工业污染源治理、城市环境基础设施建设、环境管理能力建设等方面进行公共投入(见表 11-2)。

[①] 整理自 2001—2004 年度的国家、上海、浙江环境统计公报以及 2001—2004 年的江苏统计年鉴。

[②] 江苏省环境保护投资限于当年的工业污染治理项目完成投资额。

表 11-2　2003 年度全国和长三角地区两类环境污染治理投资①

单位：亿元

年份＼地区	全　国	上　海	江　苏	浙　江
污染源治理	212.8	28.91	33.28	69.55
城市环境设施	1 072.0	144.03	258.85	202.11

同时，就中央和地方政府在环境保护投资中的关系而言，我国的公共支出预算体系规定了地方政府是城市环境保护公共支出的主要直接承担者，这决定了环境保护公共支出决策是在地方经济发展的框架内展开的，也就是城市环境保护公共支出与其经济增长相辅相成，这种内生性无疑会对城市环境保护公共支出的规模和结构带来各种影响。其中的一个突出影响就是在长三角次区域（上海市、浙江省或江苏省以及各个城市）在环境保护投资上的相对独立性与长三角整个区域的生态环境一体化需要之间产生矛盾，取决于单个城市生态环境状况和经济发展水平的环境保护投资显然无法满足区域环境保护的整体需要。

因此，着重展开对环境保护投资规模和结构的研究既可以反映出长三角地区环境质量在经济增长框架内得以保护和改善的程度，也可以找出现有的环境保投资体制给区域生态环境保护带来的问题。

11.2.1　长三角地区环境保护投资的特点

11.2.1.1　环境保护投资的规模逐年增加

格罗斯曼(Grossman)等人在 1995 年对西方大量国家经济数据的研究证明了体现为直接投入的环境保护措施在改善环境状况中发挥着重要作用②，

---

① 数据来源：中国统计年鉴(2004)，国家环境统计公报(2004)。
② Grossman G. M., A. B. Krueger, Economic Growth and the Environment, *Quarterly Journal of Economics*，1995，110(2)：353-377.

西方国家在20世纪60年代陆续成立官方环境保护机构后都投入了大量的资金治理环境污染、建设城市环境设施,取得了积极的成效。

长三角的主要城市在上个世纪末开始也都逐渐在总体上加大环境污染治理和生态环境保护过程中的投入,在总量和比例上都体现出较高的水平。

首先,从表11-3可以看出,2000年后长三角16个主要城市的污染治理投资额总量上有较大的增加。尽管不同年份有所起伏,但污染治理投资项目有着周期较长的特点,某一年份的大规模投入后需要数年的消化吸收。总的看来,各年度投资额的增长是较快的。这一点在上海等城市的环境基础设施建设投资上也有所反映(见图11-1)。

表11-3 长三角16个城市历年污染治理投资额(万元)①

年份 城市	2000年	2001年	2002年	2003年	2004年	年均水平
上海市②	1 419 100	1 529 300	1 623 900	1 915 300	2 250 000	1 747 520.00
杭州市	307 068	261 181	413 945	65 554	302 000	217 713.50
宁波市	322 613.4	14 745.9	29 874	28 426	226 000	118 646.66
嘉兴市	75 605	72 471.6	151 192	244 854	147 700	89 393.72
湖州市	2 249	3 320.4	87 648	9 317	114 300	43 366.88
绍兴市	4 281	63 698.3	200 904.5	31 429	227 000	92 722.90
舟山市	3 457	635	18	414	13 300	3 437.80
台州市	8 848	74 032	187 103	34 744	165 300	94 005.40
南京市	208 349	17 639	13 312	16 260	—	63 890.00
无锡市	246 631	65 605	87 836	102 151	—	125 555.75

① 数据来源:上海市环境统计公报(2000—2004),浙江省统计年鉴(2000—2004),江苏省统计年鉴(2000—2003)。

② 上海数据为环境保护投资,包括污染治理投资、城市环境基础设施建设投资、环境保护能力建设投资等。

(续表)

年份 城市	2000年	2001年	2002年	2003年	2004年	年均水平
常州市	6 986	136 218	158 419	36 439	—	84 515.50
苏州市	29 023	322 983	17 509	20 540	—	16 768.00
南通市	6 844	15 508	24 149	11 267	—	14 442.00
扬州市	8 893	116 620	121 165	38 069	—	71 186.75
镇江市	4 860	104 280	104 767	10 012	—	55 979.75
泰州市	8 024	44 503	91 854	16 671	—	40 263.00

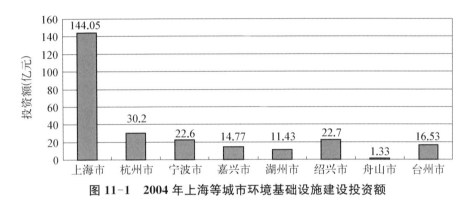

图 11-1　2004年上海等城市环境基础设施建设投资额

从各个城市在环境污染治理投资的规模上来看,长三角上海市以外的其他15个城市大致可以分为三类:第一类是年均投资规模10亿元以上的,其中有杭州市、无锡市和宁波市;第二类是年均投资规模在5亿元到10亿元之间的,其中有台州市、绍兴市、嘉兴市、常州市、扬州市、南京市和镇江市;第三类是年均投资规模在5亿元以下的,有湖州市、泰州市、苏州市、南通市和舟山市。

其次,从环境保护投资在GDP中所占的比例来看,长三角地区的环境保护投资程度远远超过国家平均水平(见表11-4)。江浙沪三地的水平基本上持平,其中上海的投资比重稍大,表明了上海近年来对环境保护特别重视。

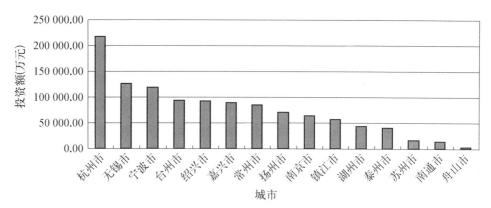

图 11-2 长三角年均污染治理投资规模比较

表 11-4 全国和长三角地区历年环保投资占 GDP 的比重(%)①

	全 国	上 海	浙 江	江 苏②
1999	0.011 405	0.027 651	0.022 718	—
2000	0.011 859	0.031 181	0.028 083	—
2001	0.011 371	0.030 89	0.029 316	—
2002	0.012 963	0.030 024	0.025 495	—
2003	0.013 945	0.030 641	0.028 272	0.023 461

11.2.1.2 长三角地方政府是城市环境保护投资的主要推动者

环境保护投资的产出是公共产品,它的投资属于公共决策领域。美国经济学家史蒂文斯在理论上指出公共产品的供给有四种主要的模式③(1993,史蒂文斯),分别是完美仙女型、次完美仙女型、当选供给者一般型和邪恶女巫

---

① 数据由中国统计年鉴(2000—2004),上海统计年鉴、环境统计公报(1999—2004),浙江统计年鉴、环境统计公报(1999—2004)、江苏统计年鉴、环境统计公报(1999—2004)整理而得,下文中的统计数据如无特别注明,也都整理自上述统计年鉴。
② 江苏 2003 年的环保投资由污染治理投资和城市基础设施建设投资加总而得。
③ 史蒂文斯,《集体选择经济学》,上海人民出版社,1994 年。

第11章 长江三角洲地区环境保护投资与经济增长的比较分析

型,其区分的关键标准是政府对于公共决策领域的介入意愿和程度。在他看来,政府对于公共决策领域的过多和过少干预都会产生消极影响,而多少的判断依据是供给的效率,政府应该在市场能有效供给的领域退出公共产品的供给。数据分析表明,总体上长三角的环境保护投资是由政府推动的,但对于不同环境保护投资领域的重视却是有所区别的。

(1) 在公共性质较强的领域,政府是主要推动者。

目前长三角环境保护投资主要是由政府推动的,属于政府主导型供给模式。在环境保护投资的支出中,除了工业污染治理投资中政府介入程度较少外,在公共外部性较强的环境基础设施建设和环境管理能力建设基本上全部是由政府公共支出产生的,城市环境基础设施建设的投资额在整个环境保护投资中占据着很大的比重(见表11-5)。以上海和浙江为例,基本上所有年度的比重都超过了70%,远远高于同期的全国水平,这说明了在长三角政府在环境保护中所起的决定性作用。

表11-5 长三角历年环境基础设施建设占环保投资总额的比重(%)

	全 国	上 海	浙 江
2000年	0.528 756	—	0.727 209 769
2001年	0.538 316	—	0.681 329 424
2002年	0.575 987	0.782 006 281	0.753 573 657
2003年	0.658 76	0.752 101 498	0.727 566 321
2004年	0.597 296	0.740 461 402	—

(2) 在公共性质较弱的领域,政府的作用在弱化。

在环境保护投资中公共外部性较弱的工业污染治理部分,长三角地区的政府在逐渐减少介入程度。理论上,工业性污染属于企业市场化生产行为的后果,应本着"谁污染、谁治理"的原则由企业自身去治理。长三角的统计数据表明,工业污染治理过程中,政府的作用明显不如环境保护基础设施来得强,中央和地方政府只共同承担了其中的小部分(见表11-6)。其比重低于全国水平,其中除了江苏的比重稍高以外,上海和浙江的比重都在10%以内。

表 11-6 长三角政府支出在工业污染治理投资中的比重(%)

	全 国	上 海	浙 江	江 苏
2000 年	0.287 755 843	—	—	0.157 819 225
2001 年	0.298 780 711	0.077 859 249	0.023 911 871	0.283 229 01
2002 年	0.301 303 928	—	0.036 068 169	0.324 632 26
2003 年	0.140 333 889	—	0.074 641 148	—

11.2.1.3 长三角环境保护地方性公共支出的重点集中于城市环境基础设施建设领域

在市场逐渐完善的过程中,政府公共支出的领域也会有所变化,体现在公共支出的规模和范围上就表现出对于不同支出项目的侧重。特别是对于地方政府而言,在环境压力不断增大的情况下,倾向于将其公共预算投入对本地区环境保护有着明显作用的领域。

(1) 地方性环保支出的重点是城市环境基础设施建设。

政府对于环境保护的投资可以分为中央政府和地方政府两部分,其中前者主要投向污染源治理领域,后者主要投向城市环境基础设施领域。表 11-5 和图 11-3 的数据共同表明,在长三角地区,扣除小部分的国家预算内资金后,地方性环保公共支出集中于城市环境基础设施领域,投入水平高于全国。

(2) 地方政府对于环保投资的积极性低于全国水平。

与地方政府在城市环境基础设施建设中的热情相比,长三角地方政府对于工业污染治理的投资水平低于全国。从中央和地方在工业污染治理公共支出中的分配结构可以看出(见图 11-3 和图 11-4),地方政府显然缺乏投资的积极性,其投入规模远低于国家预算内支出规模,这一特点与长三角地方政府对于工业污染治理的态度是一致的。

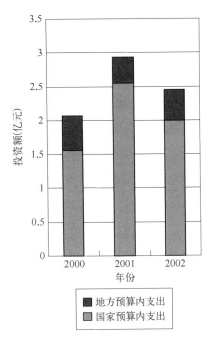
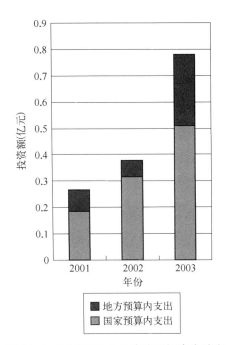

图 11-3 江苏省工业污染治理投资中地方预算和国家预算支出的结构

图 11-4 浙江省工业污染治理投资中地方预算和国家预算支出的结构

11.2.2 长三角地区环境保护支出的动因

环境库兹涅茨曲线是国际环境经济学界提出来的旨在说明一国经济发展水平和环境状况之间关系的曲线,认为一国经济发展之初,环境将会恶化,而随着经济的逐步增长,环境会在某一时刻出现好转,其临界值大约在人均 GDP 5 000 美元左右。目前,受各种条件限制,经济发展水平与环境状况之间的这一经验关系还没有完全在我国得以验证,但从长三角地区环境保护公共支出的特点来看,该地区的环境保护事业确实分享到了经济发展的成果,较高的经济发展水平对环境保护发挥着关键的促进作用,而不断增大的资源环境压力和逐渐提高的公众环保意识也在很大程度上激发了社会对于环境保护的需求,从而推动了长三角地方政府的环境保护公共投资。

11.2.2.1 较高的经济发展水平是实现环境保护投资的前提和基础

长三角3省市环境保护投资的规模不仅在总量上,而且在程度上都远远高于全国平均水平,同时也高于其他地区,这主要受益于长期经济高速发展带来的成果。随着经济的增长,它对环境的正向反馈能力越来越强,较高的经济发展水平正是实现环境保护投资的物质前提和基础。

(1) 长三角环境保护投资水平的横向地区比较。

将长三角地区的环境保护投资水平与全国以及国内其他省市相比,长三角地区的环境保护投资水平院高于国家水平和其他落后地区,但也低于其他经济更为发达的地区。从全国选取7个省市做比较,以人均GDP作为经济发展水平的代表性指标,以人均环境保护投资作为环境保护投资水平的代表性指标,数据表明两者之间显然存在着正相关关系(见图11-5)。以2003年为例,上海市人均GDP在7个地区中是第2位,同期人均环境保护投资水平为第一,而浙江省人均GDP在7个省市中排在第4位,同期的人均环境保护投资也排在第4位。

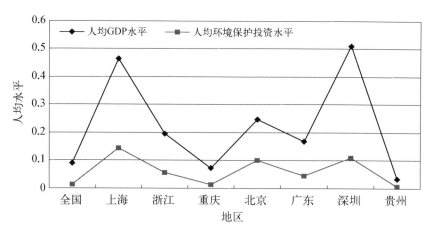

图11-5 经济发展水平与环境保护投资程度

(2) 长三角环境保护投资水平的纵向时间比较。

经济发展水平与环境保护投资规模之间的正向规律同样体现于长三角

地区自身，城市环境保护投资规模扩大背后正是经济的逐年增长，经济的增长为城市环境基础设施建设和污染源治理提供了强有力的资金保证。图11-6以上海为例，近十多年来，上海经济一直处于2位数的增长速度中，这使得其环保投资不仅在人均规模上，而且在相对于GDP的比重上，都有较大的增长，分别从1991年的人均环保投资不足100元、占GDP比重不足1%上升到2003年的1 663元和3.02%。

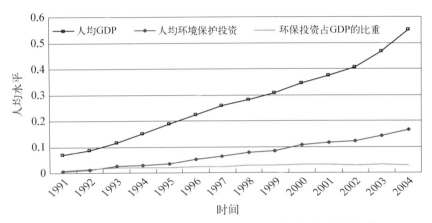

图11-6　上海市经济发展水平与环境保护投资规模的比较

11.2.2.2　资源环境压力的增大和公众环境意识的提高是实现环境保护投资的推动力

较高的经济发展水平在客观上为环境保护投资的实现提供了物质保证，但上述分析告诉我们，长三角环境保护投资的最终实现离不开政府——尤其是地方政府——的主导和推动。那么，政府究竟出于什么动机去增加环境保护的投资呢？就长三角地区而言，到底是什么因素最后推动了这些处于较高发展水平下的地方政府去加大环境保护投资的规模呢？其中的原因主要有两个，一个原因是工业化的传统经济增长模式在庞大人口基数上给长三角地区带来了越来越大的资源环境压力，另一个原因则是居民收入水平增长下的公共环境意识的提高给当地带来了环境保护的更高需求。

(1) 长三角地区资源环境压力的增大。

传统经济增长模式体现在长三角20多年工业化进程中的主要特点是高投入、高消耗、高污染和低产出,这一过程需要耗费大量的资源、能源,同时以出口加工为导向的外向型产业结构中必然存在着大量的高污染性行业,从而在资源、能源和环境等方面给长三角地区带来了巨大的压力(见表11-7),表11-7表明在废水、废气和固体废气物等压力指数以及资源压力指数上,江浙沪地区基本上都高于全国水平,其中上海市远远高于全国水平,充分说明经济增长对资源环境造成的压力。这一压力又在庞大的人口基数及其流动性增长中不断得到强化,在由人口数量、生存空间和人口素质三方面构成总值为1的可持续发展人口压力指数上,江浙沪2003年度的指数分别为0.41、0.37和0.38,都高于全国水平0.32[1]。巨大的资源环境压力以及人口压力给长三角地区的社会经济协调发展带来了危机,只有大规模地展开环境保护投资才足以扭转传统增长方式下的弊病,从而化解协调发展的危机。

表11-7 2003年长三角地区生态资源、环境总压力

地区	废水排放压力指数	固体废弃物压力指数	废气排放压力指数	环境污染压力指数	可持续发展环境压力指数	资源压力指数
全国	0.42	0.43	0.41	0.4	0.39	—
上海	1	0.79	1	0.95	0.6	0.69
江苏	0.49	0.49	0.47	0.45	0.36	0.29
浙江	0.51	0.37	0.44	0.41	0.24	0.29

(2) 长三角公众环境意识的改善。

经济增长的一个显著成果是极大地提高了居民的可支配收入,国外学者的研究表明,居民可支配收入的提高从而带动居民环境偏好的变化是实现环境库兹涅茨曲线转折的一个重要微观机制。就环境保护投资而言,居民收入

---

[1] 《中国城市发展报告》,中国统计出版社,2004年。

的提高有两个方面的影响,一方面是改善公众环境意识,带来公众对于良好生存环境的更高要求,体现为公众对于环境保护投资供给的需求;另一方面是改善公众环境意识,带来公众自身环境保护支付意愿的提高,体现为公众自身对环境保护的支付。这两方面影响都可以最后促使环境保护投资的增加,不同的是,前者将增加环境保护的公共投资,后者将促进环境保护的民间投资(消费)。

就长三角地区而言,居民收入在过去的20年里得到了长足的增长(见表11-8),因此客观上使得公众对于良好生态环境有了更高要求,但与此同时公众生态支付倾向却没有得到相应的提高,从而造成较高的公众环境保护意识和较低的实际支付意愿之间的背离,居民收入增量无法在民间层次规模化地转化为环境保护投资,结果必然导致政府在环境保护投资中发挥主导作用。

表 11-8 长三角地区人均国内生产总值　　　　　　单位:元

年　份	1995	1996	1997	1998	1998	1999	2000	2001	2002	2003	2004
江苏省	7 299	8 447	9 344	10 021	10 021	10 699	11 773	12 922	14 391	16 809	20 852
浙江省	8 074	9 455	10 515	11 247	11 247	11 981	13 461	14 655	16 838	20 147	23 942
上海市	18 943	22 275	25 750	28 253	28 253	30 805	34 547	37 382	40 646	46 586	55 089

11.3　长三角城市环境保护投资的矛盾分析

作为经济发展与环境质量之间的中间变量,环境保护投资既是地区经济发展的成果,也是地区环境质量得以改善的物质基础。在地区环境保护投资过程中,投资主体必须考虑两方面的外部性:一是环境污染的跨界性,也就是一定范围之内的相邻地区间往往构成一个完整的生态系统,某一地区的环境污染可能损及生态系统内另一地区,在另一地区造成的污染程度可能高于本地区,这意味着某地区经济增长的污染后果并不限于本地区;二是环境治理的跨界性，区域内其他地区乃至整个区域的生态环境会得益于区域内关键生态地区的环境改善，而区域内非关键生态地区的环境改善却只能主要利于其自身，这意味着同样规模的环境保护投资对于区域环境改善有着不同的效果。

长三角地区（或泛长三角地区）就在一定程度上构成了一个自成体系的生态系统，无论是从自然的生态资源角度、流域角度，还是从后天的社会人口角度、经济产业角度来看，长三角各地区间都有着天然的不可分割的依赖性，社会、经济、生态、环境上一体化程度的提高将是长三角长期发展的必然结果。这决定了上述两种外部性同样体现在长三角地区中，长三角地区各城市的环境保护投资也必须考虑这两种外部性效应，否则环境保护的努力将会事倍功半。就目前的情况而言，虽然长三角地区的环境保护投资在量上取得了一定的成绩，但由于没有很好地加强地区间在环境保护投资上的协调，致使整体看来，环境保护投资对于环境污染的化解效率较低，经济发展的成果并没有通过环境保护投资的提高惠及环境质量。同时，由传统经济增长方式向新型工业化道路转换进度的缓慢、城市化进程的加快、产业同构、技术落后、外来资本的超国民待遇等因素也都在不同程度上削弱了环境保护投资的效果，从而进一步加剧了长三角地区的环境污染程度。

11.3.1　长三角环境保护投资的问题

11.3.1.1　环境保护投资对于区域总体环境状况的改善作用较弱

11.3的分析告诉我们，从地区经济增长总量中衍生出来的环境保护投资占用了大量的资金，最大化地提高其利用效率、改善区域环境质量是理性投资主体的终极目标。但现实看来，政府主导下的长三角环境保护投资的大规模增加并没有带来区域环境质量的好转。以上海和浙江近年来的空气质量为例，在地区空气中的总悬浮颗粒物浓度、可吸入颗粒浓度、二氧化硫浓度、二氧化氮浓度、酸雨比率、pH值等指标上(见表11-9和表11-10)都可以看到环境状况非但没有得到改善,还在一定程度上继续恶化。

表11-9 上海市历年环境空气质量

指标	1999	2000	2001	2002	2003	2004
二氧化硫年日平均值(毫克/立方米)	0.044	0.045	0.043	0.035	0.043	0.055
二氧化氮年日平均值(毫克/立方米)	0.099	0.090	0.063	0.058	0.057	0.062
可吸入颗粒平均浓度(毫克/立方米)	0.168	0.156	0.100	0.108	0.097	窗体顶端 0.099 窗体底端
降水pH平均值	—	5.2	5.2	5.4	5.2	4.92
酸雨频率(%)	—	26.0	25.2	10.9	16.7	32.7

表11-10 浙江省历年环境空气质量

指标	2001	2002	2003
总悬浮颗粒物	0.137	0.141	0.148
二氧化硫年日平均值(毫克/立方米)	0.008	0.012	0.02
二氧化氮年日平均值(毫克/立方米)	0.024	0.027	0.03
可吸入颗粒平均浓度(毫克/立方米)	—	—	0.093
降水pH平均值	5.6	5.6	4.5
酸雨频率(%)	75.5	83.7	84.3

11.3.1.2 环境保护投资分布不平衡,环境公共品的正外部效应受到限制

环境保护投资在总量增加的同时分布很不平衡,不仅在次区域层次上显现出不平衡,而且在城乡间也有着很大的差异,结果是关键生态区没有得到很好的保护,非关键生态区却占据了大部分的环境保护投资。这从长三角区

域整体上来看,显然不符合资源系统优化配置的要求,就此而言,不协调分布的结果使得次区域环境保护投资只能取得事倍功半的效果。

(1) 上海的环境保护投资水平高于江浙。

在整个长三角地区中,从自然的生态区域角度来看,上海市是从属于江浙两省的,也就是说它在生态系统中的重要性低于江浙两省,但由于上海有着优于其他两省的经济地理区位,获得了较高的经济增长水平,从而带动了环境保护投资,上海市的人均环境保护投资水平远高于其他两省(见图11-5)。

(2) 城市市区的环境保护投资水平高于农村地区。

从城市次区域内部来看,环境保护投资过于偏向城市市区,而在一定程度上忽视了城郊和农村地区,这在环境基础设施建设投资中表现尤为突出。以江苏为例,1993年全省环境基础设施建设投资为258.85亿元,其中的60.9%被投于各个城市市区,总计157.65亿元①。这充分说明了政府在城市居民环境保护意识大大提高的情况下对于城市环境保护的重视。但从其发挥的投资效果来看,对广大农村地区环境保护的忽视显然削弱了环境保护投资的功效。

(3) 次区域中心区的环境保护投资水平高于边缘地区。

长三角地区的各个次区域(即江浙沪三省市)中心城市环境保护投资水平明显高于边缘城市,比如省府所在地、计划单列市等经济发达地区往往有着较高的环境保护投资水平,但在长三角次区域交界地带环境保护投资水平则较低。特别是在一些流域交界地带,环境保护投资水平更低,从而在生态系统中造成了生态保护的空当地带和薄弱环节。

环境保护投资分布的不平衡既大大削弱了环境保护公共品本应发挥的外部性效应,又使跨界污染源得不到有效遏制,恶化了那些对区域环境改善有着重要影响的生态关键区环境质量,这也是次区域、中心城市和城区的环境保护投资在改善环境质量过程中收效甚微的原因之一。

---

① 江苏统计年鉴(2004)。

11.3.2 长三角环境保护投资问题产生的原因

长三角环境保护投资中出现如上问题的背后有着各方面的原因,既有来自总量扩张的因素,也有来自结构性失调的因素,综合起来共有以下三个主要方面。

11.3.2.1 人口、经济总量上的扩张客观上增加了地区资源环境压力

长三角地区资源压力的增大主要来自人口总量增长和经济总量增长两部分。这两个因素分别从消费和生产资源、生活和生产排污两个方面影响着长三角的环境质量,同时又在循环往复地相互作用,不断加大对环境的压力。来源于生育和流动两部分的人口增长对经济发展提出了更高的要求,而经济的高度发展又持续地对外地区人口产生吸引,从而促使人口增加。最后的结果是城市化水平不断提高,加速地挤压着本来就狭小的生态环境空间。这在短期内技术水平和经济增长模式无法得到改善的条件下,势必引起环境的恶化。这种恶化程度一旦超出生态环境自身的承载能力,现有的环境保护投资规模显然将无能为力,它仅能发挥的作用只是降低环境恶化的速度,而无法扭转环境恶化的趋势。

11.3.2.2 区域经济一体化程度较低带来的重复建设增加了地区资源环境压力

长三角地区尽管有着天然的自成一体的生态系统,但由于市场化程度经历多年发展而达到较高的水平,江浙沪的市场化综合指数达到76.07%、78.38%和73.48%,使得区域内产业分散开发、经济发展路线接近、发展水平相当。洪银兴、刘志彪等(2003)研究表明,长三角区域内各地区很容易形成竞争局面,具体体现为区域内经济一体化程度较低,地区内部产业存在大量

的低水平重复布局和恶性竞争,产业结构在第二产业即制造业上形成高度同构,这些都会在市场主体缺乏负外部性制约时弱化区域整体生态环境自我调整功能,对水、土、大气等资源环境造成负面影响。

另外,出于低水平重复建设的需要,长三角次经济区域在投资效率难以提高的同时都或多或少地患有投资饥渴症,投资成为拉动地区经济增长的主要手段,导致各地区在吸引外资上也出现恶性竞争的局面,以牺牲资源环境为代价盲目地争相吸引各种外来投资。这不仅进一步加大了长三角地区的资源压力,而且所吸引的大量夕阳产业给长三角带来了环境污染的后遗症。

11.3.2.3 区域内各地区发展缺乏协调

受行政体制的影响,长三角区域内各地区不仅在经济发展上缺乏合作、协调,而且在环境保护投资等公共产品的供给上更是缺乏统一的行动,主要体现在两个方面。

(1) 在市场化程度较高的制造业产业领域缺乏规划性协调。

各地区政府在经济政策上缺乏规划性协调是导致产业低水平重复建设的主要原因,由于行政管理体制中的横向沟通不畅和信息不对称,致使各地方政府在制定经济发展规划时,存在着矛盾和冲突,导致产业高度同构,竞争性大于合作性,横向规模扩张型投资大于垂直范围扩张型投资。再加上长三角地区内各城市存在不同程度的地方保护主义,使得在产业层次无法实现优势互补,从而造成资源和环境产品的浪费。

(2) 在市场化程度较低的环境保护投资等公共品领域缺乏行政性协调。

环境保护投资在地区上的不平衡充分说明了地区政府间缺乏行政性协调机制,在政绩考核机制的作用下,各地方政府都从自身环境保护的需要出发,按照相似的标准制定相应的环境保护投资规模和范围,既造成了中心城市、市区等生态环境领域的重复建设,也造成了对乡村、边缘地带和跨界污染源等一些重要生态环境保护领域的忽视。

第11章 长江三角洲地区环境保护投资与经济增长的比较分析

同时,与环境保护投资相配套的环境保护机制在次区域间和城市间缺乏协调,雷同的生态规划使得区域内各大大小小城市都成为一个个独立的生态体,忽视和违背了相互之间的生态依赖性和互补性,使得在生态层次无法实现优势互补和取长补短。

最后,各自为政的财政预算体系不仅阻碍着环境保护的跨地区和跨城市投资,不利于维持作为整体的区域内外生态系统平衡,而且在政府公共支出过程中,有效评估体系的缺位又大大地降低了现有环境保护投资的效率。

11.4 长三角区域环境保护投资发展的前景分析

长三角区域环境保护投资目前仍然在不断扩大规模和范围,总体上对地区环境保护发挥着积极的作用。从其特点和矛盾出发,长远地看,未来的发展应该结合长三角区域特征主要考虑解决三个区域层次的问题。

首先,在次区域层次上提高现有环境保护投资资源的单位利用效率。长三角区域环境保护投资必然是由各次区域共同承担、各自出资的,在尚无法构建统一的分担体制前,应该完善环境保护投资体制,吸引民间资本的进入,扩大环境保护投资的规模,并进一步提高现有环境保护投资对于改善本地区生态环境的利用效率。

其次,在区域层次上改善次区域间的合作、协调,进一步发挥次区域环境保护投资对周边地区的辐射功能。环境保护投资对外的辐射功能不仅体现于本地区环境保护投资对当地生态环境的改善上,还体现于通过对外地区的主动投资来反馈影响本地的生态环境,这将大大提高区域生态一体化程度和投资的总体效率。

最后,在跨区域层次上改善长三角地区和周边区域在环境保护投资和机制上的协调。从更大的范围来看,长三角仍然是各生态系统(如长江流域系统)中的子系统,既要发挥好长三角子系统对所处更大生态系统的功能性作用,又必须注意适当地加大对那些调节着长三角子系统生态环境的其他子系统的保护性投资。目前这一过程仍停留在由国家主导的较为初级的协调层次上,作为有经济实力的长三角地区应该考虑加强对周边区域的保护性投资。

出于以上三个区域层次发展的考虑,长三角地区应从经济发展模式、政府主导能力和政府协调机制三个重点领域继续推进区域环境保护投资的发展。

11.4.1 经济发展依然是实现环境保护投资的强有力保障

尽管环境库兹涅茨曲线目前在中国没有得到完整验证,但其中所揭示的经济发展初期工业化与环境质量恶化并存的规律在长三角地区却是有所体现的。这使我们有理由相信随着经济的继续发展,经济发展质量提高和技术进步将会促使环境质量在某一个时期后出现好转,环境保护投资改善环境的效果也将会越来越明显。因而,继续保持经济的高速增长和健康发展不仅是实现更大规模环境保护投资的唯一基础,也是改善环境保护投资效果的重要前提。

11.4.1.1 以经济增长来促进环境保护投资的规模

(1) 经济增长可以提高政府环境保护投资能力。

政府主导型的公共品投资体制下,环境保护投资的绝对和相对规模在很大程度上取决于政府的财政支出能力。从宏观角度来看,经济增长一方面可以增加政府的财政收入,政府尤其是地方政府财力的增加可以增强政府对于生态环境的干预能力,特别是对于促进当地生态环境改善的建设项目有着决定性的影响。另外一方面,经济增长到一定水平后,长三角地区的政府越来越多地退出非公共品领域的干预,这使更多的财力被政府从其他领域解放出来,转向环境保护投资。

(2) 经济增长可以增强居民的生态支付倾向,扩大环境保护投资来源。

第 11 章 长江三角洲地区环境保护投资与经济增长的比较分析

经济增长促进环境保护投资规模扩大的另一个源泉来自微观领域,生态环境保护投资总体上属于公共品领域,理应由政府供给,但居民作为生态环境改善的直接受益者,应该或多或少地以不同形式参与供给过程,经济增长带来的居民收入提高可以增强公众参与生态环境保护的倾向和能力,即提高公众的生态支付倾向。一方面,居民可以通过不同途径参与一些准环境公共品的供给过程,如城市绿地建设、水体环境改善等;另一方面,居民可以通过购买环境福利彩票、基金等形式参与公益性的环境保护事业,这两个方面都可以和政府的环境保护公共投资形成互补关系。

11.4.1.2 以经济健康发展来降低资源环境压力,改进环境保护投资的效果

长三角地区经济总量增长在扩大环境保护投资规模的同时,必须改变自身的增长模式和结构,从根本上降低经济增长对资源环境的压力,从而提高环境保护投资改善环境状况的效果。

(1) 改变增长模式,实现更为科学的发展。

首先是转变传统的经济增长模式,调整长三角地区的产业结构,优化经济结构布局,不仅在区域内部实现合理的分工体系,形成上海的金融服务业、江苏、浙江制造业和现代高效农业之间的产业分工合作关系,而且应从对外、对内两个辐射纬度提升产业档次,充分发挥地理优势,以技术创新为导向,减少和转移高投入、高消耗和高污染的产业。只有当增长模式从传统的投资积累型转为新型的效率促进型,长三角地区的资源环境压力才有可能从根本上得到改善。

(2) 提高经济发展的一体化程度。

除了在分工格局上构建合作关系,长三角地区还应在市场准入、技术创新平台、基础设施建设、吸引外资和产品标准化等领域提高一体化程度,通过较高的一体化来提高经济发展的有效性和整合度,产生 1 加 1 大于 2 的效应,这不仅减少单位产出的资源环境耗费,也进一步改进环境保护投资的效果、

为扩大环境保护投资的来源创造条件。

11.4.2 现阶段应该继续加强政府对于环境保护投资的主导作用

国内外的经验表明,在经济发展水平较低时,政府应该主导市场失灵的公共品领域投资,如基础设施建设领域,以此来带动经济的发展。我国现有环境保护投资体制决定了在将来很长一段时间内,长三角地区政府仍然是环境保护投资的主要承担者,在经济增长继续对资源环境造成较大压力的条件下,政府应继续发挥主导作用,不仅加大环境保护投资的规模,还可以通过制度创新,吸引民间资本进入环境保护投资领域,扩充环境保护力量。

11.4.2.1 继续加大环境保护投资的力度

政府对于环境保护投资的主导作用首先体现于继续增大环境保护投资的力度上。11.2 的分析表明长三角地区环境保护投资的已有规模在总量和人均水平上都处于全国的前列,但相对于日益恶化的环境质量(表 11-1 和表 11-2)和增长更快的污染水平,仍显得力度不够,特别是在某些环境保护领域投入明显不足。从结构上来看,包括工业污染治理在内的污染源治理在整个环境保护投资中所占的比重较低,这一部分在政府环境保护公共投资中所占比重更低,在市场主体环境意识和支付能力无法得到迅速提高的情况下,地方政府的退出无疑在一定程度上削弱了环境保护投资的力度和效果。另外,从地区分布上来看,非中心区域的城市和乡村地区以及行政区交界地带、跨区域交界地带的环境保护投资力度较弱,但从生态系统的角度看,这些地区往往是关键的生态区,对整个长三角地区生态系统保护有着重要作用。政府应该继续加强这些薄弱环节的环境保护投资,这对已有的环境保护投资将起到事半功倍的积极影响。加大环境保护投资力度的具体措施可以是立法规定投资的年度增长幅度,也可以是规定其与国民生产总值的比例,如上海市环保三年行动计划。

11.4.2.2 增强公众的环境保护意识

政府对于环境保护投资的主导作用还体现于通过增强公众环境保护意识,以提高公共和非公共性质环境保护支出对环境质量改善的效果。作为环境保护投资项目的受益者,公众环境意识的增强不仅可以使公众在环境保护投资决策阶段发挥参谋作用,促进建设项目的针对性和有效性,也可以使公众在环境保护投资项目建设过程中发挥监督作用,提高建设效率,在环境保护项目建成后发挥保护作用,提高利用效率;另外增强公众环境保护意识还可以改进公众的生态支付意愿,为环境保护筹集更多资金。增强公众环境保护意识的具体措施可以是加大环境保护宣传,建立环保投资的听证会制度,也可以通过设立环保彩票、专项环保基金来激发公众的兴趣。

11.4.2.3 完善公共产品投资制度,为民间资本进入创造更好的环境和条件

政府在环境保护投资中的主导作用最后还体现于完善公共品投资机制,以更灵活的政策为有兴趣涉足环境保护投资领域的民间资本提供空间。受政府财力的限制,环境保护投资规模确实无法在短期内得到很大的提升,政府的投资应该侧重于对重要、关键、纯公共生态环境领域的保护,而向民间资本开放有市场化基础、民间投资主体感兴趣、公众有支付意愿的生态环境保护领域,同时也在回报率、税收等方面为民间资本的进入创造条件。譬如,可以在城市绿地建设、景观建设等领域尝试房产开发、生态建设一体化的政策,以及在城市环境基础设施建设过程中引入 BOT 等投资方式。

11.4.3 建立、完善区域政府间在环境保护投资上的协调机制

如前所述,长三角地区环境保护投资的一个突出问题是政府间缺乏有效的

协调机制,这是因为长三角各个地区在生态环境上有着较高的依赖性,环境保护措施的脱节将导致投资浪费、效率低下。目前长三角地区政府间的协调机制仅停留在沟通层次,也就是在信息上互通有无,还不能在各个领域发挥真正合作、整合的作用,这在环境保护投资的协调上体现得尤为突出,其结果是地区政府各自为政,次区域环境保护投资缺乏长三角区域生态系统意义上的科学性和合理性,造成投资资源的浪费和效率的降低。出于前述三个层次区域协调的需要,可以在以下几个方面建立和完善政府间的环境保护投资协调机制。

11.4.3.1 组建跨地区政府间的环境保护工作小组

建立和完善政府间在环境保护投资上的协调机制首先可以通过组建跨地区政府的环境保护工作小组来整合各地的环境保护投资力量,工作小组的机制可以仿效联合国内部一些国际性组织的工作方式,既保持各地区政府在环境保护投资上的控制权,又赋予该小组加强沟通、统一行动的权力。该小组主要着重于从制度建设上为政府间在环境保护投资上的协调提供平台,初期可以在环境保护宣传教育、环境质量调查、生态保护规划、环境保护科研、企业排污监督、环境保护投资体制改革等领域发挥协调功能,为投资资源实现行政体制上的最终统一调配创造基础。同时,该小组还将肩负与长三角之外周边地区政府在环境保护投资上的统一沟通功能,这无疑将增强长三角与周边区域的协调能力。

11.4.3.2 制定统一的生态环境保护规划和行动纲领

在组建跨政府的环境保护工作小组基础上,接下来的首要任务是在长三角区域范围制定统一的生态环境保护规划和具体的行动纲领。目前长三角各次区域以及各城市、区县都制定了详细的生态发展规划,确定了在几年内建成生态省、生态市、生态区/县,甚至生态镇、生态村的目标,其出发点是积极的,但细究后可以发现,各地区间的生态规划极为雷同,生态仿制意味着若干年后在长三角将出现生态的重复建设,这显然有违区域生态系统对多样化的基本要求,必将带来负面影响,降低环境保护投资的效率。因此,要从生态规律本身出发来保护生态系统,就必须在整个区域乃至跨区域层次上制定生态发展规划,并在具体的环境保护过程中确立统一的行动纲领,包括环境保护投资的规模和具体范围等,从各地实际情况出发有所侧重地赋予一定的生态功能,使各地区之间在生态上既有竞争又有合作,提高整个区域多样化水平,从而提高生态环境保护投资的效率。

11.4.3.3 统一环境保护公共投资的调配

建立和完善政府间环境保护投资协调机制的终极体现是在上述两个方面的基础上实现各地区投资资源的统一调配。由现有政府财政支出体制决定的地区环境保护投资资源的分散化和决策过程的独立性显然违背了生态系统的整体性要求,极大地抵消了环境保护投资的正面作用。跨地区的环境保护工作小组在制定区域生态发展规划后,应逐渐努力打破环境保护投资过程中的行政性分割,在规划基础上聚集各地区的投资资源,然后按照生态系统的要求从重点、关键、薄弱等环节等开始,加强投资的统一调配,最大限度地提高投资的正面辐射能力,发挥环境保护投资在环境质量改善中应有的作用。

11.5 结语

环境保护投资是实现地区经济增长与环境质量协调发展的重要调节杠杆,有限的政府财政支出能力和不断加剧的环境污染状况是当前长三角区域环境保护投资面临的两大挑战,只有提高现有环境保护投资的效率才能在既有的经济增长框架内实现维持环境保护投资较低规模和有效改善环境质量之间的平衡。对于长三角地区而言,提高环境保护投资效率最为行之有效的途径就是继续加强政府主导作用,提高次区域政府间在环境保护上的合作水平和协调能力。

第12章

企业环境信息披露的
实践与理论[①]

① 蔡佳楠是本章共同作者。

12.1 引言：企业环境信息披露的由来

作为实现可持续发展的有效手段之一，企业社会及环境信息披露可以追溯至20世纪70年代早期，从最初的雇员报告到社会报告，再到环境报告、三重底线报告[1]，发达国家的企业自愿进行社会及环境信息披露已超过三十年[2]，多样化的披露形式涉及新闻、公告、年报、独立的环境报告等。在中国，环境恶化同样成为社会日益关注的问题，企业污染事件的频发正将中国的企业环境信息披露推向环境保护的前线[3]。

另一方面，环境信息不仅可用于投资者和金融分析师对公司的整体评估与环境风险预测，更可为政府的有效环境管理、公众的自我权益维护等提供依据。因此，对于企业本身而言，提供环境信息披露既是外部金融市场的要求，也是自身树立良好形象的契机[4]。

然而，对比中外之间在上市公司环境信息披露方面的相关资料，无论是

---

[1] Buhr N. Histories of and Rationality for Sustainability Reporting. In Sustainability Accounting and Accountability [M], Unerman J, Bebbington J, O'Dwyer B (eds). Routledge: London and New York; 2007. 57-68.

[2] Tilt CA. 1999. The Content and Disclosure of Australian Environmental Policies, http://www.socsci.flinders.edu.au/business/research/papers/99-4.htm [2 May 2008].

[3] Xu, X. D., Zeng, S. X., & Tam, C. M. Stock Market's Reaction to Disclosure of Environmental Violation: Evidence from China [J]. *Journal of Business Ethics*. 2012, 107(2), 227-237.

[4] Guo Peiyuan. Corporate Environmental Reporting and Disclosure in China. Edited by Richard Welford School of Public Policy and Management, Tsinghua University, Beijing, 2005.

学术研究还是披露的内容与形式都存在一定差距。在学术研究上,国内有关环境绩效和环境信息披露的相关性研究尚属于起步阶段,2008年之前的研究少之又少,对其相关变量的实证研究更是屈指可数。但国外学者也未就此问题得出一致结论,尚存在无显著关系、负相关、正相关、U形关系四种主张[①]。最后一种关系虽为较多文献所认可,但仍有待商榷之处。此外,在披露的具体内容中,大多数信息都是企业应政府要求而公开,缺乏便于公众解读的设计。例如,披露方式的多样化使得如何从各个方式中获取所需环境信息数据成为一个亟待解决的问题;政府也未主动将披露的信息与公众分享,从而限制了信息的进一步利用,造成了环境信息不对称现象。

本章将围绕企业环境信息披露的现状、披露机制设计、与其他变量的相关性等问题,梳理国内外文献,探究企业环境信息披露发展历程,为后续研究提供依据。

12.2　主要发达国家企业环境信息披露现状

12.2.1　日本

日本企业环境信息披露报告通常采用自愿披露模式,以政府引导为主,法律为辅。由日本环境省发布各项准则和指南,指导和规范环境报告书。2003年内阁发布的《促进可持续社会建设主计划》中提出目标:到2010年有50%以上的上市公司和30%以上的未上市但雇员超过500人的企业应发布环境报告。第三方审查虽尚未制度化,但发展迅速,且审查机构多样(会计师事务所、环境研究所、咨询公司),2001年已有近50%的企业环境报告书通过

---

① 孟晓俊、褚进,《上市公司环境绩效与环境信息披露相关性研究文献综述》,《生产力研究》,2013年第9期:193-196。

了第三方审查。环境报告书的基本内容包括：基本项目、环保方针、目标及业绩概况、环境管理状况以及降低环境负荷。

另外还设立"环境报告重大奖"，正面鼓励公司发展环境质量报告或环境活动计划。日本在《环境基本法》中对政府环境信息公开问题作出了明确规定。这部法律体现的重要理念就是，环境保护工作的开展和公众环保意识的提高，离不开政府对环境信息的收集和公开，而环境信息也是公共信息的一部分[①]。

12.2.2　英国

英国早在14世纪就有大气和水污染的记录，1990年通过了环境保护法，主要特点是综合污染控制(IPC)，引入了"最佳可行环境方案"(BPEO)和"无超支成本的最佳可行技术"(BATNEEC)的概念。[②]

根据2013年英国环境局发布的环境披露情况汇总，2011—2012年所有443家富时全股公司在其年报里讨论了环境问题，其中93%在董事报告版块定性披露了企业的环境信息[③]，80%讨论了污染问题，较2006年的56%有所提升，49%定量地披露了温室气体排放、水资源或浪费这三个核心绩效指标的环境信息，40%的公司根据2006年的政府指导披露了温室气体排放信息。

---

① 张磊，《政府环境信息公开法律问题研究》，昆明理工大学硕士学位论文，2009年。
② Leigh Holland, Yee Boon Foo. Differences in Environmental Reporting Practices in the US and the US: the Legal and Regulatory Context[J]. The British Accounting Review. 2003, 35: 1-18.
③ 根据特许公认会计师公会(ACCA)的界定，公司披露的环境信息分为：定性信息(企业财务信息、环境方针、目标、政策与社会及公众的关系)、管理信息(环境管理体系、风险管理)、定量信息(环境指标、资源、能源使用情况、法律法规的遵守情况、经济指标)和产品信息(产品制造流程、相关联系方式)

表 12-1 英国上市公司年报环境信息披露的趋势①

	2004	2006	2009—2010	2011—2012
富时全股公司数量	506	537	458	443
有定性环境信息披露的全股公司比例	89%	98%	99%	100%
有定性环境信息披露的小盘公司比例	80%	97%	98%	100%
年报审计后部分涵盖环境信息披露的全股公司比例	10%	35%	36%	61%
有定量环境信息披露且与三大核心环境问题相关的全股公司比例	27%	42%	67%	70%
根据政府指导,有定量环境信息披露且与三大核心环境问题相关的全股公司比例	10%	15%	28%	49%
根据政府指导,环境信息披露涵盖全部三大核心环境问题的全股公司比例	/	3%	6%	9%

12.2.3 美国

美国的环境信息披露始于 20 世纪 70 年代初期,美国证券交易委员会(SEC)提出上市公司应依据环境法公布信息②。1970 年美国成立环保署,并制定环境信息披露相关的法律。

根据相关规定,美国的上市公司可以通过新闻、布告栏、发布会、年报和单独环境报告说明环境事务。在年报中,上市公司环境信息一般集中在"管理层讨论与分析"项中,其次是财务报表"附注"和社会责任报告"健康安全和

---

① Environmental disclosures summary. Environment Agency 2013.
② SEC Release No. 33-5170 (July 19, 1971) [36 FR 13989].

环境"部分。主要从环境政策、环境成本、环境负债三个方面披露。披露以定量为主,定性描述为辅。主要是强制性地要求在资产负债表、利润表及其附注和有毒物质排放清单中披露。

1986年,美国成立有毒排放登记系统(TRI),规定相关行业要定期报告其环境信息,报告书内容包括公司名称、有毒化学品向大气、土地和水的排放量、排放频率以及每个具体地点的排放数量等。

美国证监会对上市公司的披露内容也有规定,包括公司对环境法律的遵守情况,由此引起的未决诉讼和指控;对资本支出、盈利和竞争地位的影响;对今后环保设备投资的说明。不按要求披露的处以50万美元以上罚款并在媒体公示。

此外,美国环保署与美国证监会也有合作,美国环保署对在执法过程中,要事先告知美国证监会,由其根据美国环保署向美国证监会提供存在潜在环境负债的企业名单,使证监会关注企业的环保责任和环境风险。当美国环保署执行《超级基金法》《资源保护与修复法》的有关规定时,需要事先告知美国证监会,由美国证监会根据这两个法案的要求审核上市公司的年度财务报告,检查公司是否意识到因环境问题可能导致的或有负债,及其是否得到充分的披露,并要求上市公司在财务报告中说明环境问题对公司财务状况或竞争地位所产生的或可能产生的影响,以及与环境有关的成本和负债金额(事实上,也就是由证监会对企业环境信息披露的真实性、充分性以及全面性等进行检查)。若证监会认为公司财务报告中的数据不准确或披露得不够充分,有权要求公司修订财务报告,或说明信息披露不充分的原因。同时,证监会还将存在环境问题的公司名单提交给美国环保署,以便进行相应的管理或制裁。

另外美国证券交易法的101,103,303项条款中都对上市公司的相关环境信息披露提出要求,其中包括:公司对于有关环境法律的执行及由此引起的未决诉讼和指控;对资本支出、盈利和竞争地位的影响;对今后环保设备的投资的说明;环境等已知或未知因素可能对公司资产流动性与资本来源造成的严重后果①。

12.3 中国在企业环境信息披露上的政策实践

中国在企业环境信息披露上的相关法律条例可追溯至2003年《关于企业环境信息公开的公告》（环发〔2003〕156号），规定地方环保部门要在当地主要媒体上定期公布污染严重企业名单，没有列入名单的企业可以自愿进行环境信息公开，公告中详细规定了必须和自愿公开的信息内容以及环境信息公开的方式。

国家环境保护总局办公厅文件〔2005〕27号《关于进一步做好创建国家环境友好企业工作的通知》则要求地方各级环保部门指导、督促国家环境友好企业落实与省级环保部门签订的《自愿继续削减污染物排放量的协议》，并主动公开环境信息，发布企业环境保护年报。公开信息的主要内容可参照《关于企业环境信息公开的公告》（环发〔2003〕156号）。

接着，在国家环境保护总局文件〔2005〕125号《关于加快推进企业环境行为评价工作的意见》中，明确了企业环境行为评价，环保部门根据企业的环境信息综合评价定级，要求参加环境行为评价企业的主要污染物排放总量之和要达到当地工业排污总量的80%以上，评价结果为方便公众了解和辨识，以绿色、蓝色、黄色、红色和黑色分别进行标示，并向社会公布②。

---

① 任郁楠：《我国企业环境信息披露研究》，四川大学硕士学位论文2007年。
② 绿色：企业达到国家或地方污染物排放标准和环境管理要求，通过ISO14001认证或者通过清洁生产审核，模范遵守环境保护法律法规。蓝色：企业达到国家或地方污染物排放标准和环境管理要求，没有环境违法行为。黄色：企业达到国家或地方污染物排放标准，但超过总量控制指标，或有过其他环境违法行为。红色：企业做了控制污染的努力，但未达到国家或地方污染物排放标准，或者发生过一般或较大环境事件。黑色：企业污染物排放严重超标或多次超标，对环境造成较为严重影响，有重要环境违法行为或者发生重大或特别重大环境事件。

此外,在《关于加强上市公司环境保护监督管理工作的指导意见》(环发〔2008〕24号)中明确表示省级环保部门要加强与证券监管机构的协调配合,建立信息通报机制,及时将上市公司环保核查相关情况通报给相关证券监管机构。上市公司的环境信息披露,分为强制公开和自愿公开两种形式。发生可能对上市公司证券及衍生品种交易价格产生较大影响且与环境保护相关的重大事件,上市公司应当立即披露,国家也鼓励上市公司定期自愿披露其他环境信息。

表12-2 中国部分环境信息披露相关法律法规①

颁布时间	部门	名称	内容
2003年	国家环保总局	《关于企业环境信息公开的公告》	决定以《中华人民共和国清洁生产促进法》为依据,在全国开展企业环境信息披露工作
2005年	国家环保总局	《关于进一步做好创建国家环境友好企业工作的通知》	要求创建企业须履行社会责任,并明确要求企业在《创建国家环境友好企业技术报告》编制大纲中说明"企业所采取的环境信息公开措施",引导和鼓励创建企业率先自愿公开环境信息,发挥示范带头作用
2005年	国家环保总局	《关于加快推进企业环境行为评价工作的意见》	公开企业环境信息是保障公众环境知情权的重要措施,是促进工业污染防治工作的重要手段,要求加快推进企业环境行为评价工作,并提供《企业环境行为评价技术指南》
2006年	国家环保总局	《环境影响评价公众参与暂行办法》	企业在进行生产或经营活动前的某些新、改、扩建设阶段,应由建设单位或企业委托的咨询机构,采用便于公众知悉的方式,向公众公开其有关环境信息

---

① 陈华:《基于社会责任报告的上市公司环境信息披露质量研究》,江苏大学博士学位论文,2011年。

(续表)

颁布时间	部门	名称	内容
2007 年	国家环保总局、中国人民银行和中国银行业监督管理委员会联合发布	《关于落实环保政策法规防范信贷风险的意见》	对不符合产业政策和环境违法的企业、项目进行信贷控制,遏制高耗能、高污染行业的盲目扩张。《意见》还规定,各级环保部门与金融机构要密切配合,建立信息沟通机制
2007 年	国家环保总局	《环境信息公开办法(试行)》	要求环保部门应当遵循公正、公平、便民、客观的原则,及时、准确地公开政府环境信息。要求企业应当按照自愿公开与强制性公开相结合的原则,及时、准确地公开企业环境信息
2008 年	国家环保总局	《关于加强上市公司环境保护监督管理工作的指导意见》	要求积极探索建立上市公司环境信息披露机制,当发生可能对上市公司证券及衍生品种交易价格产生较大影响且与环境保护相关的重大事件,投资者尚未得知时,上市公司应当立即披露
2008 年	国家环境保护部和中国证券会	《上市公司环境保护监督管理工作的指导意见》和《重污染行业生产经营公司 IPO 申请申报文件的通知》	正式启动了"上市环保核查"制度。根据该制度,从事冶金、钢铁等 13 个重污染行业企业在上市前,必须拿到绿色"门票"，通过环保部的上市"环保核查,否则证监会将不受理其上市申请
2010 年	证监会	《上市公司环境信息披露指引》	鼓励信息公开为主
2013 年	环保部	《国家重点监控企业自行监测及信息公开办法(试行)》	对国家重点监控企业,以及纳入各地年度减排计划且向水体集中直接排放污水的规模化畜禽养殖场(小区),要求其将自行监测工作开展情况及监测结果向社会公众公开,而监测内容包括水、大气、噪声污染等诸多环境因素

（续表）

颁布时间	部门	名称	内容
2015年	环保部	《企业事业单位环境信息公开办法》	要求重点排污单位应当在环境保护主管部门公布重点排污单位名录后90日内公开相应环境信息；环境信息变更的重点排污单位应于变更后30日内予以公开
2015年	全国人大	《环境保护法》	重点排污单位未能如实公布环境信息的将由地方环境保护主管部门责令公开，处以罚款，并予以公告

我国在2008年发布了《环境信息公开办法》，对于普通的企业没有强制要求，主要是鼓励和建议，企业通过媒体和年报等途径自愿向全社会公开环境信息，只有超标排污企业才需强制公开。之后在2010年发布的《上市公司环境信息披露指引》仍以鼓励信息公开为主。而最新的《企业事业单位环境信息公开办法》（环境保护部令第31号）翔实系统地完善了环境信息披露的规定，要求重点排污单位应当在环境保护主管部门公布重点排污单位名录后90日内公开相应环境信息；环境信息变更的重点排污单位应于变更后30日内予以公开。该规定已于2015年1月1日起施行。

同样于2015年1月1日实施的还有最新修订的《环境保护法》，第五十三条明确指出，公民、法人和其他组织依法享有获取环境信息、参与和监督环境保护的权利；第六十二条指出，重点排污单位未能如实公布环境信息的将由地方环境保护主管部门责令公开，处以罚款，并予以公告；而六十八条则指出，地方环境部门监管失责将受到严厉处分。

总体而言，长期以来，我国上市公司的环境信息仅通过财务报告附注等形式零散披露，披露形式和内容都没有形成统一而规范的标准，信息披露缺乏强制性和法律法规保障；此外，信息披露的审核程序和部门联动机制也不完善。参照国际上主要发达国家企业环境信息披露的政策和实践，我们认为,有必要由相关主管部门(国家环保总局、证监会等)牵头,在环境信息披露方面制定更具强制性、更加透明的规章和制度,同时,我们还必须开展上市公司对环境信息披露法律法规的总体遵守情况调查,从中找出规律,包括影响上市公司环境信息披露的决定因素,以及环境信息的披露如何作用于公司的经营业绩等,这些都将为政策的制定提供有价值的参考。

12.4 企业环境信息披露:内容、激励和效应

12.4.1 企业环境信息披露的内容

在环境信息披露研究逐渐深入的情况下,中外许多学者都对环境信息披露的内容做出了界定。M.艾理·菲克雷特(M. Ali Fekrat)、卡拉·因克兰(Carla Inclan)将环境信息披露内容分为:会计和财务方面的信息、环境诉讼方面的信息、环境污染方面的信息、其他方面的信息。美国环境责任经济联盟(CERES)在1990年初设计了第一个标准化公司环境报告,随后在美国证券交易委员会(SEC)、美国联邦环保署(EPA)和美国财务会计准则委员会(FASB)的共同努力下,形成了一套较为系统的环境信息披露体系。对于环境信息披露内容的要求,在财务信息方面,企业披露的信息以环境成本和环境负债为主;绩效信息方面,企业应披露公司责任、公司环境政策、环境管理系统和国际标准(如ISO)的相关说明、能源使用和排放物废弃物的处理规则。根据日本环境省发布的《环境会计指南》的要求,企业披露的环境信息应包括财务方面的环境保全成本,以及非财务方面的环境目标、环境政策、环境法规遵循情况、原材料和能源使用量、废弃物排放量、再循环利用量、环境管理系统及标准、能源再生利用率等信息。

相较而言,我国对环境信息披露的研究还处于探索阶段,沈洪涛等提出环境信息披露的内容应分为环境保护方针、年度资源消耗总量、环保技术开

发情况及环保设施的建设和运行情况、环保的费用化支出等六项。李连华等认为,基本的环境信息的内容应包括基本背景方面的环境信息、污染排放方面的环境信息、环境业绩方面的信息、与环境有关的财务方面的信息、环境信息的质量保证方面的情况。

实践上,我国对于环境信息披露起步较晚,最具代表性的环境信息披露规范就是上海证券交易所 2008 年 5 月发布的《上市公司环境信息披露指引》,其中规定上市公司可以根据自身需要,在公司年度社会责任报告中披露或单独披露:环境保护方针、目标及成效;年度资源消耗总量,环保投资和环境技术开发情况,排放污染物种类、数量、浓度和去向,环保设施的建设和运行情况,废物的处理、处置情况,废弃产品的回收、综合利用情况,与环保部门签订的改善环境行为的自愿协议,受到环保部门奖励的情况,自愿公开的其他环境信息。

12.4.2　企业环境信息披露的影响因素

在企业披露环境信息的发展过程中,许多因素对企业做出披露决定产生了影响,包括是否要披露、何时披露、如何披露等。制度和社会因素、企业因素和个人因素三者可以单独又联合地对信息披露的决定产生影响。

(1) 制度和社会因素。

研究表明,法律法规对企业环境信息披露具有重大的影响,离开法律法规,披露就是自愿的,企业间的环境信息无法有统一的标准进行比较。一方面,法律法规的要求影响着企业披露信息的决定。布洛瑟姆(Blossom,1994)提出与环境信息披露相关的法律法规及环境尽职调查是需要建立的,他强调"对目前存在及未来潜在的环境问题信息的充分披露"是迫切需要的。哈奇森(Hutchison,2000)对当时与环境披露有关的法律法规进行了研究,揭示环境信息披露的法律法规需要多样性,因为在不同的国家,法律法规是不同的。另一方面,法律法规的措辞和翻译方式也对企业信息披露有着影响。法律法规措辞的模糊程度和人为误解操纵可能引起报告的一些偏见。有很多文献分析了法律法规的含糊问题,有了这些模糊不清的地方,披露就会有很大的可能性有一定的偏好或偏见。何丽梅等首次以中国112家重污染上市公司2008年社会责任报告为样本,采用指数法依据2006年全球倡议组织(GRI)发布的可持续报告指南对其环境绩效信息披露进行了量化评价,发现外部监管和压力较大的上交所上市公司披露水平显著好于深交所。

此外,社会公众对知情权、公正性的要求对企业的环境信息披露产生了压力,从而影响着企业的信息披露决策。汤姆斯(Toms,2002)的研究认为企业环境信息披露的年度报告确实对企业的环境名誉产生影响。作者使用"英国最受尊敬企业"(Britain's Most Admired Companies)上的文章中的社区与环境责任等级(Community and Environmental Responsibility,CER)作为环境名誉的代替品,其中发现,信息披露的质量(可计量性和可证实性)及企业承担的风险与高等级的CER有着一定的联系。格思里和帕克(Guthrie and Parker,1989)研究了澳大利亚某矿业公司的社会报告,发现公众压力和环境报告在某一时期内有着一定的关联。在另一个研究中(1990),他们设计了一个实验来调查不同国家(英国、美国、澳大利亚)的企业在环境信息披露中的区别,发现几乎所有的信息披露都是出于对政府政策和公众压力的反应及应对。

(2)企业因素。

大量的研究表明了环境信息披露与公司或企业特征的关系,主要特征有企业的所有制结构、企业的规模大小、企业的行业背景。科米尔和戈登(Cormier and Gordon,2001)发现企业所有者的身份会影响环境报告,例如公用事业公司会提供更多的环境信息披露。张和通(Teoh and Thong,1984)对马来西亚某些公司的经理进行了采访,发现公司规模更大的经理会表示,其公司在环境问题上应承担更多更主要的责任。何丽梅等发现上市公司规模与环境绩效信息披露水平显著正相关,资产负债率、盈利能力、实际控股人性质与所在地区对环境绩效信息披露水平影响不显著。

第 12 章　企业环境信息披露的实践与理论

哈克斯顿和米尔恩（Hackston and Milne,1996）对新西兰前五十名的公司进行了社会披露年度报告的调查，发现从属于环境友好型行业或有较强公众意识的公司会披露更多的环境信息。布拉格登（Bragdon,1972）认为污染治理和盈利是互利共存的，并且发现造纸业公司的环境评级与公司的市盈率有正相关关系。弗里曼（Freedman et al., 1992）以 6 个会计指标为经济绩效的表征，未能拒绝环境披露与经济绩效之间无显著关系的原假设。理查森（Richardson,2001）认为，在与公司的资本成本的关系上，环境信息披露不同于一般的财务披露：更高盈利的企业会因更多的社会信息（包括环境信息）的披露而支付更多罚款。

另外，许多研究强调信息成本会涉及信息披露程度。科米尔和马民安（Cormier and Magnan,2003）研究了法国公司企业中影响其环境报告水准的因素，并且发现信息成本和媒体可见度与报告有着很大的关联，两者均增加了与外界相接触的必要。

（3）个人因素。

首先，文化对可以通过合法要求和影响个人对相关披露的态度来影响环境信息披露。马修斯和雷诺兹（Mathews and Reynolds,2001）探究了斯堪的纳维亚和美国的人们对木材行业的可持续性和环境核算的道德性态度，并发现了关于公众压力和机密性的文化差异。布厄和弗里曼（Buhr and Freedman,2001）比较美国和加拿大企业的环境信息披露情况，发现随着时间的推移，都有更高的增长，并且加拿大公司更趋向于自愿披露。还有很多例子，在管理者的态度、管理者对公司所承担义务的认同程度、管理者对造成的环境问题的认同程度在不同国家有不同的表现，这些都是文化使然。

其次，态度也可以影响环境披露。特罗特曼和布拉德利（Trotman and Bradley,1981）就发现管理者如果更重视公司的长期利益，就更会去做环境信息披露，并且披露程度随重视程度提高。这些都表明了一个公司自己的态度、希望影响公众看法的程度、对塑造自身长期形象的需求，以及对长期利益的诉求程度等都会影响环境披露。但是也有研究发现公司的态度并不一定与信息披露有关,考恩(Cowen et al.,987)就发现公司信息披露完全不受公司的社会责任义务委员会的有无影响。

12.4.3 环境信息披露的主要效应

企业在综合各方面因素后,会根据法律及大众的需要做出环境信息披露的行为。同时,这个行为也会对一些因素产生一定的影响,研究表明,主要的影响集中在企业绩效、对污染的控制和股票价格等方面,其中最重要的是股价、环境和污染控制这三方面。

(1) 股价波动。

政府对企业环境信息的披露会影响投资者对企业未来的盈利能力和成本的预期,由此可能导致企业股价的变动。个别信息主要影响企业的预期成本。个别信息发布后,投资者预期企业会在未来成为政府管制的对象,受到来自政府和社区的减排压力,企业由此需要投入更多的资源用于污染控制,生产成本会增加。行业内比较信息主要影响企业的预期收益。一方面,消费者可能从环境表现差的企业转向环境表现好的企业,投资者预期企业未来的市场会变小;另一方面,环境效率通常与总的生产效率相关,排名落后的产业会引起投资者对其生产能力的怀疑。从环境奖惩来看,相关研究发现,在遭到环境诉讼后,样本中的美国企业平均会遭受 1.2% 的市值损失,环境奖励能够使企业的市值升高 0.82%;从比较信息来看,在政府公布的环境表现排名中,排名靠后的企业会经历明显的市值下降。

(2) 环境绩效。

数十年来,已有不少上市公司环境绩效的好坏与环境信息披露程度相关性的研究。一方面,好的环境绩效可以减少公司未来环境支出,这对投资者来说是一个好消息,因此环境绩效好的公司会自主地多披露定量和定性的环境信息;另一方面,差的环境绩效可能带来环境诉讼,因此公司会尽量少地披露负面信息。关于这两者的实证研究并未得到一致的结论,目前有以下四种结论：无显著关系、负相关、正相关、U形关系。大多数研究得出了二者负相关的结论。部分实证研究结果显示两者无显著关系，例如，有研究比较了公司年报中的环境信息披露情况与CEP的环境评级结果。环境绩效比较差的企业和环境绩效比较好的企业均会选择多披露其环境信息以达到提升自身形象、促进期望的目的，而一些绩效一般的企业则相对披露较少。U形关系可以说是前三种关系的综合。

主要有两类理论来预测和解释企业环境绩效与环境信息披露行为，即自愿披露理论和社会政治理论。自愿披露理论预示环境绩效与环境信息披露正相关，环境绩效好的企业为了将自己与环境绩效差的企业区分开来，会自愿披露环境信息。社会政治理论暗示二者存在负相关关系，企业环境信息披露是其受到的社会和政治压力的函数，环境绩效较差的企业有动力提升环境信息披露水平，突出其成就方面，将其业绩的变化告知利益相关者，从而改变人们对它们的预期，因此两者有负相关关系。

（3）污染控制。

根据有关研究，企业的环境信息披露在某种程度上对控制排污、解决污染问题有很大帮助。有毒物质排放清单（TRI）是美国政府历史上第一个立法强制执行的数据库，这为公众提供了知晓企业排放有毒物质信息的渠道。在20世纪80年代几次重大中毒事件后，美国环境保护区建立了一份有300种化学物质及20种有毒物质的名录。这项法律的实施成功减少了企业污染的排放，减少了中毒事件的发生。实施了绿色观察（Green Watch）的中国、印度尼西亚、菲律宾、越南等国家的企业，主要的排污企业都在试点项目期间改善了其对污染法规的遵守情况，且增幅相似，可见公众披露项目对污染控制起着重要作用。

12.5 总结

综上所述，到目前为止，对影响企业环境信息披露的因素的研究已经十分透彻,而对企业环境信息披露的效应还缺乏更进一步的探讨。今后的研究方向,一方面是完善影响企业环境信息披露的因素分析,从而解决如何更好地建立环境信息披露制度这个问题;另一方面要更好地发展企业环境信息披露的效应分析,探寻企业做出环境信息披露的行为之后产生的更多影响,从而反过来完善企业环境信息披露制度,这将为我们更好地制定有关企业环境信息披露制度提高依据。

第13章

不同环境信息披露对信贷规模的差异化影响[①]
——基于沪市重污染行业上市公司的实证研究

① 蔡佳楠、蒋平是本章的共同作者。

13.1 引言

1978年改革开放至今,我国经济在40年间取得了高达14.9%的复合增速;与此同时,环境恶化、资源耗竭等社会问题也不断涌现,粗放型经济增长方式带给我国水、气、固领域的环境污染具有时间和空间上的广度。作为我国经济发展的重要贡献者,上市公司的环保行为任重而道远。上市公司在环保部等的指引下进行的环境信息披露,不仅是履行社会责任的体现;也起到满足核心利益相关者对环境信息的需求的作用(宋宇宁,2010),成为其环境风险和责任的判断依据。

我国上市公司环境信息披露起步较晚,相关法律条例最早追溯至2003年,最有影响力和执行力的政策当属环保部在2010年发布的《上市公司环境信息披露指南》,规定重污染行业既需要以年报等形式定期披露,也需要以临时环境报告等形式临时披露环境信息,其他行业则鼓励披露。这既为上市公司提供了披露信息的操作指南,也为学术研究提供了衡量环境信息披露质量的依据。尽管相关法律法规不断完善,但在实践上仍存在滞后和脱节。2015年约有27%的上市公司发布了环境信息[①],远低于发达国家水平。

尽管近年来我国实体企业的债券和股权融资占比不断增加,但银行

---

① 中国环境新闻工作者协会.中国上市公司环境责任信息披露评价报告(2015年)[R/OL](2017-02-21)[2018-03-22] http://field.10jqka.com.cn/20170221/c596541599.shtml.

借款仍是企业的主要融资途径。目前信息不对称问题在信贷市场仍较严重,信贷资源难以形成最优配置。银行作为上市公司的主要债权人之一,需充分了解企业的环境表现,评估企业的环境风险和信贷违约风险。银行业对企业环境信息披露的需求日益加强,企业年报、社会责任报告和环境报告书等是银行获取企业环境信息、判断其环境风险的重要依据。

绿色信贷是指银行在贷款过程中把项目或公司与环境相关的信息纳入审核机制,作出有利于经济绿色发展的贷款决定①。绿色信贷在国际上起源于21世纪初的赤道原则②,目前已被全球37个国家的90家金融机构采纳,其中包括中国的兴业银行和江苏银行。2007年7月,中国人民银行、银监会和国家环保总局共同发布的《关于落实环境保护政策法规防范信贷风险的意见》标志我国绿色信贷正式启动。此后,以兴业银行为代表的银行机构逐步在授信、环境和社会风险管理等方面进行了实践和探索。截至2017年6月底,我国21家主要银行的绿色信贷余额增长至8.2万亿元人民币,占各项贷款的9%以上,贷款不良率较低③。在国内外宏观经济下行压力大,利率市场化基本完成,产业结构调整的现状下,绿色信贷有望为商业银行带来新的盈利增长点和差异化竞争优势。

国内外关于环境信息披露的研究已较为丰富,但大多定量研究集中于对其的统计和描述,或是对其影响因素进行探究;而对于其经济结果的研究还较少,在环境信息披露与企业融资能力的相关研究中,权益融资的研究又远远多于债务融资。本研究选择经济结果中的银行借款融资方面进行探讨。这一细分领域的研究目前更偏向于以借款利率和借款期限结构为研究对象,而本研究所选择的借款规模这一领域的研究目前还较为稀缺。本研究通过

---

① 陈海若:《绿色信贷研究综述与展望》,《金融理论与实践》,2010(8):90-93。
② 朱慈蕴:《论金融中介机构的社会责任》,《清华法学》,2010,4(1):6-21。
③ 孙璐璐:《银监会披露21家银行绿色信贷情况》[EB/OL].(2018-02-10)[2018-03-25]. http://bank.hexun.com/2018-02-10/192445091.html.

建立多元回归模型,以204家沪市重污染公司为样本,检验环境信息披露对银行借款规模的影响,因此能为目前还较为薄弱的企业环境信息披露和银行借款能力领域的研究作出贡献,对两者的关系及其他因素对这种关系的影响进行探究并得出结论。希望既能丰富这一领域的研究成果,也能对未来的研究方向带来启发。

本研究的创新性主要体现在以下3点:(1)建立一套完全由环保部文件要求出发的、更为客观的环境信息披露指数评价指标,包含5个一级指标和20个二级指标,这不同于以往研究中仅仅关注公司是否进行环境信息披露,或是以较为主观的标准建立的评价指标。(2)在为每一个研究样本进行环境信息披露指数打分评价时,详细录入了样本自身的各类性质和数据,因此本研究对环境信息披露作了非常详细的描述性统计,除了常规的行业比较和年度变化之外,还考虑了不同经济发展程度的区域、不同性质(国有和非国有)的上市公司在环境信息披露表现上的差异。(3)将指数环境信息披露指数拆分成愿景类、经济类、排污类、治理类、碳排放五个类别,分别研究其对公司银行借款的影响;而以往研究大多未作拆分,或是仅从定性/定量披露等形式上来进行分类。

13.2 文献回顾与研究假设

国内外对于环境信息披露的研究非常丰富,定性研究包括对其发展背景、现状的评价和对前景的展望,或是对其披露影响机制的探究;定量研究更为普遍,主要集中在环境信息披露的内容评价、影响因素探究等,但关于披露的经济后果的研究相对较少。

对于绿色信贷的国外研究主要围绕赤道原则展开。史立顿(Scholtens)等的实证研究发现,与不实行赤道原则的银行相比,实行赤道原则的银行尽管付出更多成本,但会拥有更高的社会声誉和更低的贷款风险[①]。国内研究起步较晚,大多以政策评述或对商业银行的影响为主题。张平淡等对我国绿色信贷政策的演进及其背景变化作了归纳和总结,提出强化银行业金融责任功能和环保主体意识、提高环境信息在监管主体间的共享等政策建议[②]。此外围绕绿色信贷展开的研究还包括商业银行执行该政策后盈利能力受到的影响等[③][④]。李爽爽等根据赤道原则建立对上市银行绿色信贷指标的评分标准,实证研究发现实行绿色信贷政策可以减少银行的信誉风险,产生绿色声誉,对银行的经营绩效有正向影响[⑤]。

在研究环境信息披露与银行借款的相关性时,现有研究较多关注的是环境信息披露与企业银行借款利率、借款期限结构或融资比率的关系。大多数学者认为,环境信息披露不足的企业需要承担更高的贷款利率,接受更短的借款期限,以弥补债权人为其承担的环境风险;也有少数学者认为,在资金有限的前提下,过多的环保投入可能占用企业发展核心业务所需资源,从而增加银行按期足额收回信贷资金的风险,因此两者的关系恰好相反或是并无显著关系。

与研究借款结构和利率的文献相比,研究环境信息披露对银行借款规模的影响的文献目前还较少。倪娟、孔令文等(2016)[⑥]以2012—2013年沪深两

---

① Scholtens B, Dam L. Banking on the Equator. Are Banks that Adopted the Equator Principles Different from Non-Adopters? [J]. World Development,2007,35(8):1307-1328.

② 张平淡、张夏羿:《我国绿色信贷政策体系的构建与发展》,《环境保护》,2017(19):7-10。

③ 刘立民、牛玉凤、王永强:《绿色信贷对我国商业银行盈利能力的影响——基于14家上市银行的面板数据分析》,《西部金融》,2017(3):28-33。

④ 王晓宁、朱广印:《商业银行实施绿色信贷对盈利能力有影响吗?——基于12家商业银行面板数据的分析》,《金融与经济》,2017(6):41-46。

⑤ 李爽爽:《中国上市银行绿色信贷政策实施状况对其经营绩效的影响》,浙江工商大学,2015年。

⑥ 倪娟、孔令文:《环境信息披露银行信贷决策与债务融资成本——来自我国沪深两市A股重污染行业上市公司的经验证据》,《经济评论》,2016(01):147-156。

第13章 不同环境信息披露对信贷规模的差异化影响——基于沪市重污染行业上市公司的实证研究

市重污染行业公司为样本,用倾向得分匹配法控制了可能的内生性问题,研究发现披露环境信息的公司能比不披露的公司获得更多银行贷款,但并未分析披露质量的好坏对其融资的影响。李志军等研究发现在货币政策趋紧时,信息披露质量更高的公司,会因为降低了信息不对称而在一定程度上缓解融资约束,从而可获得更大规模的银行借款[1]。科米尔(Cormier)等的研究显示较低的财务杠杆意味着较强的资本运作和筹资能力,环境信息披露的主要目的是用于塑造良好的企业形象从而保持融资优势[2]。龙姣等以2007—2011年沪深重污染行业上市公司为样本,研究发现公司治理水平越高的上市公司获得的银行贷款融资规模越大,但这种正向影响会在环境信息披露水平较高时被减弱[3]。因此提出如下两个假设。

假设1:五种不同的环境信息披露指数越高,上市公司新增银行借款能力均越弱。

将环境信息披露总体指数拆分为愿景类、经济类、治理类、碳排放、排污类等5种不同类型的环境信息披露指数。在环境领域提出较多愿景的企业,可能存在较多环境问题和风险;碳排放和排污类信息的披露会暴露企业将承担更多环境责任;经济类和治理类环境信息意味着企业将更多资源用于环保设施的购置和运行,可能影响到主营业务的发展,均不利于获取借款。

假设2:环境信息披露对新增银行借款能力的负向影响将会在有融资需求时减弱。

有融资需求时,企业通常面临需要新增投资项目或是正常经营现金流短缺的情境。此时银行信贷审批流程中,会更多考虑投资项目本身的预期收益

---

[1] 李志军、王善平:《货币政策、信息披露质量与公司债务融资》,《会计研究》,2011,(10):56-62。

[2] Cormier D, Magnan M. Environmental Reporting Management: A Continental European Perspective[J]. Journal of Accounting & Public Policy, 2005, 13(1): 75-92.

[3] 龙姣:《环境信息披露、公司治理与银行贷款融资》,《财会月刊》,2013(20):6-9。

率,或企业自身经营和财务情况,弱化对企业环境信息暴露的环境风险的关注。

13.3 研究设计与描述性统计

13.3.1 样本选择

根据环保部《上市公司环保核查行业分类管理名录》对重污染行业的界定,笔者选取采矿、煤炭、钢铁、火电、水泥、纺织、酿造、造纸、冶金、建材、化工、石化、制药、发酵 14 个重污染行业,剔除其中 10 家在研究年限内均无银行借款的公司后,共 204 家于上交所上市的公司为样本。

每个样本的环境信息披露信息可在企业年报、可持续发展报告、社会责任报告和环境报告书中找到,通常更偏好于在年报附注与董事会报告中披露,而在其他报告中披露较少。披露指数按照建立的指标体系手工打分得到。企业各类报告来源于上交所官网、巨潮资讯网等,企业财务数据来源于同花顺 iFund 数据库和 Wind 资讯金融终端。数据描述性统计和回归分析等处理采用 Stata 12 软件。

13.3.2 变量定义

(1) 被解释变量。

笔者借鉴叶康涛的做法,使用次年现金流量表中的"取得借款收到的现金"表示新增银行借款的规模,再根据公司资产规模进行标准化①。

---

① 叶康涛、张然、徐浩萍:《声誉、制度环境与债务融资——基于中国民营上市公司的证据》,《金融研究》,2010(8):171-183。

(2) 解释变量。

即环境信息披露总体指数和愿景类、经济类、治理类、碳排放、排污类 5 种不同类型的环境信息披露指数。国际上通常采用环境信息披露指数 (Environmental Disclosure Index, EDI) 来表征环境信息披露水平，目前国内外研究对其具体内容尚无统一标准。笔者将参照国家生态环境部（原环保部）发布的《上市公司环境信息披露指南》（规定了重污染行业上市公司需披露的环境信息），根据该指南的内容构建指标体系。环境信息披露指标体系的构建包括愿景、经济、治理、排污和碳排放共 5 类指标，下设 20 个二级指标。

(3) 控制变量。

公司规模：有研究表明，公司规模越大，越倾向于债务融资，大公司通常意味着更充足的现金流和更好的偿债能力。其他条件相同，企业规模越大，银行对其信任度越高，信用风险越低，获得的融资资金量和利率条件更好[1]。为使自变量更接近正态分布、消除异方差，笔者参考大部分相似研究的做法，取公司总资产的自然对数来衡量公司规模。

公司属性：在经济转型中，政府对某些资源配置的垄断权使得国有成分的公司与国有银行的关系比民营企业更密切。国有企业（实际控制人为国家或国有法人的企业）依靠政府背书，即通过财政补贴、税收优惠等方式为企业提供的隐性担保，或是政府对银行信贷的直接干预，都有可能影响企业常规信息披露在国有企业银行借款中的有用性。笔者参照李丹蒙和夏立军的研究方法，按实际控制人的性质区分国有（取值为 1）和非国有（取值为 0）上市公司[2]。

盈利能力：企业盈利能力越强，越有充足的资金来源用以还本付息，债务

---

[1] 王邱：《制造业上市公司信贷融资能力影响因素实证研究》，《财会通讯》，2014 (24)：86-88。

[2] 李丹蒙、夏立军：《股权性质、制度环境与上市公司 R&D 强度》，《财经研究》，2008 (4)：93-104。

违约风险越低①,因此可能获得的借款规模越大。本章原模型中采用净资产收益率(Return on Equity,ROE)表示企业盈利能力,在稳健性检验中用总资产收益率(Return on Asset,ROA)表示企业盈利能力。

成长能力:快速成长的公司有更快的扩张速度和更好的盈利前景,可能产生更多未来现金流,保障其自身经营和偿还借款,增强借款能力②。企业实现盈利、发展潜能大,则未来对信贷还本付息的可能性越大,发生信用违约或财务风险的可能性越小,能获取的借款规模越大。本章原模型中采用营业收入同比增长率表示企业成长能力,在稳健性检验中用营业总收入同比增长率表示企业成长能力。

偿债能力:根据资本结构的权衡理论,举债过多会导致企业陷入财务困境从而面临破产威胁带来的直接、间接和代理成本。债权人会对财务杠杆较高的企业采取更高的借款利率。一般采用资产负债率、流动比率、速动比率等指标反映企业的负债情况和偿债能力。本章采用资产负债率(总负债/总资产)来衡量企业长期偿债能力,采用流动比率(流动资产/流动负债)来衡量企业短期偿债能力。

清算价值比率:当企业不能以现金形式还款或是企业陷入破产危机时,银行可以拍卖抵押物来强制还款。本章参考刘永冠的研究③,用有形资产率(固定资产/总资产)来表示企业的清算价值比率。

融资需求:企业融资需求越大,就可能申请更多银行借款。本章参考冉丹(2016)的做法,设置当企业的经营性现金流+投资性现金流小于0时,表示企业存在再融资需求;否则表示不存在再融资需求。

本章所有研究变量的符号与含义如下表13-1所示。

---

① 金未:《对新〈债务重组准则〉中债务评估的思考》,《财会研究》,2007(6):22-23。
② 陈蓉:《企业声誉对企业融资能力的影响研究》,扬州大学,2011年。
③ 刘永冠:《中国制度背景下的上市公司债务成本研究》,西南财经大学,2013年。

第13章 不同环境信息披露对信贷规模的差异化影响——基于沪市重污染行业上市公司的实证研究

表 13-1 研究变量释义

变量符号	变量名称	变量释义
被解释变量		
Loan	单位资产新增短期借款	取得借款收到的现金/年末总资产
解释变量		
EDI	环境信息披露指数	环境信息披露总得分(百分制)
EDIecon	经济类环境信息披露指数	经济类环境信息披露总得分(百分制)
EDImission	愿景类环境信息披露指数	愿景类环境信息披露总得分(百分制)
EDItreat	治理类环境信息披露指数	治理类环境信息披露总得分(百分制)
EDIcarbon	碳排放环境信息披露指数	碳排放环境信息披露总得分(百分制)
EDIemit	排污类环境信息披露指数	排污类环境信息披露总得分(百分制)
EDI*cash	信息披露与融资需求的交叉项	为了分别考察企业在有、无融资需求时,环境信息披露对银行借款的影响
控制变量		
Lnasset	企业规模	年末总资产对数
Nature	公司属性	虚拟变量,国有企业=1,非国有企业=0
ROE	企业盈利	净资产收益率
Growth	企业成长性	当年营业收入增速
Currentratio	短期偿债能力	流动比率(流动资产/流动负债)
Debt	长期偿债能力	资产负债率(总负债/总资产)
Guaranty	清算价值比率	年末固定资产/总资产
Cash	融资需求	若年末经营性现金流+投资性现金流<0,则认为下年有借款融资需求,Cash=1;反之 Cash=0
Year	年份	2014—2015 年,虚拟变量

13.3.3 模型构建

本章主要研究企业次年的借款行为与当年的信息披露与其余各变量的关系,在写作过程中,大部分样本 2017 年的年报尚未发布,故模型只能采用 2015—2016 年的企业借款数据,及 2014—2015 年的企业其他数据,即所有解释变量均为一阶滞后的平衡短面板。尽管只有两年的面板数据,仍能适当降低共线性的可能性,便于控制个体异质性。

对于面板数据模型的选择,考虑到研究对象涉及的时间较短而观测值较多,可将个体效应视为不随时间改变的固定性因素;且本章选取的观测值可以代表沪市重污染行业上市公司整个母体,故采用固定效应模型。后续 13.5.3 豪斯曼(Hausman)检验和 F 检验将表明,固定效应模型优于随机效应模型和混合回归模型。由于本章研究所涉及的时间跨度较小,故不进行单位根检验和协整性检验。

为了区分经济类、愿景类、治理类、碳排放、排污类 5 种不同类型的环境信息披露对上市公司借款能力的影响,设立如下 5 个模型。为了更好地展示回归结果,对个别变量作放大或缩小处理(具体而言,loan 扩大 10 倍,edi 和 guaranty 缩小 10 倍,roe、debt、growth 和 currentratio 缩小 100 倍),但不影响模型解释、变量显著性等结果。

$$Loan_{i,t+1} = \beta_0 + \beta_1 EDIecon_{i,t} + \beta_2 Lnasset_{i,t} + \beta_3 Nature_{i,t} + \beta_4 ROE_{i,t} + \beta_5 Debt_{i,t} + \beta_6 Growth_{i,t} + \beta_7 Guaranty_{i,t} + \beta_8 Currentratio_{i,t} + \beta_9 EDIecon * cash_{i,t} + \varepsilon_{i,t} \quad (13.1)$$

$$Loan_{i,t+1} = \beta_0 + \beta_1 EDImission_{i,t} + \beta_2 Lnasset_{i,t} + \beta_3 Nature_{i,t} + \beta_4 ROE_{i,t} + \beta_5 Debt_{i,t} + \beta_6 Growth_{i,t} + \beta_7 Guaranty_{i,t} + \beta_8 Currentratio_{i,t} + \beta_9 EDImission * cash_{i,t} + \varepsilon_{i,t} \quad (13.2)$$

$$Loan_{i,t+1} = \beta_0 + \beta_1 EDItreat_{i,t} + \beta_2 Lnasset_{i,t} + \beta_3 Nature_{i,t} + \beta_4 ROE_{i,t} + \beta_5 Debt_{i,t} + \beta_6 Growth_{i,t} + \beta_7 Guaranty_{i,t} + \beta_8 Currentratio_{i,t},$$

第13章 不同环境信息披露对信贷规模的差异化影响——基于沪市重污染行业上市公司的实证研究

$t + \beta_9 \text{EDItreat} * \text{cash}_i, t + \varepsilon_i, t$ (13.3)

$\text{Loan}_i, t + 1 = \beta_0 + \beta_1 \text{EDIcarbon}_i, t + \beta_2 \text{Lnasset}_i, t + \beta_3 \text{Nature}_i, t + \beta_4 \text{ROE}_i, t + \beta_5 \text{Debt}_i, t + \beta_6 \text{Growth}_i, t + \beta_7 \text{Guaranty}_i, t + \beta_8 \text{Currentratio}_i, t + \beta_9 \text{EDIcarbon} * \text{cash}_i, t + \varepsilon_i, t$ (13.4)

$\text{Loan}_i, t + 1 = \beta_0 + \beta_1 \text{EDIemit}_i, t + \beta_2 \text{Lnasset}_i, t + \beta_3 \text{Nature}_i, t + \beta_4 \text{ROE}_i, t + \beta_5 \text{Debt}_i, t + \beta_6 \text{Growth}_i, t + \beta_7 \text{Guaranty}_i, t + \beta_8 \text{Currentratio}_i, t + \beta_9 \text{EDIemit} * \text{cash}_i, t + \varepsilon_i, t$ (13.5)

其中 $\beta_i(i=1,2,3,4,5,6,7,8,9)$ 表示各变量的回归系数，β_0 表示常数项，ε 表示随机误差项。各变量的含义见表13-1。

13.4 描述性统计

13.4.1 环境信息披露指数的描述性统计

根据对204家沪市重污染行业上市公司在2014—2016年的环境信息披露情况的统计，下文将分析不同种类的环境信息披露情况的差异、三年间环境信息披露整体情况的变化趋势、不同行业间的披露情况差异、经济发达地区和不发达地区的差异、国有上市公司和非国有上市公司的差异，以及各类差异产生的原因。

13.4.1.1 五类环境信息披露指数比较

图13-1为对14个行业的204家样本公司在2014—2016年三年内(即将612个观测值视为混合数据)的各类环境信息披露指数所做的描述性统计。所有类别的环境信息披露指数均为百分制。按信息披露类别比较，五大类指数三年平均得分从高到低依次为：愿景类(54.49)＞经济类(43.71)＞均值(37.45)＞排污类(37.92)＞治理类(32.71)＞碳排放(25.24)。表明公司最愿

意披露的是整体环保目标等笼统的信息,其次是影响公司经营发展的经济类信息,对碳排放信息则缺乏重视。

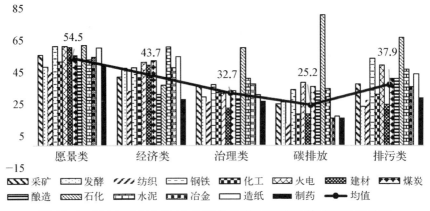

图 13-1　2014—2016 年 14 个行业各类环境信息披露指数的比较

愿景类指标包含环境政策、方针和理念,下一年度环保目标等,并非评估企业实际环境表现的关键,因此企业更愿意披露。经济类指标涉及的排污费、绿化费等税收支出,环保拨款补贴等信息在年度报告中位置固定,披露较为稳定;涉及环保设施和环保研发费用的信息则是企业主动披露的,经济类指标具有较强的指引性,因此披露情况也较好。

13.4.1.2　环境信息披露的年度变化

图 13-2 展示了 14 个行业的总体环境信息披露指数在三年间的变化情况。按行业比较,14 个行业环境信息披露总体指数三年平均得分从高到低依次为:石化(59.75)>钢铁(45.66)>火电(44.42)>煤炭(42.40)>造纸>40.80)>冶金(38.80)>采矿(38.75)>均值(37.45)>化工(35.44)>酿造(35.02)>发酵(34.17)>建材(32.83)>制药(29.11)>纺织(29.07)。这表明不同行业的重污染上市公司的环境信息披露水平存在较大差距。

尽管排名第一的石化行业遥遥领先于其余 13 个行业,其 2014—2016 年的行业平均得分分别为百分制下的 50.00、62.26 和 66.99,勉强达到按照《上

第 13 章 不同环境信息披露对信贷规模的差异化影响——基于沪市重污染行业上市公司的实证研究

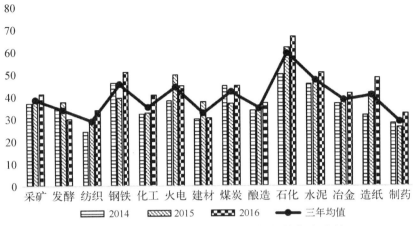

图 13-2 不同行业环境信息披露指数的年度比较

市公司环境信息披露指南》要求的及格水平。排名最末的纺织行业三年得分虽然连续上升,但到 2016 年也仅有 34.20 分,与合格还有较大差距。这表明重污染行业上市公司整体环境信息披露水平仍较低,有较大提高空间。

14 个行业中有 7 个行业实现了环境信息披露指数的连续 3 年上升,包括石化、水泥、造纸、冶金、化工、酿造、纺织,其余行业均为波动状态,不存在连续 3 年下降的行业,这表明重污染行业上市公司整体环境信息披露水平逐步改善。

13.4.1.3 环境信息披露的区域差异

根据 2014—2016 三年样本涉及的 30 个省市的平均环境信息披露情况,各个区域在不同年份的披露情况存在起伏波动。西藏自治区、陕西省、贵州省等地的披露情况始终不太理想,三年得分均在 30 分以下;京津冀和长三角的披露情况则普遍较好。

为进一步分析地区的经济发达程度与环境信息披露的关系,根据 2014 年人均 GDP 排名,将样本涉及的 30 个省市分为发达地区和不发达地区,参考孙靓[①]的

---

① 孙靓:《区域就业结构对我国区域经济差异影响的实证分析》,《商业时代》,2012(22):131-133。

做法,将人均 GDP 高于全国人均 GDP 的 13 省市归为发达地区,低于全国人均 GDP 的 17 个省市归为不发达地区。表 13-2 的统计显示,相比不发达地区,发达地区的平均披露水平更高,区域内披露质量差异更大(方差更大)。发达地区环境信息披露质量逐年提高,2014—2016 年的环境信息披露指数均值分别为 35.75、37.72 和 42.27;而不发达地区则有起有落,三年指数均值分别为 34.25、33.68 和 39.15。这表明上市公司的环境信息披露水平可能与其所处的市场环境和地区的经济发展水平有关,更规范的市场环境下公司的环境信息披露可能更规范。

表 13-2 2014—2016 年发达地区与不发达地区环境信息披露情况

年 度	不 发 达 地 区				发 达 地 区			
	2014	2015	2016	Total	2014	2015	2016	Total
均 值	34.25	33.68	39.15	35.69	35.75	37.72	42.27	38.58
标准差	16.02	17.34	16.50	16.74	19.14	19.90	19.58	19.68
样本数	80	80	80	240	124	124	124	372

13.4.1.4 不同性质的公司环境信息披露差异

表 13-3 为 2014—2016 年三年内不同性质的公司的环境信息披露情况比较。由表 13-3 可见,非国有类上市公司的环境信息披露情况在三年间先从 31.25 下降至 30.63,后上升至 35.70;国有类上市公司则实现了连续三年的平稳上升,每年的得分均值分别为 37.68、39.61 和 44.43。总体而言,国有上市公司比非国有上市公司的环境信息披露得分高 4—6 分左右;两者的标准差较为接近,表明两类公司的得分具有相似的离散度。造成这一差异的原因可能是,国有上市公司管理体制更为严格,在环境信息披露等工作上执行得更规范,也有可能是因为国有上市公司本身环保措施和污染治理工作做得比较到位,因此敢于披露更多环境信息,向投资者和公众传递更多正面信息,提升企业形象和公众信息。

表 13-3 2014—2016 年国有与非国有公司环境信息披露情况

公司性质	参 数	2014 年	2015 年	2016 年	总计
非国有	均 值	31.25	30.63	35.70	32.52
	标准差	16.44	18.83	17.00	17.52
国 有	均 值	37.68	39.61	44.43	40.58
	标准差	18.49	18.34	18.60	18.64
总 计	均 值	35.16	36.13	41.05	37.45
	标准差	17.95	19.00	18.45	18.62

13.4.2 其他变量的描述性统计

表 13-4 展示了个变量的描述性统计结果。样本的标准化借款规模平均值为 0.26,最小值为 0,最大值为 1.76(相当于当年借款为本身总资产的 1.76 倍,金额较高),存在较大差距。平均资产负债率为 51.64,杠杆水平适中。盈利水平(roe)和增长率(growth)均值为负,表明 2014—2015 年重污染行业上市公司的经营状况并不理想。各类环境信息披露指数的均值都在 60 分以下(满分 100 分),表明环境信息披露水平并不高。

表 13-4 被解释变量与控制变量的描述性统计

变 量	样 本	均 值	标准差	最小值	中位数	最大值
floan	408	0.250	0.210	0.000	0.220	1.530
lnasset	408	22.98	1.460	19.40	22.80	28.50
nature	408	0.610	0.490	0	1	1
roe	408	−6.540	159.1	−3 106	4.700	55.70
debt	408	52.21	19.19	9.300	51.45	108.1
growth	408	−0.280	22.74	−57.40	−0.750	217.4
guaranty	408	0.370	0.170	0.000	0.360	0.860
currentratio	408	1.360	1.410	0.130	1.000	12.98

(续表)

变量	样本	均值	标准差	最小值	中位数	最大值
cash	408	0.450	0.500	0	0	1
edi	408	35.65	18.47	1.890	32.08	86.79
edimission	408	53.53	22.57	0.000	60	100.0
ediecon	408	41.58	25.43	0.000	41.67	100.0
editreat	408	31.50	19.10	0.000	29.41	94.12
edicarbon	408	25.44	31.61	0.000	14.29	114.3
ediemit	408	34.10	28.12	0.000	25.00	100.0
roa	408	4.970	6.670	−23.90	4.380	29.68
growth2*	408	−316.2	1 609	−19 000	−3.260	4 737

注：* 表示 roa 和 growth2 为后文 13.5.3 稳健性检验中用于替代 roe 和 growth 的变量

13.5 实证结果分析

13.5.1 变量相关性检验

由表 13-5 可知，环境信息披露与借款规模在 5% 水平上显著相关，初步验证两者的相关性。公司资产、净资产收益率、资产负债率、抵押物、流动比率和融资需求均与借款规模相关。各变量间相关系数均不大于 0.616，基本认为不存在多重共线性。

13.5.2 回归结果

模型(1)—(5)的实证结果对比如表 13-6 所示。仅经济类(EDIecon)、碳排

第 13 章　不同环境信息披露对信贷规模的差异化影响——基于沪市重污染行业上市公司的实证研究

表 13-5　主要研究变量的相关系数矩阵

	edi	floan	lnasset	nature	roe	debt	growth	guaranty	currentratio	cash
edi	1									
floan	0.111*	1								
lnasset	0.431*	0.117*	1							
nature	0.204*	0.055	0.327*	1						
roe	0.063	-0.094	0.049	0.032	1					
debt	0.117*	0.478*	0.360*	0.248*	-0.217*	1				
growth	-0.098	-0.046	-0.15*	-0.235*	0.078	-0.119*	1			
guaranty	0.227*	0.205*	0.23*	0.258*	-0.095	0.409*	-0.181*	1		
currentratio	-0.179*	-0.331*	-0.322*	-0.122*	0.066	-0.604*	0.125*	-0.410*	1	
cash	-0.024	-0.025	-0.080	-0.084	0.042	-0.041	0.077	-0.223*	-0.013	1

注：* 表示在 5% 水平上显著相关。

放(EDIcarbon)和排污类(EDIemit)3种环境信息披露指数在0.05水平上对借款规模存在负向影响,与假设2预期相符,可能是由于经济类信息更明显地暴露了公司需要承担更多环保类支出,占用了公司核心业务发展所需的资源,碳排放和排污类信息则暴露了公司可能面临更多环保违规的处罚,或是后续需要花更多精力和支出在污染减排和治理上,引发债权人对于公司盈利水平下降的担忧,因此减少了拨付的借款规模。愿景类(EDImission)环境信息披露水平与借款规模不相关,与假设2预期不符,可能是因为该类指标更偏向于宏观、整体层面的公司环境方针,对公司的经济利益及整体发展的影响较弱,难以传导至借贷行为上。治理类(EDItreat)环境信息披露水平与借款规模不相关,与假设2预期不符,可能的解释是,治理环境可以公司未来的环境风险,但也会增加治理费用,一正一负的影响在一定程度上抵消,因此不影响公司借款与还款行为。

为了探究环境信息披露对企业银行借款的影响是否受到其他因素的扰动,笔者引入各类环境信息披露与企业融资需求的交叉项。研究结果表明,所有类别的环境信息披露指数与融资需求的交叉项均对借款能力有正向影响,与假设相符。以环境信息披露总体披露指数为例进行分析:环境信息披露对借款能力的影响是负向的(EDI系数为负),而环境信息披露与融资需求交叉项对借款能力的影响是正向的(EDI*cash系数为正),这表明在企业有融资需求时,环境信息披露总体披露指数对企业借款能力的这种负面影响会削弱(EDI与EDI*cash系数之和表示有融资需求时EDI对Loan的影响)。可能的原因是,当现金流不足时,银行信贷审批时更多考虑项目本身的收益率,或公司财务等更为显然的因素,而较少考虑环境风险或环保支出等次要因素,因此环境信息披露对借款能力的影响会削弱。

控制变量中,表征盈利能力的ROE(净资产收益率)在所涉及的6个模型中均对借款规模在0.01显著性水平上有正向作用,这是因为盈利能力是企业产生现金流、得以持续还本付息的保障,因此盈利能力越强的企业借款能力越强。表征企业成长性的变量Growth(上期营业收入同比增速)在0.05显著性水平上对借款能力存在正向作用,这是因为企业收入的增长意味着未来现

第13章 不同环境信息披露对信贷规模的差异化影响——基于沪市重污染行业上市公司的实证研究

金流的增长,则按时还款更具确定性。

表13-6 不同类型的环境信息披露与银行借款能力的固定效应回归结果

VARIABLES	经济类 (1) econ F.loan	愿景类 (2) mission F.loan	治理类 (3) treat F.loan	碳排放 (4) carbon F.loan	排污类 (5) emit F.loan
lnasset	−0.427 (−1.36)	−0.428 (−1.21)	−0.412 (−1.20)	−0.371 (−1.13)	−0.375 (−1.18)
1.nature	−0.097 (−0.08)	−0.089 (−0.05)	0.188 (0.16)	0.203 (0.18)	−0.254 (−0.24)
roe	0.195*** (7.16)	0.185*** (3.63)	0.182*** (7.47)	0.177*** (8.52)	0.176*** (7.34)
debt	1.207 (0.87)	1.634 (1.45)	1.400 (0.91)	1.231 (0.81)	1.541 (1.06)
growth	0.628** (2.16)	0.650 (1.54)	0.703** (2.34)	0.667** (2.42)	0.645** (2.31)
guaranty	1.998 (0.17)	7.750 (0.54)	5.235 (0.45)	5.772 (0.51)	7.189 (0.65)
currentratio	−7.830 (−1.35)	−4.526 (−0.38)	−6.636 (−1.12)	−7.237 (−1.28)	−4.465 (−0.78)
edi					
edicash					
ediecon	−1.291** (−2.27)				
edieconcash	1.027*** (2.79)				
edimission		−0.531 (−1.20)			
edimissioncash		0.580* (1.82)			
editreat			−0.692 (−1.40)		
editreatcash			1.119** (2.32)		

(续表)

VARIABLES	经济类	愿景类	治理类	碳排放	排污类
	(1) econ	(2) mission	(3) treat	(4) carbon	(5) emit
	F.loan	F.loan	F.loan	F.loan	F.loan
edicarbon				−0.833** (−2.34)	
edicarboncash				1.154** (2.38)	
ediemit					−1.054** (−2.54)
ediemitcash					0.888** (2.11)
Constant	12.182* (1.84)	11.507 (1.49)	11.132 (1.51)	10.273 (1.46)	10.562 (1.55)
Observations	408	408	408	408	408
R-squared	0.149	0.105	0.111	0.124	0.123
Number of id	204	204	204	204	204
Adj. R-squared	0.104	0.104	0.104	0.104	0.104

Robust t-statistics in parentheses
*** $p<0.01$, ** $p<0.05$, * $p<0.1$

13.5.3 稳健性检验

本章采用更换控制变量的方法对模型进行稳健性检验。将用于表征盈利能力的变量从ROE(净资产收益率)换成ROA(总资产收益率),用与表征成长性的变量growth从营业收入同比增长率换成营业总收入同比增长率。更换控制变量后,环境信息披露总体水平在0.05水平上对借款规模有显著负向影响(原模型在0.01水平上显著),愿景类和治理类环境信息披露与企业借款规模依然无显著相关关系,其余3类环境信息披露仍在0.05水平上显著,与原模型基本一致。环境信息披露水平与融资需求的交叉项,除了治理类环境信息披露与

第13章 不同环境信息披露对信贷规模的差异化影响——基于沪市重污染行业上市公司的实证研究

融资需求的交叉项的显著性从0.05水平下降到0.1水平之外,其余各类环境信息披露指标与融资需求的交叉项对借款规模的影响均与原模型维持在相同的显著性水平上(见表13-7)。这说明本研究结论具有较好的稳健性。

表13-7 替代关键控制变量后的环境信息披露与银行借款能力的固定效应回归结果

VARIABLES	经济类 (1) econ F.loan	愿景类 (2) mission F.loan	治理类 (3) treat F.loan	碳排放 (4) carbon F.loan	排污类 (5) emit F.loan
lnasset	-0.318 (-0.90)	-0.331 (-0.91)	-0.291 (-0.81)	-0.258 (-0.73)	-0.267 (-0.75)
1.nature	-0.899 (-0.50)	-0.910 (-0.49)	-0.747 (-0.41)	-0.789 (-0.43)	-1.154 (-0.63)
roa	3.523* (1.68)	3.499 (1.64)	3.234 (1.52)	3.342 (1.58)	3.318 (1.58)
debt	1.437 (1.20)	1.797 (1.48)	1.635 (1.35)	1.461 (1.21)	1.761 (1.47)
growth2	-0.011** (-1.99)	-0.010* (-1.88)	-0.010* (-1.84)	-0.009* (-1.74)	-0.009 (-1.62)
guaranty	-2.305 (-0.16)	1.849 (0.12)	-0.005 (-0.00)	0.844 (0.06)	2.194 (0.15)
currentratio	-8.887 (-0.74)	-7.716 (-0.63)	-8.118 (-0.67)	-9.128 (-0.76)	-6.180 (-0.51)
edi					
edicash					
ediecon	-1.065** (-2.60)				
edieconcash	0.010*** (2.82)				
edimission		-0.269 (-0.60)			
edimissioncash		0.005* (1.66)			

(续表)

VARIABLES	经济类 (1) econ F.loan	愿景类 (2) mission F.loan	治理类 (3) treat F.loan	碳排放 (4) carbon F.loan	排污类 (5) emit F.loan
editreat			−0.411 (−0.67)		
editreatcash			0.010* (1.92)		
edicarbon				−0.829** (−2.13)	
edicarboncash				0.011** (2.48)	
ediemit					−1.014** (−2.43)
ediemitcash					0.009** (2.09)
Constant	9.904 (1.28)	9.613 (1.21)	8.737 (1.11)	8.183 (1.05)	8.488 (1.09)
Observations	408	408	408	408	408
R-squared	0.088	0.050	0.055	0.070	0.070
Number of id	204	204	204	204	204
Adj. R-squared	−0.941	−0.941	−0.941	−0.941	−0.941

注：括号中为 t 统计量

*** $p<0.01$，** $p<0.05$，* $p<0.1$

13.6 结论

13.6.1 研究结论

对文献和理论的回顾与归纳表明，目前国内外关于环境信息披露的研究已较为丰富，但实证研究大多集中在将环境信息披露作为因变量的探索上，

第 13 章 不同环境信息披露对信贷规模的差异化影响——基于沪市重污染行业上市公司的实证研究

而将其作为自变量来探究其经济结果的研究较少。关于绿色信贷的实证研究既包括银行端的，也包括实体企业端的，但大多关注企业借款期限结构和借款利率的影响因素，而关于借款规模的研究则较少。

对 2014—2016 年环境信息披露指数的描述性统计显示：（1）环境信息披露指数整体水平仍较低，勉强达到及格水平，存在披露内容不全面、披露位置分散、存在主观随意性等问题。（2）不同种类的环境信息披露水平差异较大，由好到差依次为愿景类＞经济类＞排污类＞治理类＞碳排放，公司更愿意披露环保目标等笼统信息，对碳排放类信息缺乏重视。（3）环境信息披露指数的行业差距较大，前三名为石化、钢铁和火电行业，倒数前三名为纺织、制药和建材行业，半数行业在三年间披露质量稳步上升，不存在连续三年披露质量下降的行业，表明环境信息披露质量整体呈改善趋势。（4）环境信息披露指数存在区域差异，西南偏远地区的披露情况始终不太理想，京津冀和长三角披露情况普遍较好，发达地区整体披露水平更高但内部差异也更大。（5）国有企业的环境信息披露水平明显高于非国有企业，每年得分均值高出 4—6 分左右；非国有企业的披露水平先降后升，国有企业披露水平在三年内稳步提升。

多元回归结果表明：（1）经济类、排放类和排污类环境信息披露对借款规模有负面影响，可能的原因是这三类指标暴露公司在目前或未来需要承担更多环境风险或环保支出，降低银行的借款意愿。（2）愿景类环境信息和治理类环境信息则对借款规模无显著影响，其中愿景类信息可能因为较为笼统，不是考察的重点；而治理类信息的不显著可能是环境风险降低和环保投入增大两相抵消的结果。（3）企业的融资需求会减弱这种负向影响，可能的原因是企业有融资需求时信贷审批更看重项目和公司本身的盈利和偿债能力，更少关注环境信息暴露的环境风险。（4）在控制变量中，企业盈利能力和成长能力均意味着未来现金流更有保障，对企业获取的银行借款规模有正向作用。

环境信息披露与绿色信贷两大政策的齐足并驰，是环保和融资之间产生协同效益的典范。一方面，环境信息披露可以推动绿色信贷的发展，不仅能降低银行的信息获取成本，更准确而全面地评价借款企业的环保水平和潜在环境风险,还能促进金融产品升级、利用新型手段分析企业环境信息,例如,根据污染物排放量等数据判断出污染型、绿色型、浅绿型和深绿型企业,提高绿色企业的融资效率,从而使金融更好地服务实体经济。另一方面,绿色信贷的发展对环境信息披露也有正向作用。银行对于企业环境表现和绩效等各方面关注的增加,会倒逼企业提高自身的环境信息披露水平,也从根本上提高自身的环保意识和行为规范,实现自身的可持续发展,在将来亦可以稳健的业绩来反哺金融业。此外,二者联手还可产生正向效益的外溢,例如,可以推进与企业环境保护相关的法律体系的建设,强化公众的环保关注度,推动社会更全面、协调、可持续发展。

13.6.2 政策建议

第一,建议加强银行业金融机构与各部门、各机构的合作。环境信息的使用者非常广泛,包括债权人、股东、监管机构、社会群体等,加强环保部门、央行、证监会、银监会等部门和金融机构之间形成合作,构建环境信息征信体系,共同督促企业如实、充分地披露环境信息,则对各利益相关者而言都降低了信息不对称程度,有利于效率的提高和资源的利用。同时建议加强独立第三方(会计师事务所等)对环境信息的独立鉴证,培养具有较高跨学科素养的环境审计专业人员,使得所披露的环境信息更真实可靠。

第二,建议银行业加强企业环境信息披露在环境风险控制中的应用。首先需要制定量化的环境风险评级标准,建立可行性较高的环境监管指标,统一绿色信贷的统计口径,探索出符合中国国情的"赤道原则"。其次要提高环境风险识别能力,加强环境风险评估和处理等风险管理环节。同时也要顾虑绿色信贷产品和形式上的不断创新,学习发达国家的创新模式,尝试信用衍生品、保险等金融创新工具来转移环境风险[①],给予绿色信贷更多创新试错空

---

① 上海银监局绿色信贷研究课题组:《绿色信贷支持金融创新与产业结构转型研究》,《金融监管研究》,2016(5):98-108。

间，引导资金向绿色节能环保行业流动，助力产业结构调整，推动绿色经济的发展。

第三，建议加强绿色信贷的经济激励。目前政府、银行、企业三方都缺少践行绿色信贷的经济激励，是阻碍绿色信贷进一步发展的重要因素。建议逐步完善绿色GDP绩效考核，提高政府对绿色发展的重视程度。设立环保财政专项基金，以贷款利率优惠、税收减免等方式补贴环保企业或提供绿色信贷的银行；尝试学习发达国家（如德国复兴银行）用贴息和担保的方式为绿色信贷的发展提供动力，在专业管理团队的运营下，撬动财政和民间资金共同为绿色信贷添砖加瓦。另一方面，绿色信贷通过资金价格工具，为节能环保产业提供借款利率优惠的一种补贴形式的庇古手段。因此，绿色信贷可视为环境经济学理论在金融领域的创新利用，对于行业的绿色发展及金融的绿色创新有重要作用。

13.6.3 研究展望

本研究所关注的研究领域未来的研究方向可以从以下几方面入手：（1）纵向拉长研究的时间范围，向前追溯至更早年份，向后延伸至最新可得数据的研究，探究随着环境信息披露和绿色信贷制度从出台到逐步发展成熟，企业环境信息披露对其银行借款的影响是否会随之产生变化。（2）横向扩大研究的样本范围，从重污染行业扩展到更多制造业企业，从上交所上市公司扩展到深交所，甚至港股或美股上市公司，研究制度和市场环境等因素对企业环境信息披露和银行借款规模关系的影响。（3）扩大或修正本研究模型所采用的控制变量，更为全面地考虑企业端的内外部因素，以及银行端因素的影响；同时可尝试更多除企业融资需求以外的因素与环境信息披露的交叉变量，探究更多因素对环境信息披露与借款规模关系的影响。（4）采用更多方法来进行稳健性检验，使模型更有说服力。

附录

附表1 2014—2016年14个行业各类环境信息披露指数的描述性统计

行业	参数	整体	愿景类	经济类	治理类	碳排放	排污类
采矿(N=36)	均值	38.75	56.34	42.52	36.63	25.73	38.25
	标准差	17.73	22.03	21.56	18.54	31.23	27.62
发酵(N=9)	均值	34.17	48.89	48.15	30.07	26.98	24.07
	标准差	19.71	26.67	19.88	18.71	36.03	27.78
纺织(N=30)	均值	29.07	46.33	34.10	27.30	14.05	28.12
	标准差	16.84	24.98	22.02	17.67	20.76	26.53
钢铁(N=48)	均值	45.66	61.67	48.18	37.87	34.52	53.99
	标准差	19.95	22.91	22.97	20.66	38.63	30.75
化工(N=129)	均值	35.44	52.05	44.94	33.00	19.27	31.89
	标准差	15.34	20.97	23.79	18.75	27.87	23.06
火电(N=66)	均值	44.42	61.72	51.75	32.47	39.18	49.87
	标准差	21.18	22.47	28.11	21.66	33.78	32.54
建材(N=15)	均值	32.83	60.89	49.81	23.27	19.37	25.56
	标准差	13.81	20.76	24.48	14.44	26.60	24.08
煤炭(N=51)	均值	42.40	56.08	52.89	34.02	36.46	41.57
	标准差	17.40	18.34	22.05	17.78	31.12	27.55
酿造(N=24)	均值	35.02	49.58	31.68	29.04	33.78	41.49
	标准差	18.51	22.69	21.43	17.09	33.45	26.02
石化(N=6)	均值	59.75	62.22	37.50	60.78	80.95	67.13
	标准差	14.74	18.70	24.01	17.71	23.33	19.98
水泥(N=15)	均值	47.67	53.33	61.39	41.76	35.24	47.22
	标准差	16.10	22.25	15.78	18.61	36.47	25.57
冶金(N=45)	均值	38.80	54.96	48.21	38.09	16.77	36.51
	标准差	18.59	22.08	24.84	23.34	23.29	30.63
造纸(N=27)	均值	40.80	60.64	55.32	31.50	17.95	44.52
	标准差	17.90	18.51	17.53	19.33	26.04	33.88
制药(N=111)	均值	29.11	49.50	29.04	27.52	17.21	29.90
	标准差	17.59	22.24	24.01	19.00	25.77	27.94
总计(N=612)	均值	37.45	54.49	43.71	32.71	25.24	37.92
	标准差	18.62	22.06	24.95	19.80	30.99	28.99

第13章 不同环境信息披露对信贷规模的差异化影响——基于沪市重污染行业上市公司的实证研究

附表2 不同行业环境信息披露指数的年度比较

行业	参数	2014	2015	2016	三年平均
采矿	均值	37.27	37.58	41.40	38.75
	标准差	13.68	19.96	20.07	17.73
发酵	均值	34.59	37.73	30.19	34.17
	标准差	23.89	28.49	11.32	19.71
纺织	均值	24.34	28.68	34.20	29.07
	标准差	14.33	12.92	22.07	16.84
钢铁	均值	46.34	39.51	51.12	45.66
	标准差	20.32	17.61	21.23	19.95
化工	均值	32.34	32.99	40.98	35.44
	标准差	16.38	14.16	14.17	15.34
火电	均值	38.25	49.91	45.10	44.42
	标准差	21.90	21.60	19.23	21.18
建材	均值	30.19	37.74	30.57	32.83
	标准差	13.34	20.01	6.59	13.81
煤炭	均值	45.06	37.07	45.08	42.40
	标准差	16.41	19.39	16.00	17.40
酿造	均值	33.84	33.96	37.27	35.02
	标准差	19.68	22.82	14.47	18.51
石化	均值	50.00	62.26	66.99	59.75
	标准差	17.34	13.34	17.35	14.74
水泥	均值	45.66	46.41	50.95	47.67
	标准差	16.25	11.67	22.04	16.10
冶金	均值	37.11	37.61	41.69	38.80
	标准差	9.74	21.99	22.24	18.59
造纸	均值	31.87	41.93	48.60	40.80
	标准差	13.78	17.92	19.25	17.90
制药	均值	28.25	26.57	32.52	29.11
	标准差	18.55	17.08	17.03	17.59
总计	均值	35.16	36.13	41.05	37.45
	标准差	17.95	19.00	18.45	18.62

附表3 2014—2016年各省环境信息披露情况

变量	省份(区、市)	不发达地区				省份(区、市)	发达地区			
		2014	2015	2016	Total		2014	2015	2016	Total
均值	安徽	41.51	23.11	37.42	34.01	北京市	47.45	44.15	48.16	46.59
标准差		23.52	21.20	24.22	22.39		22.64	20.65	18.36	20.34
样本数		4	4	4	12		20	20	20	60
均值	甘肃	33.02	33.96	36.79	34.59	福建	31.45	37.53	39.27	36.08
标准差		1.334	16.01	14.68	9.888		15.36	19.62	22.27	18.85
样本数		2	2	2	6		9	9	9	27
均值	广西壮族自治区	27.36	37.42	48.58	37.79	广东	19.50	36.48	28.93	28.30
标准差		25.53	20.23	19.98	22.56		9.682	24.62	7.143	15.56
样本数		6	6	6	18		3	3	3	9
均值	贵州	23.90	22.01	29.35	25.09	湖北	28.30	39.62	41.51	36.48
标准差		11.37	7.625	5.844	8.142		14.04	15.63	13.69	14.44
样本数		3	3	3	9		4	4	4	12
均值	海南	23.90	35.22	22.64	27.25	江苏	30.57	31.04	40.77	34.12
标准差		8.508	29.97	8.646	17.24		16.32	19.84	17.90	18.09
样本数		3	3	3	9		10	10	10	30
均值	河北	40.97	40.97	38.41	40.12	辽宁	30.50	29.87	40.88	33.75
标准差		12.64	16.62	13.19	13.58		7.586	17.14	27.33	18.71
样本数		7	7	7	21		6	6	6	18
均值	河南	36.57	29.46	40.03	35.36	内蒙古自治区	30.82	38.99	39.52	36.44
标准差		15.70	16.20	18.67	17.05		10.98	22.97	10.25	15.44
样本数		13	13	13	39		6	6	6	18
均值	黑龙江	39.25	35.47	33.96	36.23	山东	32.02	35.26	48.44	38.57
标准差		14.82	10.62	16.72	13.42		13.54	19.13	18.03	18.18
样本数		5	5	5	15		16	16	16	48

第13章 不同环境信息披露对信贷规模的差异化影响——基于沪市重污染行业上市公司的实证研究

（续表）

变量	省份（区、市）	不发达地区				省份（区、市）	发达地区			
		2014	2015	2016	Total		2014	2015	2016	Total
均值	湖南	38.49	35.47	36.10	36.69	陕西	21.70	25.47	19.81	22.33
标准差		16.15	19.49	4.074	13.77		9.339	20.01	25.35	15.25
样本数		5	5	5	15		2	2	2	6
均值	江西	33.33	30.82	43.40	35.85	上海	45.28	37.66	49.73	44.22
标准差		19.36	6.626	18.00	14.80		24.10	21.58	24.53	23.45
样本数		3	3	3	9		15	15	15	45
均值	宁夏回族自治区	24.53	26.42	41.51	30.82	天津	23.59	50.00	37.74	37.11
标准差		0	0	0	9.307		6.671	25.35	8.005	17.03
样本数		1	1	1	3		2	2	2	6
均值	青海	38.36	30.19	52.20	40.25	浙江	34.74	39.36	38.09	37.40
标准差		12.28	23.19	22.51	19.79		19.93	20.45	18.51	19.51
样本数		3	3	3	9		29	29	29	87
均值	山西	33.73	41.51	44.81	40.02	重庆市	33.02	21.70	20.75	25.16
标准差		17.10	13.03	11.94	14.37		20.01	14.68	8.005	13.16
样本数		8	8	8	24		2	2	2	6
均值	四川	31.45	30.19	38.16	33.26					
标准差		15.22	19.57	25.18	19.50					
样本数		6	6	6	18					
均值	西藏自治区	15.09	3.773	16.98	11.95					
标准差		18.68	2.668	8.005	11.17					
样本数		2	2	2	6					
均值	新疆维吾尔自治区	28.68	40.75	40	36.48					
标准差		14.52	21.20	14.70	16.83					
样本数		5	5	5	15					

(续表)

变量	不发达地区					发达地区				
	省份(区、市)	2014	2015	2016	Total	省份(区、市)	2014	2015	2016	Total
均值	云南	44.34	44.81	42.92	44.03					
标准差		11.78	13.46	11.77	11.22					
样本数		4	4	4	12					
均值	总计	34.25	33.68	39.15	35.69	总计	35.75	37.72	42.27	38.58
标准差		16.02	17.34	16.50	16.74		19.14	19.90	19.58	19.68
样本数		80	80	80	240		124	124	124	372

第14章

浙江省绿色金融改革中的环境信息共享机制对策研究[①]

① 本文研究与写作得到了"浙江绿色金融青年研究小组"的大力支持。

14.1 引言

党的十九大将"绿水青山就是金山银山"重要思想写入党章,绿色发展理念成为习近平新时代中国特色社会主义思想的重要组成部分。浙江省是"绿水青山就是金山银山"重要思想的发源地,绿色发展也已经成为浙江发展的底色,而发展绿色金融是新时代推进绿色发展、践行"绿水青山就是金山银山"重要思想的本质要求和核心抓手。

习近平总书记在2016年中央深改组第27次会议上指出,要通过创新性金融制度安排,引导和激励更多社会资本投入绿色产业,同时有效抑制污染性投资。利用绿色信贷、绿色消费、绿色股票指数和相关产业、绿色发展基金、绿色保险、碳金融等金融工具和相关政策为绿色发展服务。随后在今年的全国金融工作会议以及十九大报告中,多次指出要发展绿色金融。2017年6月,国务院决定在浙江、江西、广东、贵州、新疆5省(自治区)建设绿色金融改革创新试验区。主要任务包括充实绿色金融主体结构、丰富绿色金融产品体系、完善市场基础设施、强化政策扶持及建立绿色金融风险防范机制。通过试点,为下一步全面推行提供可推广可复制的经验。绿色金融改革创新实验区的正式启动标志着绿色金融发展进入政府主导、市场运作的"顶层设计、基层试点"实操阶段,也表明绿色金融改革的时间表和路线图日益清晰,绿色金融在推进我国经济转型升级和绿色发展过程中必将发挥积极的作用。在此,值得我们探索的是,在中微观层面上,绿色金融究竟如何服务于城乡的经济发展与环境保护,以及金融工作的任务和原则又如何适用于绿色金融的发展。

对于绿色金融的有效发展而言,最为主要的微观机制之一是如何推动企业环境信息的公开披露与共享。有关企业环境信息的披露与共享,十九大报告非常明确地提出要"建立强制性的环境信息披露制度",G20 绿色金融综合报告(2017)也将公共环境数据(环境信息)的利用与共享作为绿色金融下一步的重点发展方向。其原因在于,企业环境信息披露是绿色金融的重要基础设施,有效的环境信息共享是绿色金融发展的重要动力源泉,也是足以推动绿色金融改革与创新的原动力所在,建立有助于发挥和提高环境信息利用效率的环境信息披露与共享制度非常关键。

14.1.1 有效的环境信息披露和共享制度是绿色金融市场资源有效配置的重要基础

G20 绿色金融综合报告(2017)指出环境信息主要在以下 4 个方面有着重要价值。

其一,如果缺乏适当的环境信息,投资机构、信贷机构及保险机构就无法评估与投资相关的环境、气候因素对其财务的影响。由此导致的对环境风险的低估以及对风险定价和管理的缺失,可能会使决策失误,并引发资产价值的波动,包括突发和意外的减值。

其二,环境信息的缺乏也会阻碍投资者与被投资公司之间就实质性环境问题进行有效的沟通。环境信息的使用者除了为了规避风险和追求商业回报的投资者外,还有越来越多的开展"价值观投资"的机构,它们关注其投资与长期政策信号及社会目标的一致性,特别是可持续发展目标(SDGs)和《巴黎协定》。如果缺乏适当的环境信息,这类投资就会变得很困难。

其三,政府部门也是环境信息的使用者:倘若缺乏环境信息且无法进行环境成本收益的估算,那么,即使政府有意为绿色投资提供激励,也很难找到适宜的激励具体对象。

其四,在绿色发展的背景下,企业面临各种环境风险分析,需要利用企业披露的环境数据来评估该企业或行业本身的"即期风险敞口"。

所以,有效的环境信息披露和共享是绿色金融改革试点的重要基础,也是金融机构发展绿色信贷等产品和服务模式创新的迫切需要,更是金融机构防控环保合规风险和信贷风险的重要手段,还直接影响浙江省绿色金融改革试点的专业性和有效性。

14.1.2 绿色金融发展面临着环境信息披露和共享不平衡、不充分的短板

从上可知,企业环境信息的披露与共享对绿色金融发展至关重要,但在现实中,绿色金融发展却在环境信息披露和共享上存在着较大短板,金融机构量化环境风险的实质性影响所需的环境信息与公共和私营机构环境信息披露和共享不平衡、不充分的矛盾依然比较突出。主要体现在三个方面。

其一,在源头环节上,企业环境信息的透明度不高;根据相关的统计研究,作为最具代表性的企业群体,上市公司在环境信息披露上并不积极。这里面既有一些客观的外部信息披露制度原因,也有一些能力不足等主观因素。企业不主动积极披露其环境信息决定了环境信息无法在数量上为绿色金融提供足够的支持。

其二,在流转环节上,企业环境信息的转化与共享水平不高。在缺乏有效信息披露制度约束条件下,企业所披露的有限环境信息无法在市场上"流动"起来,一方面,原始的环境信息和数据得不到专业化的加工消化和吸收,无法发挥其对绿色金融业务的支撑;另一方面,散落在各部门各领域的环境信息缺乏互通共享平台,尤其是缺少结构化的呈现,致使环境信息和数据的收集和整理存在"重叠",并产生一定的"抵触",对银行等金融机构进一步利用造成障碍。

其三,在末端共享环节上,银行等金融机构对环境信息的利用能力和效率不高,银行等金融机构是环境信息的主要利用者之一,但由于在治理机制、

激励机制、专业人才等方面并没有做好各种准备工作,以及受制于环境信息收集共享方面的整个制度环境,实际结果是,尽管银行等金融机构也非常重视环境信息的收集,但其实际利用效率还有待提高和改进。

综上,为了更好地推动环境信息披露及共享,提出相关的对策和建议,使环境信息的披露与共享更好地服务于绿色金融的发展,推动浙江省银行业落实"最多跑一次"改革各项举措,浙江绿色金融青年研究小组特开展本次调研活动,调研活动通过座谈讨论、问卷调查、实地考察等方法,针对浙江省全省范围内的各地银行机构(包括法人及分支机构)和上市公司(重污染型为主)展开样本调查和分析,了解现状,找出其中的症结所在,提出建议与对策。

14.2 浙江省银行机构收集和共享企业环境信息的实践进展

调研发现,浙江省银行机构普遍积极参与各种绿色金融实践,在企业环境信息的重要性上有着较为准确的认识,并对企业环境信息的收集和共享提出较高要求。与此同时,在浙江省银行机构积极参与绿色金融实践的过程中,由于缺乏有效的企业环境信息收集及共享机制,高质量企业环境信息披露不足已经成为绿色金融发展的一个短板,受企业环境信息披露收集不足的影响,银行机构无法及时、全面掌握企业动态,分析企业真实状况,并在贷款额度的调整上做到有效对接。同时,由于对企业环境信息的掌握不足,银行也无法对绿色金融业务成效进行准确的评估,大大削弱了绿色金融业务在环境保护上的金融杠杆作用。

14.2.1 绿色信贷覆盖面广

本次调研结果表明,浙江省银行机构普遍参与各种绿色金融的实践,主要体现在银行信贷对于绿色发展项目的支持上。根据统计,在受调查的210家机构中,大多都不同程度地开展绿色信贷项目。其中,最为普遍的绿色信贷项目集中在"节能环保"(174)和"清洁能源"(159),再次就是"五水共治"(144)(如图14-1所示)。这说明,在国家推进绿色金融改革与创新努力的影响下,银行机构在绿色金融实践上有极高的参与度和积极性,不仅参与和支持市场主导的企业经营性项目,还参与和支持政府主导的环保公共基础设施建设项目。

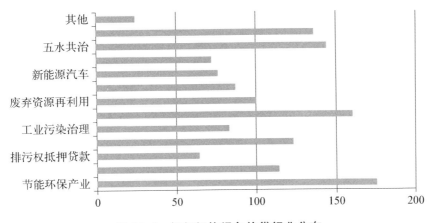

图14-1 银行机构绿色信贷行业分布

受此影响,浙江省银行机构的绿色信贷占比呈现较为积极的一面,有31%的银行机构在绿色信贷占比上高于20%,这远远超过了全国的平均水平,当然与此形成比较的是,仍有28%的银行机构在绿色信贷占比上低于5%,这表明,整体上绿色信贷的发展存在结构上的不均衡和不充分(如图14-2所示)。

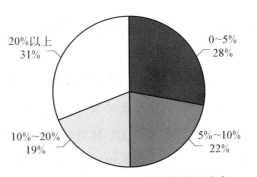

图14-2 银行机构绿色信贷占比分布

14.2.2 重视绿色金融的组织和管理

与此同时,浙江省银行机构积极开展绿色金融的各种组织创新与准备工作。在受调查的银行机构中,专门设有"绿色金融事业部"的机构占到20%左右,其次,也有将近四成的机构是由"董事会"或"信贷委员会"等高管层面的组织机构来负责绿色金融业务的管理。这说明,在绿色金融的发展过程中,绿色金融业务及其管理得到了较高程度的重视。

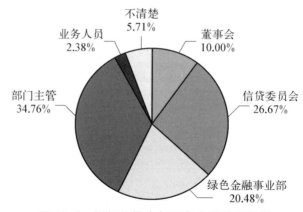

图 14-3　银行机构内部绿色金融管理部门

14.2.3 上市企业披露环境信息的积极性逐年提高

在针对企业(污染密集型的上市公司为主)的调查和分析中,可以发现,随着社会经济对于生态环境保护的高度重视,企业也越来越重视环境信息的公开披露。根据复旦大学环境经济研究中心连续3年发布的"企业环境信息披露指数"报告,受各种因素影响,上市公司环境信息披露意愿和能力都在逐年改善和提高,绿色透明度的平均得分从2014年的36分已经提高到2016年的41.52分(如图14-4所示),呈现出较为积极的势头。

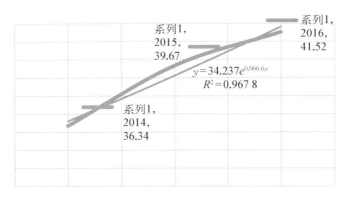

图14-4 企业环境信息披露指数(2014—2016)

同时,统计结果表明,在受访的上市公司中,绝大部分企业都在对外公开披露主要的环境信息和数据,包括公司环境保护方针,年度环境保护目标及成效,公司年度资源消耗总量,公司环保投资和环境技术开发情况,公司排放污染物名称、种类、数量、浓度和排放方式(包括超标排放等情况),公司环保设施的建设和运行情况,公司在生产过程中产生的废物处理、处置情况,废弃产品的回收及综合利用情况,与环保部门签订的改善环境行为的自愿协议,公司受到环保部门奖励的情况等。这意味着,从生产源头环节来看,企业在环境信息公开披露上已经为银行机构获取和分析环境信息和数据创造了越来越好的可能性和有利条件。

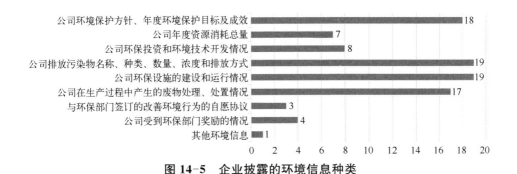

图14-5 企业披露的环境信息种类

14.2.4 银行机构各尽其能收集与利用企业环境信息

银行机构在环境信息和数据的利用上仍存在较大的改进空间,调研数据表明,在银行机构积极参与绿色金融实践的同时,如何让环境信息和数据"跑起来",提高其利用效率,实则是当前银行机构进一步推动绿色金融实践和发展的重心所在。

一方面,银行机构大都高度评价企业环境信息的重要性,在企业环境信息的收集与共享方面有较高的积极性。

大部分受调查银行机构都认同"获取环境公共外部数据和信息对银行开展金融业务的重要影响",在回答"环境数据和信息重要性程度"问题时,99%的银行机构的评价都是"很重要"或"重要",其比例显然高于其他领域的公共数据和信息(税收、海关、工商、知识产权等),同时,认为环境信息"不重要"或"很不重要"的占比为零(如图14-6所示)。

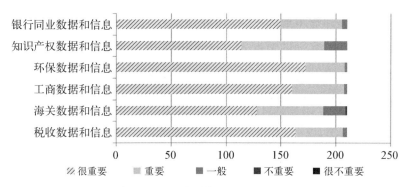

图 14-6　各类数据和信息对银行开展金融业务的重要性

另一方面,银行机构对于环境数据和信息的重要性含义也有着较为深刻的认识,他们认为环境公共外部数据和信息有助于帮助银行机构"识别、防范、计量、监测和控制"信贷业务活动中的环境和社会风险,这一点恰恰是与G20绿色金融综合报告(2017)中的判断不谋而合(图14-7所示)。

第14章 浙江省绿色金融改革中的环境信息共享机制对策研究

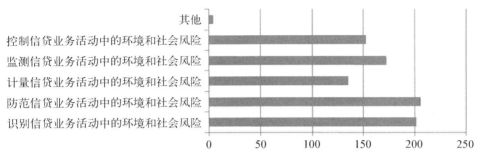

图14-7 企业环境信息和数据对于银行机构的具体影响

为此，银行机构在获取环境信息和数据上开展了各种积极的努力和尝试，主要体现在内部治理机制、获取环境信息的工具手段以及信息和数据处理分析等三个层面上。

首先，在内部治理机制上，不少银行专门制定了有关环境信息和数据收集的规章制度。譬如将近50%的银行机构对收集、审核、分析和管理企业环境信息制定了详细的规定（文件），还有部分银行机构则由董事会或理事会层面上围绕这一问题做了专门的讨论。

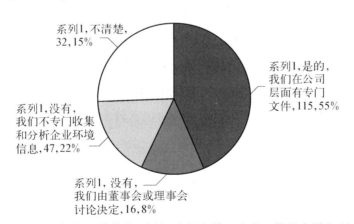

图14-8 银行机构收集、审核、分析和管理企业环境信息的规制

其次，在工具手段方面，银行机构也开展了各种尝试。主要通过开展授信尽职调查、获取企业社会责任报告、通过银行业主管部门和环保主管部门数据库以及借助第三方专业机构力量等途径来获取相关的环境信息与数据。

在这些途径中,最为主要的获取方式仍然集中在银行自身所开展的"授信尽职调查"(204),其次是"通过银行业主管部门和环保主管部门数据库"(97,117)。这在一定程度上也说明,银行机构在获取环境信息和数据的过程中存在明显"碎片化"的特征;总体上,银行机构对于企业环境信息和数据的利用程度和利用效率不高,存在很大的改进空间。

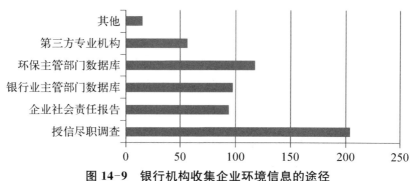

图 14-9　银行机构收集企业环境信息的途径

最后,获取相关的环境信息和数据之后,银行机构积极开展各种数据和信息的分析与处理,主要包括"建立环境风险事件数据库""开展环境大数据分析""使用企业绿色评级工具""开展企业客户的ESG(环境、社会与治理)评级"和"进行企业碳足迹与碳减排评估分析",但调查结果同时也表明,银行机构对于环境信息和数据的处理和分析能力仍有待加强和提高,特别是在对接国际通行的环境信息披露标准方面(ESG)仍有较大差距。

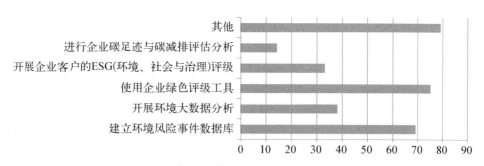

图 14-10　银行机构的企业环境信息分析工具

14.2.5 政府部门积极搭建环境信息共享平台

2011年以来,浙江银监局与浙江省环保厅密切合作,依托现有的局域网,共同构建绿色信贷信息共享平台。经过半年多的努力,目前该信息平台已上线试运行。银行可以通过平台及时了解节能环保方面政策及企业环境行为等方面的信息,环保部门可及时获取银行机构反馈的信息,评估环保政策效果,并对相关政策措施作出适应性调整。银行监管部门可通过该平台发布绿色信贷政策导向,加强对银行业绿色信贷的监测,并据此进行监管考核。

14.3 浙江省银行机构收集和共享企业环境信息的主要问题与挑战

在调研过程中,我们觉得部分银行机构对企业环境信息的收集与共享有着较多的困惑,存在诸多困难与挑战。

14.3.1 银行机构对于企业环境信息的定义与内涵理解模糊

调研发现,大部分银行机构对于企业环境信息的理解集中在政府的环保处罚信息领域,以及有关企业的负面环保新闻信息上,据此来识别和判断企业的环境风险。九成以上的受访机构侧重此类信息,却对正面环境信息关注不够,甄别不出好的企业或者可以带来环境效益的绿色项目或绿色资产。事实上,根据笔者的研究,企业环境信息实则是与企业环境保护过程与结果有关的一个系统信息束,企业所面临的环境风险既与其环境标准和要求高度相关,也与其经营过程中的环保努力有关。这意味着,作为环境信息的主要收集与共享受益者,银行机构并未能有效消化和吸收环境信息的价值,挖掘环境信息潜在的生产力,银行机构大多停留在对企业环境信息的片面理解上,如仅仅重视环境处罚信息对于企业环境风险的甄别和识别,却忽视了多种环境信息对企业环境风险的综合判断以及预判方面的积极作用。

14.3.2 绿色金融认定标准差异较大

调研发现,浙江省银行机构在积极开展绿色金融实践的同时,面临着绿色认定标准上的诸多挑战,主要体现为识别绿色的标准和口径不统一,存在"深绿"和"浅绿"甚至"假绿"之间差异模糊化问题。譬如,在信贷过程中,银行机构究竟如何评估贷款企业或项目的绿色等级,受调查的银行机构在理解与实践上明显存在较大差异,尽管有七成左右的受调查机构表示其评估标准主要参照有关政府部门的标准(149),也有不少机构采取的是行业的绿色标准(122)以及银行内部建立的绿色评价标准(117)。而且,从统计数据可以看出,不少银行机构在判别贷款企业和项目绿色等级时显然存在双重或多重标准,这意味着,事实上,在整个银行业内部,有关绿色信贷的识别标准是不统一的,这对于绿色金融的长远稳定发展而言无疑是非常不利的。

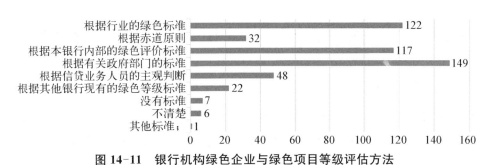

图 14-11　银行机构绿色企业与绿色项目等级评估方法

14.3.3 银行机构收集企业环境信息成效不高

从上可知,银行机构在获取及处理分析环境信息和数据上做了各种尝试,但受访银行机构大都表示,受制于各种内外因素,在获取企业的环境信息时往往显得力不从心,无法真正满足开展绿色金融业务的需要。从实际获取的环境信息和数据情况来看,尽管银行机构都给予了高度重视,但与其他公共数据相比,其成效并不明显。在受访银行机构中,4成的受访者认为环比数据和信息的实际获取情况属于"好"与"较好",差于税收、海关、工商和银行同业等方面的数据获取情况(如图14-12所示)。

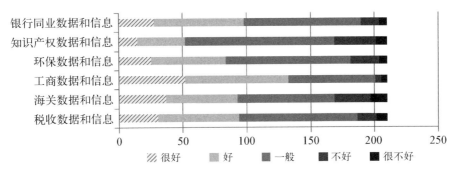

图 14-12　银行机构外部信息和数据的实际获取情况

其原因在于,银行通过上述多种途径获取环境信息和数据时,存在着诸多挑战和障碍,主要包括"企业不配合""缺乏专业能力""缺乏第三方专业机构""缺乏正式的环境信息披露制度""政府部间的信息共享不足",其中最受关注的一个挑战在于"缺乏正式的环境信息披露制度",这在某种程度上说明了当前国家着手推进环境信息强制性披露制度的必要性。

14.3.4　政府部门间的环境信息共享不足

除了以上因素之外,我们还要充分重视"政府部门间的信息共享不足"这一因素,主要体现为环境信息共享平台和机制(政府部门间共享平台、政府与银行的共享平台等)没有得到有效落实。

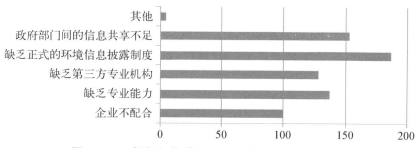

图 14-13 银行机构获取企业环境信息的主要障碍

图 14-13 显示,银行机构获取企业环境信息的主要障碍除了缺乏正式的环境信息披露制度,接着就是政府部门间信息共享不足。我们在调研中也发现,一些银行机构在环境信息收集上信息来源滞后、被动;绿色信贷信息不对称,目前信息主要来源于项目环评批复及企业自行提供的环保信息,没有第三方权威渠道可以核实,数据真实性无法保障。在实践中,各级地方政府部门关于产业、投资、环保、安监等信息不整合、不统一,有些环保违法行为的相关信息分散在国家、省、市、县各级环保部门,银行机构需要逐户逐部门查询,比较低效、费力,环境信息查询通道尚待完善。政府部门、金融机构和第三方外部机构的环保信息缺乏有效的共享机制,浙江省现有的绿色信贷信息共享平台数据量远不能满足银行机构开展绿色金融业务的需要。

14.3.5 银行机构之间的环境信息共享机制有待改善

当然,在银行机构获取外部环境信息和数据的同时,其自身也可以是公共环境信息和数据的一个重要来源,对此,大部分银行给予了高度重视。除了定期向银行监管机构报送相关的绿色金融发展报告外,还有不少银行机构分别通过年报、社会责任报告、可持续发展报告等方式向社会公众直接披露相关信息(如图 14-14 所示)。

第14章 浙江省绿色金融改革中的环境信息共享机制对策研究

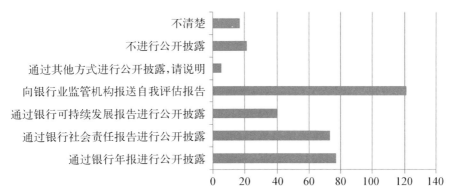

图 14-14 银行机构绿色金融信息披露方式

而在银行机构向外披露的相关信息中，主要集中在绿色信贷发展现状与发展战略和政策等方面，充分发挥了与投资者和公众进行沟通的积极作用（如图 14-15 所示）。

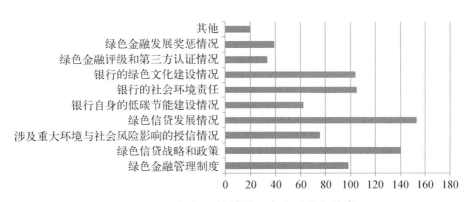

图 14-15 银行机构披露绿色金融信息种类

不过，当前的实际情况是，由于缺乏统一的规定，银行机构在绿色金融和环境等方面的信息和数据的"共享"方面各自为政，在收集环境信息的同时，总体上缺乏对外共享绿色金融和环境信息的积极性和有效激励。譬如，只有三成左右的银行机构建有绿色金融信贷业务的公开信息披露机制（如图 14-16 所示）。

287

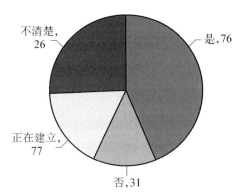

图 14-16　银行机构绿色金融信息披露机制建设

14.3.6　部分企业的环境信息披露有待改善

调研发现,部分企业环境信息和数据"生产力"不高,银行机构在获取企业环境信息上受到了挑战。目前,部分企业环境信息公开披露积极性不高,这里面涉及几方面的因素:一是企业的环境信息公开披露仍主要受制于"成本效应"的主导。目前,国家在企业环境信息披露方面并没有统一而明确的强制性标准和格式,这使得企业在公开其内部环境信息和数据过程中无所适从,考虑到存在较高的环境披露成本,很多企业最后选择不披露或少披露环境信息;二是企业环境信息披露的"竞争力"效应有待发挥,信息共享的正面激励效应有待形成;三是内外环境信息披露能力不足;四是部分银行机构收集利用企业环境信息能力不足,无法对企业环境信息披露提出进一步的指引;五是政府与市场之间、政府部门之间、银企之间的信息共享机制不够完善。

14.4　对策和建议

根据上述调研分析,为了克服和解决银行机构在收集与利用企业环境信息过程中的问题与挑战,我们建议在现有实践的基础上,分别在信息源头、信息共享以及信息利用等方面采取针对性措施,进一步提高和发挥企业环境信息对于发展绿色金融的积极作用。借助"最多跑一次"推进数据信息共享的有利时机,加强银监、环保、水利、国土等部门合作,发挥银行、企业、专家学者、市场力量的作用,试点建立和完善"五个一"绿色信贷信息共享机制:一个企业环境信息披露的最低标准和负面清单,一个绿色企业的分类分级机制和正面清单,一个绿色信贷的信息共享平台,一个环境信息共享的激励约束机制以及一个绿色信息、绿色信贷、绿色银行的监测评级机制。

14.4.1 建立强制性与自愿性披露相结合的环境信息源头治理机制

统计分析表明,大部分银行机构在收集与共享企业环境信息过程中所面临的首要的,也是最大的困境在于"巧妇难为无米之炊",无论是通过自身的尽职调查,还是通过政府信息平台,真正可供利用和挖掘的环境信息数据并不丰富,企业所披露的环境信息数量不多、质量不高。究其原因,在市场发展不充分和外部规制疲软的情况下,企业没有积极性或主动或被动地披露环境信息。

为此,有必要在源头环节通过各种方式鼓励和强制企业披露环境信息,譬如建立企业环境信息披露标准清单,开发企业环境透明度指数,对积极披露环境信息的企业给予必要的奖励,而对那些消极对待环境信息披露的企业则要采取必要的惩处,通过强制性和自愿性相结合的制度,推动企业环境信息披露和公开,提高企业环境透明度。

14.4.2 深入推进"最多跑一次"改革,打造和升级环境信息披露与共享平台

要不断提高银行机构对企业原始环境信息加工与处理能力,避免收集渠道的单一化、碎片化以及共享意愿与能力低下的问题。实践中,银行机构既

是企业环境信息的"消费者",又是企业环境信息的"提供者"。前者主要体现为银行机构缺乏有效的工具和能力消化吸收来自各个渠道的一手企业环境信息,往往停留在表面化的处理上;后者则体现为他们各自为政地处理和加工环境信息,不愿与其他机构共享相关的企业环境信息。与此同时,在银行机构外部,无论是政府搭建的信息平台,还是第三方的信息处理专业机构,都受困于有限的处理能力而无法让现有的企业环境信息真正"流转"起来,进而也就无法在更大范围内实现共享。

我们建议,应该打通企业与政府之间、不同政府部门之间、不同银行机构之间的信息屏障,打破信息孤岛,深入推进"最多跑一次"改革,完善金融机构与环保部门的信息共享平台。要培育和借助于市场的第三方专业机构力量,改善企业环境信息的市场处理和加工能力,以适应绿色金融发展需要。

14.4.3　建立健全绿色信贷评级机制,提高企业环境信息的利用效率

就现有的情况来看,除了在源头与处理环节外,银行机构对已有企业环境信息和数据的利用还存在效率较低的问题,其中最主要的缘由在于,大部分银行机构并没有真正建立环境信息与绿色金融业务之间的桥梁,让已有的企业环境信息服务于绿色信贷等业务。对此,部分银行机构已经开展积极有益的尝试,主要体现为在已有企业环境信息基础上,对贷款企业和项目建立系统的绿色评级标准和制度,包括"负面清单"制度,以及通过不同颜色标识等方式给予明确辨别等。尽管这些尝试正在发挥积极作用,但其中仍存在标准不统一、执行不到位等问题,致使企业环境信息无法真正服务于绿色信贷的拓展与评价。

为此,我们建议,建立统一的绿色信息、绿色信贷和绿色银行的评价制度,通过有关部门的监管来倒逼银行机构尽最大可能充分利用企业环境信息、数据资源和环境信用评价结果,在最大范围内推广有关绿色信息与信贷的评估和评级,并将之融入风险定价和风险防控过程。

第15章

绿色发展与转型
——基于能源环境的硬约束

"经济下行"和"环保风暴"是当前最为热门的两大关键词之一,实际上,对于当下的中国而言,这两大关键词背后的含义关涉重大,体现为速度和质量的经济转型和体现为生态环境质量的绿色转型已经并重成为社会经济所面临的最大挑战。由此,衍生出两个重大问题,一则,如何在各自的层面上实现转型;二则,更为重要的是,如何实现两者间的齐头并进,也就是做到均衡发展。其中后者的实现尤为困难,譬如,经济下行或者周期性阶段中,社会经济极易陷入"资源环境利用"上的反弹,体现为受凯恩斯经济思想影响的大规模基建投入,以及重化工产业的发展,削弱技术进步的相对作用;再譬如,经济下行过程中,如果加大能源环境保护力度,会出现明显的产业地区间转移,如此一来,即便在部分区域显现出经济转型的积极成效,但从全国整体来看,则会受到其他区域经济转型成效低下的拖累,进而出现某种反复。这些问题极大地困扰着我们对上述两个问题的认识及处理。

15.1 重塑中国经济转型的认知基础

有关中国经济转型这一话题,已经热议多年。官方层面上,早在1995年,中共中央就提出了"科教兴国"的口号[①],彼时,中国经济以及经济改革正值旧的动力消耗殆尽、新的动力举步维艰的发展阶段,中国经济亟须一次新的增长模式转变,由此,全社会陆续开始了有关经济增长(发展)模式转变的思索和讨论,新一轮的"经济转型"也由此揭开了序幕。

---

① 吴敬琏:《中国增长模式的抉择》(第四版),上海远东出版社,2013。

然而，经济转型是知难而行更难，时至今日，可以看到，中国经济仍然在转型的路途上蹒跚，为何呢？

其一，长期以来，从事经济转型研究的经济学家大都侧重于从经济结构本身出发，认为提高经济增长的效率，譬如技术进步、改善经济制度等，就足以推动经济从粗放式的发展向集约式的方向转变，而忽略了在这个过程中能源环境利用所具有的特殊性。其中最大的特殊性就在于，能源环境的稀缺性及其带来的约束。某种程度上，从经济增长需要出发的经济转型都并没有真正重视这个约束条件，充其量，只是将这个作为边界性条件加以处理，因而长期以来，经济转型一直在"能源环境的软约束"条件下进行。现在回想起来，这样的经济转型其实是无法真正取得成功的，在能源环境的这种软约束下，各级政府其实是没有足够的动力来推进经济转型的。

其二，从事能源环境保护研究的专家又大多仅仅侧重于自身的技术领域，他们的确可以较为准确地掌握和理解中国能源环境领域所面临的挑战和困境，进而也提出了加强能源环境保护的方略，譬如通过各种法规来提高能源环境保护的标准、明晰奖罚制度等，但如果从能源环境保护的全生命周期的角度来看，这样的一些规定充其量只能是"末端意义上"的治理，为何呢？因为我们的确可以从技术的层面出发来强化能源资源环境的保护，但要知道，这样的保护措施能否有效传导到其源头，即能源资源环境利用的层面，以及什么样的措施会真正作用于经济结构转型的层面，这里面显然有着很长且复杂的一段传导路径，如果是仅仅将这个传导路径简化为"法治"，那显然是不足以发挥保护能源资源环境的成效。结果是，从末端来看，能源资源环境没有得到保护，而从源头来看，经济结构照样粗放，经济转型遥遥无期。

上述两个极端视角所产生的问题是显而易见的。基于经济转型与能源资源环境保护之间的强大关联性，我们最需要的是什么视角呢？那就是基于经济—能源—环境的综合视角，经济学上称为一般均衡的视角（或方法）。简单而言，就是要在能源环境的约束条件下来审视经济发展的有效性。如果开展研究能做到这一点,那么,这样的研究至少不会走偏。

实际上,基于能源资源环境的(约束)视角出发来理解经济转型,其关键在于将能源环境保护的需要纳入经济转型的战略和决策过程,尤其是要将对这两者之间的内在关联关系融入经济转型的方方面面。譬如对能源环境的成本进行计算,并折算成影子价格,通过各种途径置入经济政策,这也正是沟通经济学研究与能源环境保护之间最好的桥梁。按照著名环境经济学家威廉姆·诺德豪斯(2011)的话来讲,这也就是"取得经济与环境保护之间平衡"的最佳选择。

15.2 能源环境约束下的中国经济转型

在解决了基本的认知方法之后,接下来的问题在于如何全面地理解经济转型的含义。关于这个问题,根据吴敬琏教授所著的《中国增长模式的抉择》一书,在1995年左右,中央便已经意识到原有经济增长方式的诸多弊病,开始提出并制定转变经济增长方式(后改为"转变经济发展方式",两者在本质上是同一个意思)的政策,并取得了阶段性的成效。尽管时至今日,经济增长方式的根本性转变并没有如期而至,相反还出现了某种反复,但不可否认的是,相比于20多年前的认识,应该说,整个学界和业界都已经更加普遍地接受了转变经济增长方式这一提法/概念,认识到了经济转型对于中国经济可持续发展的极大必要性。只不过,对于经济转型或转变经济增长方式的内涵,社会各界在认识上仍然显得略有不足,并颇有争议。

如果回顾经济转型这个概念本身的发展史,可以发现,最初期,它完全等同于"转变经济增长方式"。而根据当时的经济发展背景,我们可以判断,所谓经济转型的第一层或首要含义在于,如何在1978年改革开放、从计划经济向市场经济转型取得初步的成功后,继续巩固这一体制转型的成果,并通过进一步的改革来释放新的生产力,也就是说,在计划体制逐步转向市场经济体制后,限于市场经济建设经验的不足,社会经济发展仍然存在严重的低效问题,从而阻碍了继续前进的动力。体现为我们主要依靠粗放的经济增长方式,而不是集约的方式来推进经济发展①,这在规模经济递减的绝对规律下,显然是不可持续的一种发展模式,因此也就成为经济转型的主要根源。应该说,这样的理解在当时的背景下,不可谓不准确。但与此同时,相对于全球的能源资源环境保护大潮而言,这样的判断也有失偏颇。那就是,如果仅仅从效率以及规模报酬递减的角度出发,经济转型的方向便会停留在对于包括能源资源环境以及劳动力资本等一切经济资源的高效利用上,只要是相对有效的利用,并在此基础上发展各种产业,那就意味着经济转型的成功。事实上,我们也正是朝着这个方向去努力,譬如大力治理那种不理性的"投资饥渴症"等。

不过,问题显然并没有这么简单,仅仅数年之后,有关转变经济增长方式的努力便开始变得徒劳,为何呢?彼时,随着中国在2001年加入WTO,全球涌现出对中国制造品的旺盛需求,中国一跃而成为"世界工厂"。在此过程中,我们仍然继续加大力度实现经济增长方式的转变,尤其是推进通过推进技术进步和产业升级来提高产业产品附加值。相当一部分主流经济学家都坚信,只要中国坚持走开放经济+技术进步+产业升级的路子,我们就一定能很快实现经济转型。不幸的是,事与愿违,经历了20余年的努力,我们的经济转型并没有像想象中的那样如期而至②,究竟为何呢?原因在于,有关经济转型,实则还有着非常重要的第二层含义。

经济转型的第二层含义恰恰就与全球化有关。如果说,1978年后的改革开放是受惠于全球化的过程,那么2001年后,我们的经济在受惠于世界自由贸易体系的同时,也在潜移默化地改变经济转型的内涵。如前所述,加入WTO之后,中国经济发展事实上克服了诸多先前的弊病,并在相关的产业领

---

① 吴敬琏:《中国增长模式的抉择》(第四版),上海远东出版社,2013年。
② 同上。

第15章　绿色发展与转型——基于能源环境的硬约束

域取得较大成效,包括极大地提高全球市场份额,以及提升产业的国际竞争力,体现为国民经济 TFP(全要素生产率)保持相对较高的水平。结果是带来了满目疮痍的环境,究其原因,与庞大的经济规模不无关联,即便我们将每单位的资源和环境利用效率提升到极致,也挡不住全球市场在短短10年内对于中国制造品的需求给有限资源环境带来的巨大压力。更何况,在推进经济转型之初,我们便没有将能源资源环境的市场化纳入改革的范畴,这就意味着,从一开始,经济转型便是在失衡的状态下演进的。结果是,尽管技术转型取得了部分成功,但资源环境领域转型滞后于经济效率,并最终爆发,拖累整个转型的成效。如陈诗一教授新著《能源、环境和中国经济转型》第二章所提,"拖累经济效率的驱动因素主要有四种,包括资本深化(capital deepening)、能源强度、产业结构和能源结构"①。

在上述著作中,陈诗一教授把能源强度作为重点的分析对象,其意义不可谓不大。如果我们还只是将经济转型的内涵停留在资本深化(规模保持递减)的层面,那么,我们对经济转型的理解是不够全面和"与时俱进"的;如果我们还不能将经济转型的主要约束力尽快地从效率约束转变为资源环境约束,那么,即便我们可以在很短的时期内推进制造业的技术变革和产业升级,也无法真正应对全球能源资源环境变化的最新趋势,从而失去解决经济转型问题的良机。我想,对于这一点的认识,显然非常有助于理论界和业界人士重新认识经济转型与能源环境保护之间的关联关系,进而加速经济转型战略和对策的调整。

如果理解了上述有关经济转型的第二层含义,就可以明白,目前的经济转型是处于资源环境的约束之下,却走上了一条"能源资源环境软约束"的经济增长道路,由此,经济转型的方向逐渐明朗,那就是将资源环境的软约束变为"硬约束",将经济增长纳入这硬约束的框架。

---

① Shiyi Chen. *Energy, Environment and Economic Transformation in China*. Routledge Talor & Francis Group, London and New York. 2013. p.19.

15.3 中国经济转型的"绿色之路"

中国经济转型面临来自能源环境领域的硬约束,但是硬约束并不就意味着"硬政策",或者通过环保"苛政"来实现经济转型。一则,这不符合经济转型的自身规律;二则,社会经济将为此付出极大的代价。既要实现硬约束,同时又要软着陆,其中的关键是要深刻理解能源环境与经济增长之间的传导关系,然后利用它们之间的有机关联来实现两者之间的平衡发展。

第一,能源资源环境软约束的根源在于缺乏有效而精确的定价机制。

有关能源环境与经济发展之间的关系,在国际上,最为经典的理论非环境库兹涅茨曲线莫属。尽管环境库兹涅茨曲线主要是针对发达国家的情景衍生而出,但其背后的理论解释同样适用于发展中国家。只不过,中国作为最大的发展中国家,有着较为特殊的体制和机制及改革路径。这个最大的特殊性就体现为在过去的30多年里,中国一直在致力于用市场机制来取代计划机制(这也可以称得上是第一轮的经济转型),也就是说,在长期的经济转型过程中,我们的确非常重视市场化定价机制的作用,并且在事实上,也通过各种政策努力将各种要素(包括部分的能源环境要素)纳入这个定价机制中,从而使价格发挥出清市场、提高要素资源配置效率的作用。对此,社会各界有着较大的共识。但是问题在于,相对于普通的要素而言,能源资源环境要素是否就服从普通的定价机制和原则呢?从能源资源环境的利用过程及其结果来看,显然与普通要素有所不同。

其中,最大的不同在于,能源环境的利用会产生负面的外部性,也就是直接的市场价格其实无法真正体现,并进而出清这种由于负外部性带来的不均衡。这决定了,在能源环境领域利用市场机制有其特殊之处,那就是要通过对其负外部性的分析来找到它背后的"真正价格",以及分析决定这个价格的影响因素。对此,我们可以借助于碳排放影子价格的角度出发来尝试寻找这个"真正价格"①,我认为这是真正将市场化原则应用到协调我国能源环境与经济发展关系的理论突破。之所以说这是理论突破,主要原因在于,只有找到这个真正的价格,才足以确定各项能源环境政策在经济上的合理性。也就是说,无论采取何种方式来推进能源环境保护,都要秉承合理的价格原则,让能源环境保护的利用(或者排污)在成本上符合等价性,只有这样,能源环境部门才足以发挥对经济增长方式转变的足够影响,用其硬约束来倒逼经济转型。

当然,通过影子价格来体现能源环境部门的实际成本并倒逼经济转型并非易事,最大的难处在于在不同产业间、不同地区间影子价格的水平实则千差万别,由此,减排的动力自然也就因人而异了。如果不充分注意这样的"实际情况",并按照"实际情况"来进行实际处理,那么,结果便是在能源环境保护上进行一刀切,"环保硬着陆",用力过度和用力不足的并存会妨碍经济转型的成效。问题是,究竟存在哪些相异的情况呢?陈诗一教授对此展开深入分析,通过对38个不同类型产业的区分和对比,发现重工业碳排放的影子价格要低于轻工业,经济落后地区碳排放的影子价格要低于发达地区。这样的结论在理论上当然是完全站得住脚的,但要真正落实到具体的实践中却还有很长的一段要走。其中最大的症结在于,如何克服产业和地区背后的利益群体,让不同地区和产业的减排真正服从背后的规律。因为,理论上,我们可以是以全国的福利产出为总目标函数,但现实中,不同产业部门和不同地区却往往优先考虑本部门和地区的福利产出,在此情况下,也就难免出现某种利益上的博弈,进而改变最优的决策。尽管如此,陈诗一教授的观点仍然有很大的应用空间,也就是我们的各项政策要本着以最低成本来取得能源环境与经济协调发展的基本原则,以较小的代价来实现能源环境约束下的经济转型。

第二,如何实现能源环境对经济转型的硬约束作用?

---

① Shiyi Chen. *Energy, Environment and Economic Transformation in China*. Routledge Talor & Francis Group, London and New York. 2013. p.95.

实现硬约束,除了硬办法,更应该重视"软着陆",尤其是重视研究能源环境利用和排放变化趋势与经济发展及转型之间的有机联系,然后在充分了解和尊重其中规律的基础上,让能源环境保护与经济转型取得协同发展的效应。

有关中国经济增长的源动力,一般可以分为要素性的和非要素性两种,后者也可以简单地归纳为 TFP(全要素生产率),也就是用要素贡献无法解释清楚的残余部分,一般而言,非要素性的部分比例大小决定了一国经济增长的质量及其阶段,也影响着经济转型的成效。随着研究的进一步深入,非要素性的动力又被分为三个部分,分别是技术变迁、规模效应和结构变迁,根据相关考证,其中的技术变迁和结构变迁对于中国过去 40 年的经济增长的影响较大,规模效应较小①。而且近年来,随着结构变迁效应的波动和趋弱,TFP 整体上呈现出下滑的趋势,进而也就在实质上影响了经济转型的过程。问题是,究竟什么因素使得结构变迁的效应时弱时强呢?陈诗一教授的研究发现,1981 年到 2001 年间结构变迁效应较强,对经济增长的贡献较大,而之后,2001 年到 2006 年之间结构变迁效应则逐渐趋弱。那么,这个前后的阶段有何差异呢?

事实上,所谓结构变迁的意思表面上指的就是经济内部的产业结构,譬如重工业和轻工业的比例,但其背后则体现为要素的投入程度。一般而言,重工业自然是能源资源环境密集型为主,轻工业则是劳动力密集型为主,也就是说,产业结构的变化会受到要素的驱动,特别是要素配置机制的驱动,这又与中国的经济改革进程密不可分。如果深入考察中国的经济改革进程,可以发现,历次的重大改革战略都会不同程度地波及要素市场,譬如 1978 年开始的农村农业改革,改善农业生产力,释放巨大的农村劳动力,这就为后续工业经济发展,尤其是劳动密集型、出口加工型的工业经济发展创造了劳动力要素基础。又譬如,1984 年开始的城市国有企业改革,一开始的重点是"放

---

① Shiyi Chen. *Energy*, *Environment and Economic Transformation in China*. Routledge Talor & Francis Group, London and New York. 2013. p.95.

权"和"让利",使得大量的重工业企业开始考虑转型,转而生产市场亟须的、有利可图的轻工业产品,到后来,国企改革进入深水区,实施"抓大放小"的策略,关闭了大量低效和无效的小型能源资源环境密集型的中小企业,这些实则都在经济层面上为能源环境的消耗松绑,进而改变要素配置的机制,为结构转型创造激励。只不过,这一进程进入 21 世纪以后,随着大型国企"重振雄风",在各个领域攻城略地,重新开展"高大全"的建设项目,从而又大大增加了对能源环境消耗的依赖,并进而拖累结构转型的成效。

从以上的过程可以看出,能源环境消耗程度的起伏与围绕要素市场配置机制展开的各种经济政策之间有莫大的关联,而能源环境的消耗又将产生经济结构上的影响,最终波及经济转型成效。在谈及经济转型与能源环境保护的关系时,不能仅仅关注那些末端性的污染治理,也不能仅仅重视所谓的"环保制度"建设,更加重要的是,要从经济政策杠杆本身出发来理解其中的关联和逻辑,要更加重视用"绿色"的经济政策来推动环境保护,推进经济转型。

总之,如果能源环境与经济转型存在上述内在的逻辑关系,那么按照这个的逻辑关系,我们至少可以在以下几个方面开展下一步的工作,以推进社会经济的转型及绿色发展。第一,推进包括国企改革在内的所有制改革,进一步激发要素市场配置效率;第二,进一步调整产业政策,使得产业发展更加适应发展阶段的特征和需要,毕竟,当前能源环境的压力过度集中在重化工产业上;第三,进一步完善节能环保政策,健全环保领域的法律法规,发挥出制度倒逼形成"硬约束"的积极作用。

第16章

绿色发展视角下的自贸区建设与经济转型

自贸区建设的主要目的在于推进贸易和投资的自由化,这会影响到贸易国的环境质量,并带来诸多效应。从环境保护的角度出发,要让自贸区建设发挥自由贸易的技术和结构效应,就有必要通过有效的制度设计和安排改变现有的发展模式,尤其是改变单纯依赖低成本环境要素的贸易禀赋结构,让环境要素在贸易和投资的自由化过程中不断恢复其原本的价格和价值。只有如此,中国(上海)自贸区建设才足以发挥其改进效率的作用,并服务于建设美丽中国和实现绿色发展的宏大战略目标。

16.1 自贸区建设的背景

中国(上海)自由贸易试验区已于2013年10月正式成立,根据国务院颁布的《中国(上海)自由贸易试验区总体方案》,这一中国境内的首个自由贸易试验区(简称"上海自贸区")肩负着重大的历史使命,包括"在新时期加快政府职能转变、积极探索管理模式创新、促进贸易和投资便利化,为全面深化改革和扩大开放探索新途径、积累新经验的重要使命,是国家战略需要"等内容。但在全球以美国为主导,构建新自由贸易秩序的背景下,为了因应新的挑战,并重新确立中国在国际贸易体系中的地位,"上海自贸区"建设的一个关键使命便在于"促进贸易和投资便利化"。只有进一步地推进各领域改革,将自身置于资源配置的全球化进程中去,中国才能从自由贸易和投资所催生的经济效益[①]中获利。就此而言,"上海自贸区"建设所要解决的核心问题仍

---

① 袁志刚:《中国(上海)自由贸易试验区——新战略研究》,格致出版社,2013年。

是,如何通过提高贸易和投资的自由化程度来推进改革,以及促进发展,自贸区只不过是实现这个过程的一个环节而已。不过,问题显然没有这么简单,贸易和投资的自由化固然可以给社会经济带来诸多好处,但也存在一些值得争议的地方,其中最为典型的便是,贸易和投资的自由化会不会影响环境的质量?尤其是影响到作为贸易输出国的发展中国家的环境质量。

这个问题首先是在20世纪90年代提出的。那时,正值北美诸国签署《北美自由贸易协定》(NAFTA),在该协定生效后,有学者观察到作为协定中最大的发展中国家,墨西哥的环境质量在自由贸易的推进过程中似乎经历了一个明显下滑的阶段(Grossman and Krueger[①]),由此,经济学界揭开了有关自由贸易与环境质量的关系研究,并在此基础上归纳出了几个重要的效应和结论,包括环境库兹涅茨曲线(EKC[②]),污染者天堂效应及假说(PHE和PHH[③])。时至今日,随着发展中国家内部环境问题的加剧,譬如中国近年爆发大规模的空气污染事件(雾霾),这里面或多或少地存在一些国际贸易上的原因。那么,究竟应该如何审视自由贸易与环境保护之间的关系?已经成立的"上海自贸区"在推进贸易和投资自由化的过程中,是否会对中国的环境质量造成影响?进而,我们是否有可能利用"上海自贸区"的建设来扭转传统的发展模式,进而改善环境质量,让自贸区服务于建设美丽中国的绿色发展目标?

16.2 自由贸易与环境保护的关系:理论与实践

有关自由贸易与环境保护的关系,目前国际学术界有两种截然相反的意

[①] Grossman, G.M., A.B. Krueger. *Environmental Impact of a North American Free Trade Agreement*. The Mexico-US Free Trade Agreement. P. Garber, MIT Press. 1993.

[②] EKC: Environmental Kuznets Curve.

[③] PHE: Pollution Haven Effect,PHH: Pollution Haven Hypothesis.

见。第一种观点认为自由贸易不利于环境保护,其理由在于"在不同的环境管制水平下,商品的国际贸易和流动必然会增加环境风险,并危及环境质量"①,以及"国际贸易会加速各种资源的过度开发和利用,譬如象牙的贸易危及大象的生存,出口导向型的中国经济则严重影响了空气质量,热带雨林地区的木材出口则又导致了森林的不可持续发展②",由此,这个观点认为自由贸易对于环境质量的最大影响在于,为了在自由贸易中获得更大的竞争力,各国会倾向于削弱其环境规制水平,进而令其环境加速恶化,这个过程被归纳为"向底线竞争"(race to the bottom),这里的底线指的便是"环境保护的底线"。

与上述观点相异的是,推崇自由贸易的经济学家则认为,自由贸易不仅不会恶化贸易国的生态环境,还有改善作用。也就是贸易可以产生"收入溢出效应",令贸易的福利效应扩散到包括环境保护在内的诸多领域中。具体到自由贸易对发展中国家环境质量的影响过程,这个观点提出了与前一种观点截然相反的论据,指出在自由贸易的条件下,发展中国家更容易获得清洁的环保技术,以及在愈加严格的环境规制条件会反过来激励创新,并使得环境保护与贸易自由化的进程相辅相成③。就此而言,贸易自由化带来的并不是"向底线竞争",而是"向顶端竞争"(race to the top)。

上述两种观点各有侧重,都有一定说服力,那么,自由贸易对环境质量究竟有何影响呢?综合各种研究,总体上,自由贸易的环境影响在效应上可以分成三个部分,分别是规模效应、技术效应和结构效应④。之所以出现不同的

---

① Kevin P. Gallagher. *Handbook on Trade and Environment*. Edward Elgar Publishing. 2010.

② Copeland and Taylor, Trade, Growth and Environment. *Journal of Economic Literature*, 2004, 42(1): pp.7-71.

③ Porter and van der Linde, Toward a New Conception of the Environment Competitiveness Relationship. *Journal of Economic Perspectives*, 1995, 9: pp.97-118.

④ Nicolas Korves, Is free Trade Good or Bad for the Environment? New Empirical Evidence, Climate Change-Socioeconomic Effects. Janeza Trdine 9, 51000 Rijeka, Croatia. 2011.

结论,正与这三种效应的对比关系有关。第一,当自由贸易的规模效应占主导地位时,它对环境质量的负面影响就比较大,因为更大规模的经济产出必然占用更多的资源。第二,当自由贸易的技术效应占据主导地位时,自由贸易的环境影响就表现为正效应,其原因很简单,因为技术进步的情况下将提高环境的产出效应和保护程度。第三,当自由贸易的结构效应为主时,其结果则未可知,这是由于自由贸易如果强化了一国现有资源禀赋,那么在环境规制水平较低时将继续扩大利用低成本的环境资源,从而恶化环境质量;而在环境规制水平较高时,则又会通过提高环境资源的价格,改变其贸易禀赋优势,进而优化环境质量。

从以上三方面的过程可以看出,自由贸易是否影响,以及如何影响环境实取决于哪种效应占据主导地位,也就是说,环境质量与贸易的自由化本身并无或正或负的关系。关键之处在于,我们在自由贸易的推进过程和自贸区的建设过程中,究竟采取何种发展的路径或模式及理念,并在此基础上,是不是扬长避短,主要发挥有利于环境保护的各种效应,譬如技术效应和结构效应等。

从资源环境保护的角度出发,基于对可持续发展的各种理解,西方在社会经济发展模式的选择上曾经有过两种主要理念,其一是继续走资源环境密集型的发展道路(称为A模式)。作为最极端的增长至上论,这条道路在西方发达国家基本已经没有什么市场,可持续发展的观念已经深入人心,由此,早在20世纪70年代,西方各国的环保主义运动催生了第二种发展理念,那就是走"绿色"增长道路,其中尤以1988年联合国提出"可持续发展"概念为代表,此后,西方国家的社会经济政治基本上认同这个理念,并切实地采取了各种政策与行动,对本国/本地区进行实实在在的"绿色治理",并取得显著成效。

到今天,整体上西方国家的环境优于发展中国家,而这样的一个发展模式之所以能够取得成功,其中不可或缺的一个条件便是借助于越来越便利的国际贸易和投资,将本国的高污染、高能耗产业向外转移,同时有限制、有选择地对外输出本国的"绿色清洁资源(即能源资源环境)"(譬如跨地区贸易一

第 16 章　绿色发展视角下的自贸区建设与经济转型

体化协议中对特定地区进行贸易品种类的限定）。尽管从结果来看，这似乎是全球化背景下，各种要素参与全球分工后使然，但如果所有的贸易都是真正双向自由流动的，到目前，发展中国家实则不会接受这么高比例的污染产业，而完全忽略对于清洁产业的引进，并且发达国家的环境治理也不会如此顺利。其中，不可忽视的一个因素便是全球范围内，西方发达国家各种形式自贸区的设定过程中，如何通过自贸区的制度和政策设计来强化技术效应和有利于环境保护的结构效应，逐步修正自身的贸易优势，转而使发展中国家承担资源环境的低成本供给。

一方面，自贸区，顾名思义肯定是提高贸易和投资的自由化程度，让商品和要素通过这个管道真正地在国际市场上流动起来，然后推动本国禀赋在国际市场上获得最大程度的回报。但这并非是自贸区的全部内涵，到今天，我们开始研究所谓的"负面清单管理"，这在 30 多年前中国改革开放伊始时，是根本不敢做，也不敢想的事情。那时，担心的是没有外资进来，没有对外贸易可做。然而，30 多年前，美国等西方国家却早就为自贸区设定了为数众多的"负面清单"，对贸易对象和种类进行了诸多的规定。从经济学的角度来看，这实际上是进行了一次"资源的扭曲配置"，即在贸易自由化的过程中，通过各种政策抬高了某些贸易品的成本，同时又通过"自贸区"的形式来降低其他贸易品的相对成本，从而创造以及凸显出某些贸易品所谓的禀赋优势。事实上，现在大家都已经明白（或许大部分人还没有真正明白），这样的成本本来应该通过国内的价格信号进行还原。不过，要在国内扭转资源环境等要素的价格信号是很难的一件事情，譬如需要政府、市场进行反复博弈。而如果通过自贸区负面清单的形式来扮演价格信号的作用，就会减少很多的社会博弈成本，同时实现对贸易和投资流向的某种掌控。这便是自贸区建设对社会经济发展模式选择的第二重意义所在，也可以将之理解为所谓的"倒逼机制"。更宽泛的理解是，自贸区倒逼的不仅仅是政府、企业等主体，如果政策合理有效，它还会直接倒逼"资源环境领域的价格形成"。

就此而言，针对当前已经高度自由流动并且不合理的国际分工体系，在自贸区"负面清单管理"的设计中,不仅应该继续执行原先已经出台的各种资源环境保护管制政策,还应该对此提高约束,让资源环境要素的流出越来越困难,同时促进这些要素的积极流入。切忌重复以前的教训,让高污染和高能耗的产业继续得以在"自由和开放"的名义下透过自贸区这个管道向内涌入。

16.3 自贸区建设的环境效应分析

除了上述 A 模式和 B 模式之外,同济大学的诸大建教授还提出了另外的一种发展模式,即 C 模式①。该模式强调的是"适度的"可持续发展,侧重于以扩大经济增量为主要的途径来逐步提高国民经济的绿色性,其实质是建议在可持续发展的问题上走一条"渐进式"的道路,取一个"折中值";认为环保的步伐不可过急,应该与社会经济发展的阶段相适应,在主要矛盾仍集中于"发展与落后"的时候,不可将我们的注意力和精力完全转移到资源环境领域上。应该说,这样的一种模式(或理论)比较符合中国 1978 年来的改革开放实践经验,那就是以增量改革的方式来逐步消除市场中的扭曲现象,通过增量来解决存量中的结构性矛盾。

问题在于,从国外的实践来看,可持续发展的思潮一旦启蒙,在最初阶段就会表现得极为"激进",譬如美国,环保主义运动开闸美国,环保主义运动及动及其应用来解决存量。不可否认的是,之后,一时之间朝野各界无不以"绿色"来标榜自己,以至于任何领域的政策如果与"环保"相冲突便会遭到抵制,其中便包括"自由贸易区"的政策。反过来,也有一些国家,并未真正地启动可持续发展进程,任由资源环境条件继续恶化,最终则基本上都惨淡收场。就目前的情况看,受全球化和信息化等因素刺激,我们的可持续发展可以说

---

① 诸大建:《从布朗 B 模式到中国发展 C 模式》,《沪港经济》,2010 年第 6 期。

已经走到了一个十分重要的选择关口,那就是,在资源环境保护问题上,接下来究竟应该是"匀速"前行,还是"加速"前进?

客观来说,国内的环保领域看起来很热闹,但在根本上,我们距离"真正的环保主义启蒙"还有很长的一段路要走,还没有到要区分谁是"深绿"、谁是"浅绿"的阶段。不得不承认的是,仍有很多的政府官员、学者、企业家受到增长至上传统思维的束缚,希望一切工作的出发点都应该围绕经济增长展开,一切工作的评价也都应以 GDP 为标准。在此背景下,也很难说,上海自贸区的相关改革就没有诸如此类的考虑,即通过体制机制改革及相关领域的开放来优化资源配置,引入外部资本,提高国际竞争力,为经济注入新鲜血液,从而继续做大规模。果真如此的话,那自贸区的开建倒是与上述 C 模式的发展理念比较契合:一方面,让经济继续加速前进;另一方面,资源环境的利用速度则相对减缓,通过此消彼长的渐进方式来化解当前的资源环境困境。

但实际上,从中央的意愿和部署来看,如果自贸区仅仅停留在这样的一个目标和阶段上,显然无法满足当前形势发展的迫切需要,在"调结构、稳增长和促转型"三者中,结构调整显然是重中之重。为此,无论是"五位一体"的发展定位,还是"污染的区域联防联治",以及"大气污染防治行动计划"等,都可以看出中央为了应接下一个阶段里可能出现的新一轮"环保诉求"而着手开展的各项准备工作。如果自贸区的发展态势依旧仅仅是促增长,就会与这样的努力相抵触,也不符合中央的施政意图。

最后,自贸区究竟应该如何以自身的发展来辅佐结构调整和转变增长模式这个目标呢?除了本章第二部分所提的"减负"理念之外,还有一个重要的可能便是,通过自贸区的建设来获得自由贸易有利于环境保护的"结构效应",也就是促进要素禀赋的转变,以自贸区吸引资本,推动中国部分区域形成全球性或地区性的"资本高地",让资本逐渐成为我们新的竞争优势,以更加"廉价"的资本替代相对"便宜"的资源和环境。如此,也可在不强行"减负"(规避污染产业)的情况下,实现社会经济竞争力与"可持续发展"的齐头并进,抑或可以理解为是一种基于竞争优势基础意义上的"减负"。其实,这也是为何我们必须要推动金融、贸易、航运等的一体化来对抗外部竞争的关键所在。

16.4 自贸区如何与"绿色发展"协同：政策及展望

从发展模式的选择来看，在上述 A、B 和 C 三种路径中，可供我们腾挪的战略空间实际上已经越来越小，即便是走"渐进式可持续发展"的 C 模式在当下受到了政府的首肯，也无法再坚持几年。如其他国家的经验所表明，环保主义的启蒙和诉求并非是一种"渐进式"的发展过程，在日益趋紧的环境恶化形势下，极有可能在一夜之间从中央到地方掀起声势浩大的可持续浪潮，目前至少已经有一些迹象在证明这一点。到那个时候，一切提高效率的战略、政策及举措都不得不面对一个挑战，那就是如何与"建设美丽中国"的内生性相协同？就协同的根本性问题而言，其中的关键在于如何在不同政策之间打通"优化资源配置"这个共同点。

如果要从配置效率的角度出发，"绿色发展"的实质是优化资源环境的配置状况，直接的表现是将被低估了的资源环境价格还原出来。怎么还原呢？在社会主义市场经济体制下，最简单的方法莫过于通过管制来逐步提高它们的使用价格，一直提高到足以将资源环境的质量恢复到正常水平为止，其实相比于欧美的市场经济制度，我们在这方面应该有更大的优势。不过，问题的复杂性在于，"市场"这只无形之手并非会让环境管制的努力如愿以偿，它会通过自身的力量来抵消政府在环保上的种种努力，譬如，最为典型的便是以"用脚投票"的方式抵制严格执行环境管制的国家和地区，也就是形成所谓的"污染天堂"，即产业向"污染管制较轻，成本较低"的国家和地区转移。这也正是 30 多年来我们屡治环境而却又无功而返的本质所在。说穿了，就是因为我们的资源环境产品及服务不如欧美发达国家来得贵，体现在全球贸易体系中，便是资源环境要素大规模地从中国流向其他国家，经过长期的积累，从而造成了内外环境质量的失衡,到最后,即便是作为资源环境输入国的欧美发达国家自身都要出台政策来反对环境领域的这种失衡(譬如在各种地区贸易一体化协定中专门规定环境保护)。

由此,结合"绿色发展"的需要,解决资源环境领域的内外失衡是当务之急,与此同时,解铃还须系铃人,既然国际贸易是造成这种失衡的原因所在,那么,我们就有必要在强化内部环境管制的基础上,通过改善贸易条件的努力来扭转失衡。在此,自贸区就应该有所作为。

同样,按照优化资源配置的需要,设定"自贸区"的出发点本身就是为了消除内外部的各种区别和失衡,譬如制度成本的内外区别、商品和服务的内外成本区别、资本和技术要素的内外成本区别等。值得注意的是,总体上而言,在大部分商品、要素上,内部的成本都体现为高于外部的成本,但唯独资源环境领域正好相反。这一点实际上足以给我们为了自贸区发展以及对外多变和双边自贸协定的签订提供一个重要的启示,即如何在进一步提高贸易投资自由度、降低投资贸易各种成本的同时,让我们的资源环境成本和价格逐步与国际水平趋同,也就是说,自贸区和自贸协定能否为解决资源环境领域的失衡进行服务?这实则是"自贸区"改革与"绿色发展"诉求相协同的最大结合点。

表面上看,很难做到这一点,但实际上,只要存在长期的失衡(成本和价格的不一致),所有的理论都在告诉我们,市场是可以出清这种失衡的,只是问题在于,我们将如何合理地借助于包括自贸区在内的各种方法来改善我们的贸易条件,并为资源环境要素争取更加自由和对等的市场基础。

具体而言,究竟应该如何在自贸区与"绿色发展"之间搭建桥梁呢?如果我们可以将自贸区理解为进一步推动自由贸易的某种功能区,那么,这个问题的实质便在于如何正确理解并解决自由贸易与环境保护间的关系问题。如前文所述,两者之间存在着两难境地,自由贸易与发展中国家的环境恶化之间存在一定关联,尤其是扩大自由贸易,从而引入全球竞争的结果是给发展中国家带来所谓的"向底线竞争"的环境管治和约束的放松和质量的下滑,但这并非是自由贸易给环境领域带来的全部功效,除了以上"恶"的一面之外,自由贸易对于环境还有着积极的一面。

对此,也有很多理论予以解释,包括通过自由贸易带动经济增长之后,大大提升了发展中国家在环境基础设施上的投资能力,即提高了可持续发展的能力建设。自由贸易如果真正实现了要素的自由流动,那么,在资源环境要素流出发展中国家的同时,也会帮助发展中国家以更加低廉的成本引入环保技术和服务。还有,自由贸易所带动的市场化结果也会从制度层面大大提高发展中国家资源环境利用的效率,即提高环境的生产力。最后,商品和服务的自由流动必将带动"思想"的流动,其中便包括可持续发展的思想和理念,这一点在发展中国家长期的环境治理中尤为重要。事实上,包括"可持续发展"本身在内的发展模式和认知其实就与全球市场的建立与扩大不无相关[19世纪时,英国著名经济学家 Milton Friedman 就曾断言"A free market of goods corresponds to a free market of ideas"①(商品的自由市场必将与思想的自由市场相对应)]。现在看来,其中所提的 Ideas,既包括非商品的"服务"(如环境咨询),也包括非商品的"理念及认知"。从中可以看出,尽管处于不利地位中的发展中国家因为自由贸易造成了环境污染,但自由贸易与"绿色发展"仍是相辅相成的关系。不看到这一点,我们就无法充分利用"再开放"的改革契机来改善我们的环境。

如此,落实到自贸区,将来要在进一步开放的格局下保护资源环境,就必须扬长避短,充分发挥自由贸易积极的一面。一方面,要坚持以市场化的原则来配置资源环境要素,也就是取消各种人为压制资源环境价格的政策,在确保国家经济安全的前提下,把资源环境要素通过金融、贸易等手段放到国际市场上去流通起来,这对于提高我们国内资源环境要素的利用效率或者生产力是极为必要的;同时也有利于让国际市场的动态性来平息我们与发达国

---

① Milton Friedman, *A Concise Guide to the Ideas and Influence of the Free-market Economist*. Harriman House Publishing. 2011.

家在资源环境要素上的价差;另一方面,更加现实的问题是,如何进一步通过自贸区来发挥它在引入资源环境服务、技术,以及知识和理念上的积极作用,也就是以此进一步来推进我们在可持续发展上的能力建设。如此,那就可以与监管"环境污染排放"的"负面清单管理"相结合,真正地发挥出自贸区在"建设美丽中国"中应有的影响和作用。

16.5 结语

中国(上海)自贸区已经如期开建,就上海而言,实则已经迎来了历史上最大的一次发展契机,即既担负起深化全国改革开放的重任,又作为身处改革的第一线,享受改革可能带来的各种红利。对此,除了从金融、经济、贸易、体制等角度来探讨自贸区建设的种种方面之外,我们有必要进一步审视,自贸区建设究竟有无可持续发展意义上的某种价值?即从资源节约、环境保护的角度来看,上海自贸区的建设将会对我们既定的"五位一体"战略和"绿色发展"目标有何影响?

对此,首要的问题是,上海自贸区建设肩负的是深化改革开发的历史使命,那么这样的一个战略性举措究竟是在做"增量"还是做"减负"。就笔者看来,经历了前面30多年"重量轻质"的快速增长后,时至今日,实际上我们的社会经济积累了众多的"负资产",其中包括过重的产业结构、低效率的体制机制等等,从而带来了诸如资源利用效率不高、环境污染严重等后果,这些体现为"负能量"的发展在严重侵蚀着社会经济的机体。在此背景下,继续改革向前推进社会经济发展的途径已经明了,那就是"减负",是时候将一些不利于社会经济健康全面发展的"负资产"清理掉,无论是"壮士断臂"也好,还是"削骨疗伤",只要能让整个经济重新轻装上阵的都值得一试,尤其是能够真正让中国在经济结构上的弊病的方法。应该说,这才是打造中国经济升级版的核心所在,也是选择并启动建设上海自贸区的最大背景,如果仅仅是为了重复

30多年间所走过的老路,那么我们根本没有必要大张旗鼓地建设自贸区。

就此而言,要说自贸区在金融、贸易、产业等等方面的政策是一种改革和开发深化的话,那么,与30年前的改革开放以及10多年前的入世(加入WTO)本质上的区别在于,后者属于强化"从外向内"的流动性开发,而自贸区的意义则将更多是"从内向外"的流动性开放。说穿了,就是在相对比较封闭(从内向外的封闭)的围墙上,挖一个洞,这个洞的意义不再是所谓的"吸收",而将是更多的"疏通",通过这个洞,将内部的"负资产"疏导到外部去,减轻内部的重重负担,即为国民经济"减负"。

如果明白了这一点,就很容易读懂中央对自贸区设定的政策清单。表面上看,都是在做增量,即从制度上和产业上扫清一些障碍,但如果比对先前的政策,到目前为止,仍看不出这些制度和新增的产业还会对国际市场和资本产生多大的"虹吸"效应。反过来,通过这些政策,众多的国内资本和产业却可以更加容易地找到一个"外流"的途径。这一点,从政策解读的一个侧面来看,似乎是形成所谓的"倒逼机制";但效率的角度来看,实则是在挤压国内经营最为粗放的部门、市场和产业以及资本。如果市场对自贸区的政策形成长期预期,那么这样的挤压程度还将逐步提高。换言之,这样的"减负"看起来似乎不利于国内的资本积累和效率改进。但从长期来看,"减负"将可以帮助我们挤掉泡沫,治疗国内的政府和市场以往所形成的"投资饥渴症",改而转向"效率饥渴症"。就此而言,自贸区建设带来的"减负"效应将有利于我们腾出手来真正地从结构出发来改善环境、提高能效,并实现绿色发展。

第17章

环境诉讼的法经济学分析
——小岭水泥厂诉环保部的福利困境

"小水泥厂诉大环保部",这曾经是主要环保类媒体和栏目的头条新闻。其实,在法理面前,并没有什么大小之分,有的只是是非曲直。笔者觉得,在当下全社会进行超常规环境保护的特殊时期,这个诉讼有着典型意义,其背后折射出环境保护与社会经济发展之间的复杂关系,对此进行剖析,或许有助于我们厘清对于环保的认知,以及认清环保在未来的走向。

17.1 小岭水泥厂诉环保部的案由

诉讼的案由并不复杂,小岭水泥厂的一个改造建设项目本已通过了黑龙江省环保厅的环评验收,但环保部否决了这个验收,因此才有了小岭水泥厂状告环保部的一幕。其中,环保部否决省环保厅环评验收的理由是小岭水泥厂的改造建设项目没有按照国家卫生部门的相关规定迁走500米内(该规定后于2012年由国家卫生部门更新为300米)的居民(正是其中的7位居民代表向环保部申请行政复议,才牵扯出了环保部)。

小岭水泥厂提起诉讼的理由既有程序上的,也有实体上的。笔者观察下来,在福利上具有应用价值,也对其他类似诉讼存在潜在借鉴意义的理由在于,改造建设项目是在原址基础上进行的,并没有扩大范围,而原址上的小岭水泥厂修建于1935年,远远早于周围居民的居住时间。小岭水泥厂据此认为,应由居民自行搬离水泥厂可能影响的范围,尽管这个理由并未成为控辩双方争论的焦点。据笔者对于项目改造技术的理解,改建后的水泥生产在环境影响上甚至低于原先项目(可以通过污染的排放量加以测算),也就是说,水泥厂周边居民实则从改建项目中获益。即便如此,由于改建项目相对于居民而言属于"后来者",在法律上极易被视为"侵权方",这意味着就法律而言,小岭水泥厂将极有可能败诉。但站在福利的角度呢?如何从福利的角度来理解和解决这个"先来后到"的问题?以及,小岭水泥厂的可能败诉会否产生不利的福利影响?本章将围绕这些问题展开探讨。

17.2 分析视角

对于上述案由,我们应该秉持什么视角来进行分析?可能的视角有两个,一是法学,二是经济学。法学强调公平,经济学强调效率(福利)。

其一,从法学的视角来看,法律法规上究竟有没有对水泥厂建设项目的周边居住环境标准进行规定应当是判定这个诉讼的主要依据。如果是有明确规定,那就应该根据这个规定来执行。如果是这种情景的话,居民是否理应首告省环保厅的不作为?但如果没有相应的法律法规,遵循法律公平和默认的原则,无论在实际上水泥厂有无影响到居民生活,其建设项目都是合法的(有关这点,还可以做进一步的讨论)。

其二,从经济学的视角来看,情况可能稍微复杂一点。首先,如果法律上有明确规定,水泥厂周边多少距离范围内不允许居住,此时,水泥厂建设项目是否需要承担居民搬迁的成本,有必要审视环境权益的归属问题(比如水泥厂修建在先,居民居住在后,此时,居民的居住可视为放弃环境权益),这其实也是这个诉讼的关键所在。其次,如果法律上没有规定,也就是说法律上对于环境权益的归属没有说法,同时,对于环境权益本身的界定也没有说法(这是两个层次上的问题),判定水泥厂建设项目周边居民搬迁问题的根据便在于"是否合理",也就是效率原则。这个效率原则并非仅仅针对水泥厂一个主体,而是从社会整体福利的角度看,究竟是居民主动搬离,抑或水泥厂承担居民搬离成本更加符合社会福利改善的要求。

第17章 环境诉讼的法经济学分析——小岭水泥厂诉环保部的福利困境

17.3 福利分析

经济学视角的分析侧重于对资源配置结果的合理性界定。合理性的判断标准就是在法律以及诉讼结果给诉讼双方造成的影响是否会改变资源配置的有效性,是否造成资源配置的扭曲,以及是否会形成连锁效应降低社会总福利。

17.3.1 500米/300米卫生防护带的经济学意义

其一,根据相关规定,卫生部门在水泥厂/项目周边设置"500米/300米卫生防护带",这显然是对水泥厂环境影响的一种限制,即认为水泥厂的生产所排放的污染会对公众健康造成外部性影响,损害其福利。这样的限制尽管会给水泥厂/项目带来额外的成本(如提高了水泥厂的运输成本等),但与公众健康受影响后形成的经济损失相比,由水泥厂承担这个成本在社会意义上显然是"划算的"。尽管不清楚500米/300米的距离是否刚好在边际上满足上述的成本/收益分析的要求,但这恰恰是让水泥厂周边土地资源得到最有效配置的途径。在此基础上,水泥厂周边土地的价值会在这个限制条件下通过市场进行"出清"。有理由相信,市场配置下的最优均衡价格应该是低于没有这个限制条件时的均衡价格,而这也才从某种程度上体现了污染排放的"负外部性"。

其二,从另外的角度看,"500米/300米卫生防护带"还体现了对水泥厂"排污权"的一种保护。从企业生产的角度看,基于技术上的局限,生产过程排放一定的污染物,从而造成一定范围内的环境影响是不可避免的,如果无限扩大对环境影响范围的限制,比如将防护距离扩大为10公里,此时,环境或者公众健康得到了最大限度的保护,但企业也因此大大增加了生产成本,而这一成本通过产品市场的传导,最终也会损及公众及社会福利本身。因而,在一定距离内设置防护带,而不是无限扩大,实则是对"排污权"(及其环境影响)在水泥厂和公众间进行配置的边界界定,而这种界定的理论基础同样来自对实现福利最大化的需要。

17.3.2 侵权的经济学分析

上述讨论仅仅提供了一个静态分析的框架。具体到现实,会有两种情况:一是水泥厂/项目满足了"500米/300米卫生防护带"的要求,二是水泥厂/项目不满足"500米/300米卫生防护带"的要求。值得探讨的主要是后者,尤其是在社会经济发展中形成的动态演进过程是否满足相关规定和要求,这一点本身也在不断变化和演进。

首先,从法律的角度看,在水泥厂/项目不满足"500米/300米卫生防护带"要求的案例中,自然会派生出侵权的法律问题,就如本次诉讼中所涉及的居民与水泥厂间关系、水泥厂与环保部的关系等,其核心在于,水泥厂的项目建设究竟有没有违反法律规定侵犯居民的居住权。按照陶蕾等法学专家的分析,这一点毋庸置疑,无论是先建还是后建,水泥厂的项目建设都违反了有关卫生防护的法律规定,从而构成了侵权。

其次,我们的重点是分析被认定为侵权后的福利影响。

如前所述,既然"500米/300米卫生防护带"的规定蕴含着福利上的价值,那么违反这个规定自然就是损害福利了。不过,问题并没有这么简单。如本次诉讼所呈现的,侵权的情况并不是静态的,而是动态的。

第一,水泥厂修建在先,也满足了卫生部门设定的防护要求,即"500米/300米卫生防护带"内是没有居民居住(或者是自愿居住),那么,在水泥厂修建并通过环评后,如果有居民继续或者迁入"500米/300米卫生防护带"内居住,这意味着居民接受了水泥厂的"环境影响",而自愿放弃了搬离"500米/300米卫生防护带"的要求,这其实是一种在信息对称条件下的正常市场选

第 17 章 环境诉讼的法经济学分析——小岭水泥厂诉环保部的福利困境

择,是对"500 米/300 米卫生防护带"内房产价值和居住成本进行判断后形成的一个市场决策。此时,居民在"500 米/300 米卫生防护带"内的居住显然不涉及侵权问题(主动放弃权利),而社会福利在这样的选择过程中也实现了均衡和最大化。

第二,水泥厂修建后,进行项目改建,根据规定,改建项目等同于新建项目,要重新进行相应的环评。也就是说,这时,"500 米/300 米卫生防护带"的要求又被重新提出,并进行论证。问题是,此时,与新建项目所不同的是,在"500 米/300 米卫生防护带"内已经居住了一批在新建-改建期间迁入的居民。而根据第一点的分析,可以假定这批居民迁入该地时,是放弃了相应的权利(排污权)。那么,此时究竟应该如何界定他们原本已经放弃了的权利呢?或者他是否可以重新申诉获得这些权利?显然,法律法规并没有对此动态条件下的权利变化情景做出清晰的解释。(是否可以等同于"二次契约"?)

从经济学的角度看,放弃权利的背后是对成本收益的平衡,即在当初选择居住在"500 米/300 米卫生防护带"内已经在其考量中实现了行为人的福利最大化。只不过,在此后,随着城市化进程的加速,可能出现的一种市场结果是,这个"500 米/300 米卫生防护带"内土地的升值幅度远远低于"500 米/300 米卫生防护带"外的土地升值幅度。这就意味着,选择在"500 米/300 米卫生防护带"进行居住的居民,其资产是相对贬值的。但这一点是市场选择的结果,符合经济发展与环境价值之间动态演绎的规律,即在污染源周边,房产价值较低。既然如此,那是否应该在水泥厂改建项目后,对此权利进行重新界定呢?

重新界定意味着居住在水泥厂"500 米/300 米卫生防护带"内的居民重新获得他们已经放弃的"排污权",姑且不说这种资源重配本身是否合理,是否在法律上站得住脚。但如此的结果是,水泥厂的改建项目侵犯了居民的排污权和居住权。按照法律规定,在居民没有搬离"500 米/300 米卫生防护带"的时候,水泥厂的改建项目无法获得生产的许可(无法通过环评)。在此情况下,将出现新的市场均衡条件,这是因为,其一,相比于新建项目,居民搬离

"500米/300米卫生防护带"的市场成本有所提高（周边房产价格的上涨）；其二，博弈关系发生改变，在水泥厂新建项目时，"500米/300米卫生防护带"内没有居民，因此，其建设不需要考虑搬离居民的成本，但在改建项目发生时，"500米/300米卫生防护带"已经有居民，此时，一旦居民被赋予"搬离"的权利，那么，根据行为经济学的相关研究成果，其对搬离的要价（WTA，接受补偿的意愿）将比居民因为需要改善居住环境而选择的自行搬离成本（WTP，支付意愿）来得更高。此外，由于改建项目是在原有厂址基础上建设而成，有一定的前期投入成本，这也使得相比于新建项目，改建项目的成本将更高。这两种成本都意味着，如果把项目改建后的"500米/300米卫生防护带"内的排污权界定给居民，企业将承担额外的成本。

也就是说，新的市场均衡将在更高的外部成本条件下形成。第一，对于环境敏感，而希望搬离"500米/300米卫生防护带"的居民都将获得补偿。第二，此前已经放弃环境权利的居民，在示范效应的作用下，提出略等同于搬离"500米/300米卫生防护带"要求的额外补偿（在此情况下，对此部分居民进行适当赔偿仍然是划算的）。第三，一旦在"500米/300米卫生防护带"内的居住权获得相应的不同规模的补偿，就对土地和房产市场带来预期，也就是通过继续居住或者迁入"500米/300米卫生防护带"，来等待下一次的改建来获取新的搬迁补偿。第四，受额外补偿的刺激，"500米/300米卫生防护带"土地和房产市场出现更高相对价格水平上的均衡，其价值不是低于"500米/300米卫生防护带"外的土地和房产，恰恰相反，在预期的推动下，反而可能会高于"500米/300米卫生防护带"外的土地和房产（包括绝对意义和相对意义的高价）。从而形成与实际价值不符的结果，造成资源的错配。

当然，如果进一步讨论，资源错配的结果其实不仅仅损害了与改建项目相关的直接利益方，如水泥厂的收益，更为严重的是，一地资源错配的结果会通过各种渠道向全社会扩散，影响社会福利的最大化。第一，由于资源错配，水泥厂周边土地和房产的相对升值，实则意味着其他地区土地和房产的相对贬值，这是一种福利损失。第二，由于资源错配，水泥厂承担更高的生产成

第17章 环境诉讼的法经济学分析——小岭水泥厂诉环保部的福利困境

本,这个生产成本一则是经由产品市场传导给消费者,增加了消费者的购买成本;二则这个成本在无法经由市场消化的情况下,可能会在水泥厂内部消化,造成减产或者停产,由此将可能造成失业,也会带来社会福利的损失。第三,错配效应一旦在更大范围内扩散,将形成资本、劳动力和土地等资源要素的大量低效利用。

17.4 本案的启示

第一,企业生产的环境影响是中性的,其福利效果取决于对环境影响的定价,只有在均衡的水平上定价才能使社会福利取得最大化。

第二,在环境影响定价水平趋高的背景下,应该完善市场的定价机制,为环境影响的定价创造信息对称、公平竞争和准入的市场环境,只有在市场均衡基础上形成的定价才足以准确地配置各种资源。

第三,在"去产能"的过程中,从环境领域入手强化对"过剩产能"的约束只是其中的一个途径,夸大或者低估环境对于生产的约束都将不利于我们正确地评估环境价值,也终将不利于我们对生态环境的保护。

第18章

居民阶梯电价用电消费弹性调研和分析[①]

① 本章研究与写作得到了"复旦大学经岚社"的大力支持。

18.1 引言

我国电价的制定长期以来都是一种政府管制行为,而非市场竞争自由化的选择。这不仅导致煤价上涨推高的上网电价未能传递到消费终端,电力企业成本倒挂、亏损严重;而且扭曲了价格调节机制,使得资源配置效率低下,居民能耗急剧攀升。2012年7月1日,阶梯电价在全国范围内试行。作为电价改革过渡阶段的产物,阶梯电价虽然仍是一种管制价格,但也在一定程度上缓解了我国行业间用电严重的交叉补贴,改善了电力企业经营过度亏损的状况。

阶梯电价作为一种政策,其出现既与中国庞大的能源需求、逐渐恶化的生态环境密切相关,又离不开相对成熟的国际经验提供借鉴。然而,阶梯电价并非仅仅是提高电价减少用电量,它还涉及不同区域档位和价格的设定、居民用电需求弹性的评估、不同收入人群所受影响的试算、相关政策间的作用等一系列问题。这些因素都会影响阶梯电价实行的效果。

18.2 相关研究回顾

18.2.1 居民电力需求弹性

不同收入的居民,其电力需求弹性有较大差异。根据拉姆齐定价法,低收入群体的需求弹性较大,故定较低的价格;高收入群体则相反。阶梯电价的制定以及执行效果,都要以居民的电力需求弹性为依据。

Romero-Jordán et. al (2014)研究了西班牙地区 1998—2009 年的面板数据进行处理,基于动态部分调整模型(Dynamic Partial Adjustment Model)使用家庭用电习惯、收入、电价、气候相关变量、家用电器、其他社会经济因素作为解释变量进行回归分析。结果发现用电需求与一些解释变量显著正相关:前一年的用电量、收入、温度变化、家庭用电加热水的程度、制冷制热设备数与家庭中的老人数、电热普及度等变量呈显著负相关;电价和收入对用电量的影响十分有限,相关政策不能有效减少用电量。

Fell et. al (2014)研究使用经验数据,用 GMM 方法(Generalized Method of Moments)估计出了美国家庭用电的价格弹性为 -0.5,收入弹性为 0.01,与其他研究相比,估计值偏低。该研究还对比了 OLS 和 GMM 估计,两者估计出的参数差异较大。

Holtedahl et. al (2004)研究采用中国台湾 1955—1996 年的用电数据,对费雪和凯森提出的双阶段模型进行修正,并假设其适用于发展中国家。模型的解释变量有人口、收入、电价、油价、城市化、天气,被解释变量为用电量。测算结果显示居民用电量的价格、收入弹性分别为 -0.15、1.57,对替代品石油的交叉价格弹性为 0.18。

Alberini et. al (2011)对美国居民电力消费的收入和价格弹性进行统计分析,采用 1997—2007 年美国全国范围家庭层面的面板数据,计算出电力的价格弹性在 -0.860 到 -0.667 之间,而且随着收入的增加减小,但减小的幅度很小。用电量对汽油的短期交叉价格弹性味 0.265,对收入则不敏感。

Zhou and Teng (2013)选择了 2007—2009 年四川省城市家庭调查数据,以收入、电价、生活方式(家庭人口、居住面积、家用电器的使用情况)作为回归元对居民用电量进行回归分析,结果表明:无论在任何计量模型下,用电量的电价和收入弹性都小于 1,分别在 $0.35—0.5$,$0.14—0.34$,这反映出了电力的生活必需品性质。当很多生活方式相关的变量被控制后,价格和收入的影响更加不明显。

中国人民大学国发院的一篇报告采用 2006—2009 年中国城市的非平衡

面板数据进行实证分析,进行 OLS 和 FGLS 回归,得出人均用电量对城镇工资富有弹性,而对自身价格缺乏弹性[①]。

已有文献对居民用电量影响因素及其弹性的研究结果差异很大,这不仅与解释变量的选择和模型设定有关,还与数据的时间性、空间性有关。由于不同地区居民用电行为、家庭结构、电力市场环境均有不同,所以针对特定区域进行实证性研究可以更好地辅助阶梯电价的制定和落实。

18.2.2 阶梯电价的理论与实践

阶梯电价政策引发了国内外多位学者的深入研究。一些学者针对中国情况,研究了阶梯电价设计的步骤,认为应结合档位数量、每档用电量、家庭分组、不同收入区间人群电力消费水平、每档电价等多个维度综合考虑;并指出居民消费弹性是估算阶梯电价带来福利变化的重要因素,公平和效率改善程度的关键指标是贫困家庭获得的补贴。

哈维尔·雷内塞斯等(Reneses J. et, 2011)以转型经济体的电价设计为研究对象,提出电价设计必须覆盖供给成本,给消费者发送正确的经济信号从而保证电力服务能够被有效地消费。此外,政府对价格的管制应当重点考虑三个原则:商业可持续性,即相关电力企业提供居民用电不应是亏本的;经济有效性,即生产成本最小化和分配使用效率最大化;不同消费者公平性,即相同的服务应付相同的价格。接下来,文章提出电价设计的方法论,以利比亚为例进行了实证分析。

Sun & Lin (2013)研究了电力的非线性定价法。他们利用经济学模型分析了阶梯电价对居民效用的影响,认为合理的阶梯电价方案将提高多数人的效用水平,并推动社会福利的改善。最后,他们指出了阶梯电价的几个问题。

[①] 虞义华、车征子:《提升电价能有效降低城镇居民用电需求吗?》,《人大国发院系列报告》,2014 年 1 月。

比如，第一档低电价同样使富裕家庭分享了补贴，从而引起"福利溢出"。对成员较多的家庭来说阶梯电价是一种惩罚，实际的解决办法是允许家庭安装多个电表或者享受政府津贴。

刘树杰、杨娟(2010)将阶梯电价划分为递减式阶梯电价、递增式阶梯电价，并论述了相关政策目标。同时，文章通过对我国居民递增阶梯电价实施可行性的分析，探索了相应的设计方法和路径。朱成章(2010)从资源价值、公平负担、电力工业发展、电力市场化改革四个角度论述了我国电价交叉补贴的危害，介绍了阶梯电价的三种模式及其利弊，指出应根据地区情况将多种模式结合起来发挥功能。

在对阶梯电价产生的影响与效果方面，曾鸣等(2011)基于微观经济学的效用论，构建了居民累进式阶梯电价方案评估模型，对不同的阶梯电价方案进行比较，分析其节电效果。他们以北京市为例进行测算，最终得出 $1:3:6$ 的电价级差节电效果最好。郑厚清等(2012)从居民、电力企业、节能减排目标三方面对阶梯电价进行评估。他们认为阶梯电价可以使低收入居民正常用电得到保障，引导居民合理用电；电网企业垫付的购电成本将减少，使上中下游价格传递更顺畅；家庭节能产品的利用会大幅提升，促进技术升级与智能化以降低高峰用电。吴朝阳(2011)对阶梯电价实施中存在的问题进行了研究，比如，按户确定基本用电量的合理性，居民电价总体水平仍偏低，用户不愿配合户表改造以及相关资金缺口等。除了多角度评估阶梯电价，一些学者专注于供电企业受到的影响。崔正湃等(2012)指出实行阶梯电价迫使电力计量系统、电费结算、电网运营管理、企业经营管理做出相应调整。因而，建设用电信息采集系统、实行分时阶梯电价、强化制度建设等配套措施有必要同时推进。

18.3　上海市居民用电调研

从前文的文献回顾可以看出，自阶梯电价引入国内试点，到全国范围内进行推广,对于阶梯电价效果的研究多集中于宏观层面的分析。即使有某些城市的数据作为佐证,但衡量指标始终较为笼统。为了从微观层面上检验阶梯电价的实施效果,获得居民家庭对这一政策的及时反馈,复旦大学能源青年行调研队在上海市进行了名为"阶梯电价对居民电力消费行为影响"的入户调研。

18.3.1 样本说明

基于调查对象的广泛性、差异性以及入户问卷调查难度等因素,这次调研选取上海六个区(杨浦区、浦东新区、闵行区、虹口区、宝山区、闸北区)的部分居民作为调研对象,共回收有效问卷132份。调研住户的住房类型涵盖了从城中村到高档商品房在内的多个层次住房,家庭月总收入从1 000到100 000元不等。受访的家庭包括最常见的三口之家(40.8%),也包括大家庭。家庭人口在四人及以上的家庭占13.6%,而家庭人口一人或两人的占45.6%。

18.3.2 居民对阶梯电价的认知与行为

18.3.2.1 居民认知

近年来,我国多个地区出现"电荒"现象。在调查居民对电力资源稀缺性的认识时,很多居民反映自己并未感受到缺电,断电不太可能。根据调研数据统计,仅有不足50%的家庭认为电力是稀缺资源,而34.13%的受访者持相反意见(见图18-1)。

为了寻找居民电荒意识不足的原因,将家庭数据按照收入、学历进行分组,逐一分析。在把样本分为家庭月收

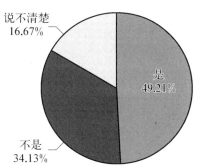

图 18-1 居民对"电力是否为稀缺资源"的看法

入1万元以上(第一组)、小于等于1万元(第二组)两组后,发现第一组家庭中有60%认为电力是稀缺资源,而第二组此项数据为54.83%;两组中持相反意见的家庭比例相近(见图18-2)。可见,收入较高的群体对电力稀缺性的认知程度较高。在考察学历与电荒认知的关系时,将受访者的学历分为五档,分别为初中及以下、高中/中专/职高、大专、大学本科、硕士及以上。统计结果如图18-3所示,除了学历为大专的受访者外,电荒意识基本与学历呈正相关。

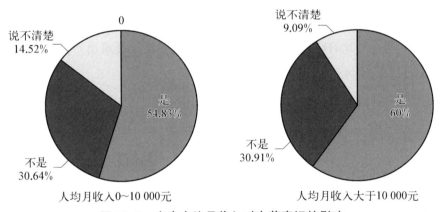

图18-2 家庭人均月收入对电荒意识的影响

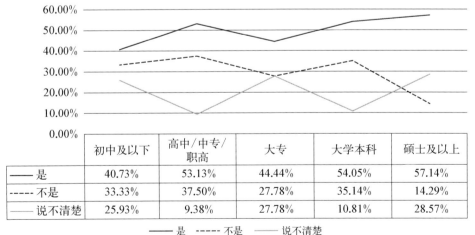

	初中及以下	高中/中专/职高	大专	大学本科	硕士及以上
—— 是	40.73%	53.13%	44.44%	54.05%	57.14%
---- 不是	33.33%	37.50%	27.78%	35.14%	14.29%
—— 说不清楚	25.93%	9.38%	27.78%	10.81%	28.57%

图18-3 受访者学历对电荒意识的影响

居民对阶梯电价的了解程度总体较低,仅仅停留在听说过的层面,有89.68%的居民表示听说过阶梯电价,但是其中无一人可以准确回答出阶梯电价的三档分界点。另外在访谈过程中也发现,有很大一部分受访者易将阶梯电价与峰谷电价混淆,这可能是因为政策出台后宣传力度不够。

在看待阶梯电价政策的态度方面,居民总体持支持态度,支持的原因主要为"节约用电"以及"多耗能者多付费、符合公平效率原则"两点。反对的原因主要是"电价上涨导致支出上涨"。不同收入水平的居民对阶梯电价政策的支持率并无显著性差异。对105个有效样本分析得:人均月收入1万元以上的受访者与人均月收入1万元及以下的受访者中支持率相差仅为1.4%。

尽管只有很少的居民对阶梯电价政策持反对态度,但是,对于目前的阶梯电价分档——按分户每年0—3 120度(每月260度)、3 120—4 800度(每月400度)、超过4 800度(每月超过400度)三档实施,居民却颇有微词。对目前分档赞同的只有46.56%,有24.43%的用户认为不合理。在认为不合理的用户中,又有17.24%的用户认为应该不分档,59.26%的用户希望各档的电量再适当增加。

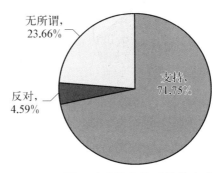

图18-4 居民对阶梯电价政策的态度

18.3.2.2 居民行为

考虑到居民节电的直接目的是为了节约电费开支,调研从以下五个维度考察阶梯电价对居民用电行为的影响:一是居民是否减少某些电器的使用时间;二是居民是否调整用电时间段;三是居民是否为了节电更换电器;四是若本月用电量超档,是否会影响下一个月的用电量;五是居民是否考虑采用其他能源替代电能。将访谈中相应的第20,22,24,25和28题结果以量表形式归纳如下(选"是"记1分,选"否"记0分):

表 18-1　考察阶梯电价影响居民用电行为的五个问题

问　　题	是(1)	否(0)	平均得分
20. 是否减少某些电器使用时间	17(12.88%)	115(87.12%)	0.129
22. 是否调整每天用电时间段	38(28.79%)	94(71.21%)	0.288
24. 是否为了节电更换电器	5(3.79%)	127(96.21%)	0.038
25. 本月用电量超档是否会影响下一个月的用电量	22(16.67%)	110(83.33%)	0.167
28. 是否考虑采用其他能源替代电能	5(3.79%)	127(96.21%)	0.038
五道题得分加总	—	—	0.659

从表 18-1 中可以看出，执行阶梯电价对居民用电行为的影响有以下特点：

从每个单项平均分看，阶梯电价对居民用电行为的影响不大；最主要表现为调整每天用电的时间段，在不减少用电量的情况下节约电费。

受访者的五项总分（满分为 5 分）平均还不到 1，并且数据存在明显的右偏现象（多数人总分为 0），说明阶梯电价并未使受访居民的用电行为产生显著变化。

为了进一步探究阶梯电价实施效果不佳的原因，先来利用经济学的效用最大化理论分析居民如何理性选择用电量。无论收入高低，居民都希望自身效用最大化。但对于不同收入群体来说，货币的边际效用不同，分别用 MU_1 和 MU_2 表示高收入群体和低收入群体的货币边际效用（$MU_1 < MU_2$，见图 18-5）。居民对电力的消费量取决于最后一单位电所带来的边际效用，用 MU_A、MU_B 表示高、低收入居民消费电力的边际效用。对于理性的居民而言，当货币与电力的边际效用之比等于两者价格之比时，其效用最大。假设单位货币的价格为 1，单位电力的价格为 P_E。那么，高收入群体效用最大化条件即为 $MU_1/1 = MU_A/P_E$，低收入群体效用最大化条件为 $MU_2/1 = MU_B/$

P_E。由 $MU_1 < MU_2$，可以得出 $MU_A < MU_B$。根据边际效用递减规律，高收入群体用电量 Q_A 应大于低收入群体用电量 Q_B（见图 18-6）。然而，阶梯电价对高用电量群体提高了用电价格，即 P_E 上升，这会使效用最大化条件下高收入群体电力消费的边际效用 MU_A 上升，也就是说居民会减少用电量。

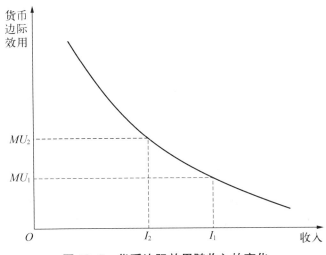

图 18-5 货币边际效用随收入的变化

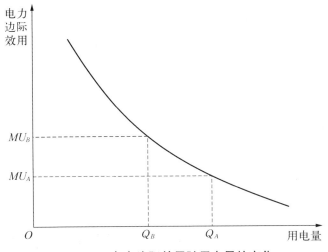

图 18-6 电力边际效用随用电量的变化

从调研结果来看，阶梯电价并未有效促使居民节约用电。根据上述分析可提出以下两种可能。

H1：电价设定水平不够高，包括阶梯电价分档水平过高和单位电价水平过低；

H2：被调查对象处于中低收入阶层，用电需求弹性过小。

为了验证上述两种假设的成立与否，首先选取 24 题回答"不会、不会"的样本作为研究对象，然后据其问卷情况进行数据分析，结果显示其中有约 75% 的受访者表示平时不会使用一些用电技巧，因此可以初步推断应该是由于电价设定水平不够高，从而导致居民节电意识不够。倘若 H2 成立，即阶梯电价影响小的原因是居民用电的刚性需求，那么居民应该在日常生活中已然做到节省用电，这与调查结果不符。因此我们认为阶梯电价对居民的约束性影响不大，是由于阶梯电价设定水平有待进一步合理提高。

为了进一步探究当电价设定为较高水平之后，阶梯电价对居民用电行为的影响方式，我们对一些高收入群体和中低收入群体进行了深度访谈。在访谈中，我们发现很多高收入群体家中存在很多高耗能的奢侈性电器，比如中央空调、中央地暖、智能扫地机器人、对开门冰箱等，该群体的受访者表示如果电价上涨到一定程度，他们会选择降低奢侈型生活舒适度的方式来减少电力消费，比如，由之前的打开所有照明设备转变为适当减少一部分非必要的照明设备，或者减少一些娱乐性用电设备的使用；而中低收入群体则表示，如果电价上涨到较高水平，他们的所有用电行为都会转变为刚性需求，届时任何程度上涨的电费都会相当于直接的税收负担，不但不能产生进一步的节能作用，反而会降低居民的福利水平。

18.3.3 主要结论

调研结果显示，居民对阶梯电价的认知较为模糊，阶梯电价的施行并没有对居民的用电行为产生广泛、显著的影响，其原因在于当前的阶梯电价设定水平较低,然而在进一步提高电价的政策拟定过程中,要充分考虑到不同收入群体由于用电需求弹性的不同所产生的节电效果的差异。

具体而言,调研所得主要结论有:

(1) 居民对电荒现象的认知程度不够。而电荒意识越强,对阶梯电价政策的支持程度越高。因此,加强电力资源稀缺现状方面知识的普及是重要的。

(2) 居民对阶梯电价的了解程度较低,仅仅停留在听说过的层面。

(3) 在看待阶梯电价政策的态度方面,居民总体持支持态度。但对于目前的阶梯电价分档居民却颇有微词。

(4) 阶梯电价并未使受访居民的用电行为产生显著变化。

(5) 阶梯电价对居民的约束性影响不大,是由于阶梯电价设定水平有待进一步合理提高。

(6) 城中村等低收入群体电费常以固定电价交给房东,阶梯电价难以触及这些居民。很多个体经营者耗电量较大,由于按照居民电价缴费,受阶梯电价影响较大。

18.4 阶梯电价展望

阶梯电价作为我国电价改革的一环,在特定时点上有其意义。相较于实行多年的单一制定价方案,阶梯电价回应了上游生产链成本的提高,减慢了化石能源枯竭的到来,增加了新能源研发的成本空间。但同时,阶梯电价在实行中的问题也层出不穷,比如高收入者是否真的用电量高,低收入者由于电表情况是否能享受到电价补贴。当阶梯电价在实践中落地,其弊端也因为现实状况的多样化而暴露。电价的变化牵动着多方利益,阶梯电价不可能让所有人都满意。它是当前能源、生态、经济等大环境下的特定产物,也是电价市场化改革的一个缓冲。

参考文献

中文文献：

白宇飞、王冠群:《我国排污收费制度的变迁历程及改革完善措施》,《学术交流》,2011年第11期。

毕茜、于连超:《环境税、媒体监督和企业绿色投资》,《财会月刊》,2016年第20期。

毕茜、于连超:《税的企业绿色投资效应研究——基于面板分位数回归的实证研究》,《中国人口·资源与环境》,2016年第26期。

[美] 布兰查德、费希尔:《宏观经济学》,经济科学出版社,1998年。

曹刚、杨正见、王延辉:《环境质量与经济增长的库兹涅茨关系量化讨论》,《环境保护》,2001年第6期。

曹晓凡:《环境保护"费改税"应该重点关注的两个问题》,《中国环境监察》,2016年第10期。

陈海若:《绿色信贷研究综述与展望》,《金融理论与实践》,2010年第8期。

陈华:《基于社会责任报告的上市公司环境信息披露质量研究》,江苏大学,2011年。

陈佳、毛惠萍、黄冠中:《浅议浙江省环境经济政策体系建设现状及"十三五"发展重点》,《环境科学与管理》,2015年第9期。

陈蓉:《企业声誉对企业融资能力的影响研究》,扬州大学,2011年。

陈雯:《中国水污染治理的动态CGE模型构建与政策评估研究》,湖南大学,

2012年。

陈旭升、范德成:《中国工业水污染状况及其治理效率实证研究》,《统计与信息论坛》,2009年第24期。

崔秀梅、刘静:《做或不做,企业绿色投资的驱动机制研究——基于调查问卷的分析》,中国会计学会2012年学术年会·云南财经大学,2012年。

崔秀梅:《企业绿色投资的驱动机制及其实现路径——基于价值创造的分析》,《江海学刊》,2013年第3期。

崔秀梅:《企业绿色投资的驱动机制及其实现路径》,《中国会计学会·台湾政治大学.第三届海峡两岸会计学术研讨会论文集》,中国会计学会、台湾政治大学,2011年。

崔正湃、王鑫、井建儒:《浅析阶梯电价对供电企业的影响及对策》,《能源技术经济》,2012年第24期。

[美] 丹尼斯·米都斯等:《增长的极限》,吉林人民出版社,1997年。

董文福、傅德黔:《我国城市污水处理厂现状、存在问题及对策研究》,《环境科学导刊》,2008年第3期。

董战峰、葛察忠、王金南、高树婷、李晓亮:《"十一五"环境经济政策进展评估——基于政策文件统计分析视角》,《环境经济》,2012年第10期。

董战峰、王金南、葛察忠、高树婷:《中国湖泊环境经济政策现状评估与展望》,《环境保护与循环经济》,2010年第1期。

[美] 弗里曼:《环境与资源价值评估》,中国人民大学出版社,2002年。

宫莹、阮晓红、胡晓东:《我国城市地表水环境非点源污染的研究进展》,《中国给水排水》,2003年第3期。

国家环境保护总局:《中国环境保护21世纪议程》,中国环境科学出版社,1995年。

国家环境经济政策研究与试点项目技术组、董战峰、李红祥、葛察忠、王金南、程翠云:《国家环境经济政策进展评估:2013》,《中国环境管理》,2015年第3期。

国家环境经济政策研究与试点项目技术组、董战峰、李红祥、葛察忠、王金南、程翠云：《国家环境经济政策进展评估：2014》，《中国环境管理》，2015年第3期。

国家环境经济政策研究与试点项目技术组、董战峰、李红祥、葛察忠、王金南、程翠云：《国家环境经济政策进展评估：2015》，《中国环境管理》，2016年第3期。

何世文、崔秀梅：《绿色投资，被动与主动的抉择》，《新理财》，2014年第9期。

洪银兴、刘志彪等，《长江三角洲地区经济发展的模式和机制》，清华大学出版社，2003年。

侯伟丽：《中国经济增长与环境质量研究》，环境科学出版社，2005年。

胡雯：《我国水污染费改税：国外经验与制度构想》，安徽财经大学，2015年。

胡杨：《我国废气排污费改税问题探析》，《铜陵学院学报》，2015年第14期。

江泽慧：在国务院新闻办新闻发布会的发言，2014年10月。

金未：《对新"债务重组准则"中债务评估的思考》，《财会研究》，2007年第6期。

李丹蒙、夏立军：《股权性质、制度环境与上市公司R&D强度》，《财经研究》，2008年第4期。

李爽爽：《中国上市银行绿色信贷政策实施状况对其经营绩效的影响》，浙江工商大学，2015年。

李斯佳：《企业绿色投资效率评价指标体系的建立》，《中国外资》，2013年第18期。

李涛、石磊、马中：《环境税开征背景下我国污水排污费政策分析与评估》，《中央财经大学学报》，2016年第9期。

李志军、王善平：《货币政策、信息披露质量与公司债务融资》，《会计研究》，2011年第10期。

李志青：《采取基于市场的环境经济政策》，《中国环境报》，2017年1月6日。

李志青：《城市"水力"与新型城镇化》，《东方早报》，2013年7月1日。

李志青:《"美丽主义"与新型城镇化》,《文汇报》,2013年5月6日。

李志青:《上海碳金融的发展》,《上海金融白皮书(2011)》,上海人民出版社,2012年。

联合国环发署:《2011年人类发展报告》,2011年。

联合国环境规划署:《全球环境展望》,2012年。

凌亢、王浣尘、刘涛:《城市经济发展与环境污染关系的统计研究——以南京市为例》,《统计研究》,2001年第10期。

刘建徽、周志波、刘晔:《"双重红利"视阈下中国环境税体系构建研究——基于国际比较分析》,《宏观经济研究》,2015年第2期。

刘立民、牛玉凤、王永强:《绿色信贷对我国商业银行盈利能力的影响——基于14家上市银行的面板数据分析》,《西部金融》,2017年第3期。

刘绍君:《区域环保投资与经济可持续发展研究——基于我国区域面板数据比较分析》,《企业经济》,2012年第1期。

刘树杰、杨娟:《关于阶梯电价的研究》,《价格理论与实践》,2010年第3期。

刘颖宇:《我国环境保护经济手段的应用绩效研究》,中国海洋大学,2007年。

刘永冠:《中国制度背景下的上市公司债务成本研究》,西南财经大学,2013年。

龙姣:《环境信息披露、公司治理与银行贷款融资》,《财会月刊》,2013年第20期。

陆铭等:《集聚与减排:基于中国省级面板数据的实证分析》,《复旦大学环境经济研究中心2012年会资料汇编》,2012年8月。

[英] 马尔萨斯:《人口论》,北京大学出版社,2008年。

[德] 马克思:《资本论》(第3卷),人民出版社,1953年。

毛显强、杨岚:《瑞典环境税——政策效果及其对中国的启示》,《环境保护》,2006年第2期。

孟晓俊、褚进:《上市公司环境绩效与环境信息披露相关性研究文献综述》,《生产力研究》,2013年第9期。

孟耀:《绿色投资问题研究》,东北财经大学,2006年。

[英]莫法特:《可持续发展——原则、分析和政策》,经济科学出版社,2002年。

倪娟、孔令文:《环境信息披露、银行信贷决策与债务融资成本——来自我国沪深两市A股重污染行业上市公司的经验证据》,《经济评论》,2016年第1期。

牛海鹏、杜雯翠、朱艳春:《排污费征收、技术创新与污染排放》,《经济与管理评论》,2012年第28期。

彭熠、周涛、徐业傲:《环境规制下环保投资对工业废气减排影响分析——基于中国省级工业面板数据的GMM方法》,《工业技术经济》,2013年第32期。

秦昌波、王金南、葛察忠、高树婷、刘倩倩:《征收环境税对经济和污染排放的影响》,《中国人口·资源与环境》,2015年第25期。

任郁楠:《我国企业环境信息披露研究》,四川大学,2007年。

上海银监局绿色信贷研究课题组、张光平、董红蕾等:《绿色信贷支持金融创新与产业结构转型研究》,《金融监管研究》,2016年第5期。

沈建军:《环境税理论与实践及在我国的应用》,西南财经大学,2007年。

沈立:《环保费改税:"谁污染谁治理?"》,《环境》,2014年第3期。

沈满宏、许云华:《一种新型的环境库兹涅茨曲线:浙江省工业进程中经济增长与环境变迁的经济研究》,《浙江社会科学》,2000年第4期。

世界环境与发展委员会:《我们共同的未来》,吉林人民出版社,1997年。

司言武、李珺:《我国排污费改税的现实思考与理论构想》,《统计与决策》,2007年第24期。

宋国君、金书秦、冯时:《论环境政策评估的一般模式》,《环境污染与防治》,2011年5期。

宋国君、马中、姜妮:《环境政策评估及对中国环境保护的意义》,《环境保护》,2003年第12期。

宋宇宁:《基于核心利益相关者的企业环境信息披露内容研究》,中国海洋大学,2010年。

苏忠康:《我国水污染防治措施"费改税"之必要性分析》,《哈尔滨学院学报》,2016年第39期。

孙靓:《区域就业结构对我国区域经济差异影响的实证分析》,《商业时代》,2012年第22期。

孙璐璐:《银监会披露21家银行绿色信贷情况》(2018-02-10)http://bank.hexun.com/2018-02-10/192445091.html.

汤旖璆:《中国工业废水污染治理税收制度研究》,辽宁大学,2015年。

田丽丽、林成淼、赵柳薇:《天津市环境经济政策发展现状、问题及对策》,《未来与发展》,2014年4期。

[法]托马斯·皮凯蒂:《21世纪资本论》,中信出版社,2014年。

王瑾:《绿色投资问题研究——基于微观企业的视角》,《经贸实践》,2017年第15期。

王军锋、吴雅晴、关丽斯、邱野:《国外环境政策评估体系研究——基于美国、欧盟的比较》,《环境保护科学》,2016年第1期。

王萌:《我国排污费制度的局限性及其改革》,《税务研究》,2009年第7期。

王邱:《制造业上市公司信贷融资能力影响因素实证研究》,《财会通讯》,2014年第24期。

王晓宁、朱广印:《商业银行实施绿色信贷对盈利能力有影响吗?——基于12家商业银行面板数据的分析》,《金融与经济》,2017年第6期。

[美]威廉姆·诺德豪斯:《均衡问题:全球变暖的政策选择》,社会科学文献出版社,2011年。

吴朝阳:《浙江省推行居民阶梯电价情况及出现的问题与对策》,《能源技术经济》,2011年第23期。

徐芹选:《我国排污费征收存在的问题及措施研究》,《中国环境科学学会学术年会论文集(第二卷)》中国环境科学学会,2010年。

杨朝飞：《积极探讨"费改税"稳妥推进排污收费制度的革命性变革（上）》，《环境保护》，2010年第20期。

杨朝飞：《积极探讨"费改税"稳妥推进排污收费制度的革命性变革（下）》，《环境保护》，2010年第21期。

杨志勇、何代欣：《公共政策视角下的环境税》，《税务研究》，2011年第7期。

姚从容：《公共环境物品供给的经济分析》，经济科学出版社，2005年。

叶康涛、张然、徐浩萍：《声誉、制度环境与债务融资——基于中国民营上市公司的证据》，《金融研究》，2010年第8期。

于宏源：《环境变化与权势转移：制度、博弈和应对》，上海人民出版社，2011年。

俞海：《绿色投资：以结构调整促进节能减排的关键》，《环境经济》，2009年第21期。

俞杰：《环境税"双重红利"与我国环保税制改革取向》，《宏观经济研究》，2013年第8期。

袁向华：《排污费与排污税的比较研究》，《中国人口.资源与环境》，2012年第22期。

曾鸣、李娜、刘超：《基于效用函数的居民阶梯电价方案的节电效果评估》，《华东电力》，2011年第39期。

张炳、张永亮、毕军：《环境经济年度报告之一"十二五"环境经济政策的江苏路径》，《环境经济》，2012年第3期。

张帆：《环境与自然资源经济学》，上海人民出版社，1998年。

张济建、于连超、毕茜、潘俊：《媒体监督、环境规制与企业绿色投资》，《上海财经大学学报》，2016年第18期。

张磊：《政府环境信息公开法律问题研究》，昆明理工大学，2009年。

张平淡、张夏羿：《我国绿色信贷政策体系的构建与发展》，《环境保护》，2017年第19期。

张薰华：《经济规律的探索——张薰华选集》，复旦大学出版社，2001年。

张薰华:《生产力与经济规律》,复旦大学出版社,1989年。

张岩:《环保税带来什么》,《中国报道》,2016年第10期。

郑厚清、金毅、尤培培:《居民阶梯电价的评价与展望》,《能源技术经济》,2012年第24期。

郑佩娜、陈新庚、李明光、周冬柏、吴军良:《排污收费制度与污染物减排关系研究——以广东省为例》,《生态环境》,2007年第5期。

中国环境新闻工作者协会:《中国上市公司环境责任信息披露评价报告(2015年)》(2017-02-21)[2018-03-22] http://field.10jqka.com.cn/20170221/c596541599.shtml.

周晓慧:《面向循环经济的企业绿色投资决策:现状、困境与出路》,《湖南商学院学报》,2012年第19期。

朱成章:《关于我国实行阶梯电价的建议和设想》,《中外能源》,2010年第15期。

朱慈蕴:《论金融中介机构的社会责任》,《清华法学》,2010年第1期。

朱国宏:《可持续发展:中国现代化的决策——中国人口、资源、环境与经济发展关系研究》,福建人民出版社,1997年。

朱茜:《中国城市人口居住郊区化的微观动力机制研究》,《复旦大学本科生毕业论文》,2013年6月。

IPCC:《第四次气候变化评估报告》,2007年。

BP石油公司:《年度报告》,2011年。

英文文献:

Alberini A., Gans W., Velez-Lopez D. Residential Consumption of Gas and Electricity in the U.S.: The Role of Prices and Income [J]. Energy Economics. 2011(33).

Barde J. P., Centre de développement de l'OCDE. Economic Instruments in Environmental Policy: Lessons from the OECD Experience and Their

Relevance to Developing Economies. Development Centre of the Organisation for Economic Co-operation and Development. 1994.

D'Arge R. C., Kogiku K. C. Economic Growth and the Environment[J]. Review of Economic Studies. 1973, 40(1): 61-77.

Barrett C. Political Economy of the Kyoto Protocol[J]. Oxford Review Economic Policy. 1998, 14, NO. 4.

Aschauer D. A. Is Public Expenditure Productive? [J]. Journal of Monetary Economics. 1989, 23: 177-200.

Chenery H. B., Taylor L. J. Development Patterns: Among Countries and Over Time[J]. Review of Economics and Statistics. 1968, 50: 391-416.

Coase R. The Problem of Social Cost[J]. Journal of Law and Economics. 1960, 3: 1-44.

Cohen J. E. Population Growth and Earth's Human Carrying Capacity[J]. Science, New Series. 1995, 269(5222): 341-346.

Conference of the Parties. Kyoto Protocol to the United Nations Framework Convention on Climate Change[C]. 1997.

Copeland B. R., Taylor M. S. North-South Trade and the Environment[J]. Quarterly Journal of Economics. 1994, 109: 755-787.

Cormier D, Magnan M. Environmental Reporting Management: A Continental European Perspective[J]. Journal of Accounting & Public Policy. 2005, 13(1): 75-92.

Easterly W., Levine R. Africa's Growth Tragedy: Policies and Ethnic Divisions[J]. Quarterly Journal of Economics. 1997, 112: 1203-1250.

Fedderke J., Klitgaard R. Economic Growth and Social Indicator [J]. Economic Development and Cultural Change. 1998, 46(3): 455-489.

Fell H., Li S., Paul A., A New Look at Residential Electricity Demand Using Household Expenditure Data[J]. International Journal of Industrial

Organization. 2014(33): 37-47.

Environmental Disclosures Summary[R]. Environment Agency 2013.

De Bruyn S. M. Economic Growth and the Environment: An Empirical Analysis[M]. Springer. 2000.

Garrod G, Willis K. Economic Valuation of the Environment: Methods and Case Studies[M], Cheltenham: Edward Elgar, 1999.

Gillis M., Perkins D. H., Roemer M., Snodgrass D. R. The Economics of Development 3rd ed.[R] Norton & Company, Inc. 1992.

GoulderL. H., Mathai K. Optimal CO_2 Abatement in the Presence of Induced Technological Change[R]. Working Paper. Stanford University, 1997.

Grübler A., Gritsevskii A. A Model of Endogenous Technological Change Through Uncertain Returns on Learning (R&D and Investments)[R]. 1998.

Grossman G, Krueger A. B. Environmental Impacts of a North American Free Trade Agreement. In P. Garber. The Mexico-U. S. Free Trade Agreement[M]. MIT Press. 1993.

Grossman G. M., Krueger A. B., Economic Growth and the Environment[J]. Quarterly Journal of Economics. 1995, 110(2): 353-377.

Guo P. Y. Corporate Environmental Reporting and Disclosure in China. Edited by Richard Welford School of Public Policy and Management[D]. 2005, Tsinghua University.

Hartwick J. M. Investing Returns from Depleting Renewable Resource Stocks and Intergenerational Equity[R]. Economic Letters 1. 1978.

Holland L., Yee B. F. Differences in Environmental Reporting Practices In The UK and The US: The Legal and Regulatory Context[J]. The British Accounting Review 2003, 35: 1-18.

Holtedahl P., Joutz F.L., Residential Electricity Demand in China Taiwan [J]. Energy Economics. 2004(26): 201-224.

Hotelling H. The Economics of Exhaustible Resources[J]. The Journal of Political Economy. 1931, 39(2): 137-175.

Intergovernmental Panel on Climate Change. Climate Change 2007: Impacts, Adaptation and Vulnerability, Working Group I to the Fourth Assessment Report of the IPCC[M]. Cambridge University Press, 2007.

Kedzie C. R. Communication and Democracy: Coincident Revolutions and the Emergent Dictator's Dilemma[D]. RAND Graduate School. Santa Monica, CA. 1997.

Kremer M. Population Growth and Technological Change: One Million B. C. to 1990[J]. The Quarterly Journal of Economics. 1993, 108(3): 681-716.

Kuznets S. Economic Growth and Structure[R] W. W. Norton & Company, New York. 1965.

Lewis T. R. The Exhaustion and Depletion of Natural Resource [J]. Econometrica, 1979, 47(6): 1569-1572.

Lewis W. A. Economic Development with Unlimited Supplies of Labor[J]. The Manchester School, 1954, 22: 139-91.

Lin B. & Jiang Z. Designation and Influence of Household Increasing Block Electricity Tariffs in China[J]. Energy Policy. 2012(42): 164-173.

Mahar D. J. Rapid Population Growth and Human Carrying Capacity: Two Perspectives. World Bank Staff Working Papers. Number 690. In: Population and Development Series. Number 15. 1987.

Manne A. S., Richels R. G. The Kyoto Protocol: A Cost-effective Strategy for Meeting Environmental Objectives? [C]. Stanford University's Energy Modeling Forum 16 Study. 1998.

Mansfield E. Technical Change and the Rate of Imitation[J]. Ecomometrica,

1961.

Meijers H. H. M. On the Diffusion of Technologies in a Vintage Framework: Theoretical Considerations and Empirical Results[D]. Universitaire Pers Maastricht. 1994.

Messner S. Endogenized Techhnological Learning in an Energy Systems Model[J]. Journal of Evolutionary Economics. 1997.

Mickwitz P. Environmental Policy Evaluation: Concepts and Practice[R]. Suomen Tiedeseura. 2006.

Morgenstern R., Pizer, W., Shih J.-S. Are We Overstating the Real Economic Costs of Environmental Protection?[D]. Washington DC, Resource for the Future, Discussion Paper No. 97-36, 1997.

Munasinghe M. Making Economic Growth More Sustainable[J]. Ecological Economics, 1995, 15(2): 121-124.

Murry C. The Global Burden of Disease[M]. Harvard University Press. 1993.

Newman P. The Environmental Impact of Cities[J]. Environment and Urbanization. 2006, 18: 275.

Nordhaus, Integrated Economic and Climate Modeling, Keynote Address [C], 19th Annual Conference of EAERE, June 29, 2012.

Nordhaus W. D. A Question of Balance[M]. Yale University Press. 2008.

Nordhaus W. D. Economic Aspects of Global Warming in a Post-Copenhagen Environment[C]. PNAS, US. 2010.

North D. C. Institutions, Institutional Change and Economic Performance [M]. Cambridge University Press. 1990.

Boahene K., Snijders T. A. B, Folmer H. An Integrated Socioeconomic Analysis of Innovation Adoption: The Case of Hybrid Cocoa in Ghana[J]. Journal of Policy Modeling. 1999, 21(2): 167-184.

Domar E. D. Capital Expansion, Rate of Growth and Employment[J]. Econometrica. 1946, 14(2): 137-147.

On the Intergenerational Allocation of Natural Resources[J]. Scandinavian Journal of Economics. 1986, 88(1).

Panayotou T. Economic Growth and the Environment[J]. Environment and Development. 2000, 4.

Panayotou, T. Economic Instruments for Environmental Management and Sustainable Development[R]. UNEP. 1994.

Papers and Proceedings of the Eighty-sixth Annual Meeting of the American Economic Association, 1-14.

Pearce D., Palmer C. Public and Private Spending for Environmental Protection: A Cross-Country Policy Analysis[M]. The Economics of Public Spending, David Miles et al. eds, Oxford University Press. 2005.

Poter M. America's Green Strategy[J]. Scientific American. 1991, 168.

Poter M. The Competitive Advantage of Nations[J]. Harvard Business Review, 1990a, March/April: 73-95.

Poter M. The Competitive Advantage of Nations[D]. Free Press. 1990b.

Reneses J., Gómez T., Rivier J., Angarita, J.L. Electricity Tariff Design for Transition Economies Application to the Libyan Power System[J]. Energy Economics. 2011(33), 33-43.

Richard S. J. Estimates of the Damage Costs of Climate Change[J]. Environmental and Resource Economics. 2002, 21: 47-73.

Romero-Jordán D., Peñasco C., del Río P. Analyzing the Determinants of Household Electricity Demand in Spain: An Econometric Study[J]. Electrical Power and Energy Systems. 2014(63): 950-961.

Scholtens B, Dam L. Banking on the Equator. Are Banks that Adopted the Equator Principles Different from Non-Adopters? [J]. World

Development. 2007, 35(8): 1307-1328.

Shafik N. Economic Development and Environmental Quality: an Econometric Analysis[J]. Oxford Economics. 1994, 46: 757-773.

Solow R. M. On the Intergenerational Allocation of Natural Resources[J]. Scandinavian Journal of Economics. 1986, 88(1).

Solow, R. The Economics of Ressources or the Ressources of Economics[J]. The American Economic Review. 1974, 64(2).

Stavins R. N. Experience with Market-Based Environmental Policy Instruments[D]. Handbook of Environmental Economics. 2003, 1: 355-435.

Sterner T. Policy Instruments for Environmental and Natural Resource Management[R]. Resources for the Future. 2003.

Stern N. The Economics of Climate Change: The Stern Review[M]. Cambridge University Press. 2006.

Sun C., Lin B. Reforming Residential Electricity Tariff in China: Block Tariffs Pricing Approach[J]. Energy Policy. 2013(60): 741-752.

The World Bank. Cities and Climate Change: An Urgent Agenda[R]. 2010. Washington D. C.

Tietenberg T. H. Economic Instruments for Environmental Regulation[J]. Oxford Review of Economic Policy. 1990, 6(1): 17-33.

Tilt CA. 1999. The Content and Disclosure of Australian Environmental Policies, http: www.socsci.flinders.edu.au/business/research/papers/99-4.htm[2 May 2008].

Tol R S J. Estimates of the Damage Costs of Climate Change[J]. Environmental and Resource Economics. 2002, 21: 135-160.

Tol R S J. The Economic Effects of Climate Change[J]. Journal of Economic Perspectives, 2009, 23(2): 29-51.

Toman M. A. A Framework for Climate Change Policy[R]. In The RFF Reader in Environmental and Resource Management, Oates W. E. (eds), Resources for the Future, Washington, D. C. 1999.

Turner R. K. Municipal Solid Waste Management, an Economic Perspective [M]. in Bradshaw, A. D., Southwood, R. and Warner, F. (eds.), The Treatment and Handling of Wastes, Chapman and Hall, London. 1992.

Buchanan J., Tullock G. Polluters Profit and Political Response: Direct Controls versus Taxes [J]. American Economic Review. 1975, 65: 139 – 147.

Buhr N. Histories of and Rationality for Sustainability Reporting. In Sustainability Accounting and Accountability[M]. Unerman J, Bebbington J, O'Dwyer B (eds). Routledge: London and New York; 2007: 57 – 68.

United Nations Human Settlements Programme, State of the World's Cities 2012/2013: Prosperity of Cities[R]. London, Sterling, VA. 2012.

United Nations Human Settlements Programme, State of the World's Cities 2008/2009: Harmonious Cities. London, Sterling, VA. 2008.

Vedung E. Policy Instruments: Typologies and Theories. Carrots, Sticks, and Sermons[M]. In: Bemelmans-Videc M. L., Rist R. C. Vedung E. (eds), Policy Instruments: Typotogies and Theories. Transaction Publisers. 1998.

William E. R. Ecological Footprints and Appropriated Carrying Capacity: What Urban Economics Leaves Out[J]. Environment and Urbanization. 1992, 4: 121.

Xu, X. D., Zeng, S. X., Tam, C. M. Stock Market's Reaction to Disclosure of Environmental Violation: Evidence from China[J]. Journal of Business Ethics. 2012, 107(2): 227 – 237.

Zhou S., Teng F. Estimation of Urban Residential Electricity Demand in China: Using Household Survey Data[J]. Energy Policy. 2013(61).

图书在版编目(CIP)数据

绿色发展的经济学分析/李志青著. —上海:复旦大学出版社,2019.6(2020.4重印)
(纪念改革开放四十周年丛书)
ISBN 978-7-309-14069-9

Ⅰ.①绿… Ⅱ.①李… Ⅲ.①绿色经济-经济发展-研究-中国 Ⅳ.①F124.5

中国版本图书馆 CIP 数据核字(2018)第 269869 号

绿色发展的经济学分析
李志青 著
责任编辑/戚雅斯

复旦大学出版社有限公司出版发行
上海市国权路 579 号 邮编:200433
网址:fupnet@fudanpress.com http://www.fudanpress.com
门市零售:86-21-65642857 团体订购:86-21-65118853
外埠邮购:86-21-65109143
江阴金马印刷有限公司

开本 787×1092 1/16 印张 24 字数 315 千
2020 年 4 月第 1 版第 2 次印刷

ISBN 978-7-309-14069-9/F·2521
定价:78.00 元

如有印装质量问题,请向复旦大学出版社有限公司出版部调换。
版权所有 侵权必究